山地城市轨道交通工程安全保护区内重大风险建设项目典型防控技术要点与实践

邹家驹　张军　欧阳天烽　廖袖锋　薛尚铃　编著

清华大学出版社
北京

内 容 简 介

本书详细介绍了山地城市轨道交通控制保护区的管理依据、流程和技术要点，选取重庆市房建、市政、轨道及管线建设项目的典型案例，论述了每个案例的工程概况、与轨道交通的关系和工程地质概况，确定了可能存在的风险源，并参考相应设计规范划分了风险等级，依据数值模拟结果对建设项目进行了安全评估，最后结合每个建设项目的特点提出了相应的控制保护措施。这些轨道交通控制保护区重大风险源工程项目案例有助于加深读者对轨道交通控制保护区内建设项目管理依据、流程与技术要点的理解。

本书可作为轨道交通控制保护区内建设项目的设计与施工指导用书，有助于评估轨道交通控制保护区内建设项目对轨道交通安全的影响，加强对城市轨道交通控制保护区的管理，并保障轨道交通运营安全。

版权所有，侵权必究。举报：010-62782989，beiqinquan@tup.tsinghua.edu.cn。

图书在版编目(CIP)数据

山地城市轨道交通工程安全保护区内重大风险建设项目典型防控技术要点与实践/邹家驹等编著. —北京：清华大学出版社，2023.10
ISBN 978-7-302-64808-6

Ⅰ. ①山… Ⅱ. ①邹… Ⅲ. ①山区城市－城市铁路－轨道交通－交通运输安全－风险管理－研究－重庆 Ⅳ. ①U239.5

中国国家版本馆 CIP 数据核字(2023)第 204982 号

责任编辑：秦 娜 赵从棉
封面设计：陈国熙
责任校对：欧 洋
责任印制：宋 林

出版发行：清华大学出版社
    网　　址：https://www.tup.com.cn，https://www.wqxuetang.com
    地　　址：北京清华大学学研大厦 A 座　　邮　编：100084
    社 总 机：010-83470000　　邮　购：010-62786544
    投稿与读者服务：010-62776969，c-service@tup.tsinghua.edu.cn
    质量反馈：010-62772015，zhiliang@tup.tsinghua.edu.cn
印 装 者：三河市东方印刷有限公司
经　　销：全国新华书店
开　　本：185mm×260mm　　印　张：13.25　　字　数：318 千字
版　　次：2023 年 12 月第 1 版　　印　次：2023 年 12 月第 1 次印刷
定　　价：128.00 元

产品编号：099199-01

顾问　　董　勇　　　　　重庆市住房和城乡建设委员会

参编单位及人员

重庆市轨道交通建设办公室

邹家驹　张　军　欧阳天烽　廖袖锋　陶　涛　段庆龙
姜　杰　朱少凤　汪方震　楚世芳

重庆市轨道交通（集团）有限公司

傅　涛　王　芳　李　云　王道淮　陈莉蓉　唐　龙

中冶赛迪工程技术股份有限公司

薛尚铃　周海鹰　李　璐　朱　红　张文正　余　超

重庆大学

杨海清　康少波　郭玉旭　余林文　杨　波

重庆市轨道交通设计研究院有限责任公司

吴　天　邹光炯　魏　丰　张　荣　孙伊圣　赵晓波

重庆市市政设计研究院有限公司

张国庆　杜　江　贾智立　方　睿

重庆市勘测院

胡　波　张　晋　朱　波　田海浪　郭松涛　石　勇

中国交通建设股份有限公司

包世波　王　胜　赵浩然　夏华华　董海龙　曹　平

中交路桥建设有限公司

杨晓东　于　洋　刘子龙　王彦彪　贾树明

中交第二公路工程局有限公司

贺缠龙　陶丰龙　王　飞　郭瑞冬　杨　巍

序

习近平总书记指出"城市轨道交通是现代大城市交通的发展方向",发展轨道交通是落实交通强国战略、促进区域互联互通、提升城市量级能级的重要举措。截至 2022 年年底,我国建成了世界最大规模的城市轨道交通系统,运营里程 10287.5km,初步构建了高效智能、绿色安全的现代化城市交通系统,经济动脉更加强健通畅,出行体验更加人本舒适。重庆作为中西部唯一的直辖城市,在近 30 年的直辖精彩蝶变中,始终将发展城市轨道作为推动经济、提升形象、改善民生的有力抓手,接续用力、久久为功,建成了世界最大规模的山地城市轨道交通运营网络,累计完成投资 3177 亿元,运营线路 12 条 501km,位居西部第 2、全国第 8。新时代新征程,重庆将城市轨道建设主动融入成渝地区双城经济圈、西部陆海新通道等国家重大战略,全力打造"轨道上的都市区"、1 小时交通圈,努力将城市轨道建设为绿色高效出行的"民生线"、引领城市发展的"牵引线"、产业协同融合的"支撑线"。

轨道交通作为城市生命线工程,其运营建设安全关乎市民日常出行、关乎城市可靠运行、关乎发展稳定大局,轨道安全责重如山。长期以来,重庆高度重视轨道交通安全工作,深入贯彻落实习近平总书记关于安全生产系列重要指示精神和党中央决策部署,将轨道交通"工程安全保护区"视为工程领域的"军事管理区",着力构建保障轨道交通运营建设安全的制度屏障,形成了以《重庆市轨道交通条例》为基础、系列配套管理办法为支撑的管理体系,常态化开展轨道交通工程保护区的巡查检查,总体安全形势平稳可控。在 20 余年的轨道交通工程安全保护区管理工作中,重庆总结提炼了适宜山地城市实际的安全可靠技术体系,出台了系列地方技术标准、技术导则。近年来,随着重庆轨道交通线网加密,工程安全保护区面积已达 $180km^2$,约占重庆主城中心区建成面积的 1/7。与此同时,高强度城市建设作业活动愈加频繁,外部建设作业活动危及轨道安全的事件时有发生。这暴露出,社会各界对轨道交通工程安全保护区极端重要性的认识有待加强,建设各方主体对相关管理要求落细落实有待加强,一线从业人员对外部作业活动的风险识别、设计施工技术要点等掌握有待加强。因此,进一步抓好轨道交通工程安全保护区管理很有必要、十分紧迫。

为全面总结重庆轨道交通工程安全保护区内项目建设的成功经验,有效提升广大从业人员的专业技术水平,重庆市住房和城乡建委组织编写了《山地城市轨道交通工程安全保护区内重大风险建设项目典型防控技术要点与实践》。本书作为山地城市开展轨道交通工程安全保护区技术管理的工具书,系统阐述了重庆轨道交通工程安全保护区的管理模式、工作机制、技术要求,分类总结了典型外部建设作业活动对轨道的风险影响、设计施工要点、专项保护措施等,内容详实、体系完整、案例丰富,具有很强的针对性、指导性、实用性,可为广大从业人员参阅学习、提供借鉴。

希望广大建设行业从业人员深学细悟、善为善成、精益求精，为打造安全可靠的轨道交通作出积极贡献。

前言

随着我国经济快速发展和城市人口的日渐增多,人们对出行便利性提出了更高的要求。城市轨道交通作为一种绿色环保、高效便捷、安全可靠的公共交通,深受广大群众的欢迎。近年来,我国城市轨道交通得到了较快发展,带动了沿线土地开发,而周边工程建设活动也对轨道交通建设运营构成了一定的安全隐患。因此,评估轨道交通工程保护区(也称为"轨道交通控制保护区")内建设项目对轨道的影响,保障轨道交通运营安全和公共安全意义重大。

本书选取重庆市房建、市政、轨道及管线建设项目中的典型案例,描述了每个案例(案例名称均用"字母+数字"代称)的工程概况、与轨道交通的关系、工程地质概况风险源识别、风险等级,结合数值模拟结果进行了安全评估,最后提出了有针对性的控制保护措施。

本书主要内容分为三部分,共6章。第一部分为概述篇,主要介绍了山地城市轨道交通工程保护区的管理概述,内容体现在第1章中。第二部分为技术篇,主要介绍了山地城市轨道交通工程保护区内建设项目风险识别和防控技术要点及措施,内容体现在第2章中。第三部分为案例篇,主要介绍了4类山地城市典型外部建设项目对轨道结构的影响及相应保护措施,内容体现在第3～6章中,其中第3章介绍了房屋建设项目典型案例,第4章介绍了市政建设项目典型案例,第5章介绍了轨道建设项目典型案例,第6章介绍了管线建设项目典型案例。

本书由邹家驹、张军、欧阳天烽、廖袖锋、薛尚铃编著,获得了重庆市技术创新与应用发展专项面上项目——"山地城市轨道交通控制保护区范围内重大风险源典型工程关键建设技术研究与应用"(cstc2020jscx-msxmX0130)的资助。编制过程中,编者充分调研论证,广泛吸纳行业专家学者的意见建议,在资料搜集整理、文稿编撰校核、理论分析计算等方面,得到了重庆大学、重庆市轨道交通(集团)有限公司、重庆市轨道交通设计研究院、重庆市市政设计研究院有限公司、中国交通建设股份有限公司等轨道交通工程保护区管理的相关单位和技术人员的大力支持。另外,还参考了重庆市内外轨道交通工程保护区管理相关技术标准、文献资料,在此一并致谢。

由于时间仓促和编者水平有限,书中遗漏和不妥之处在所难免,敬请广大读者批评、指正。

编 者

2023年9月

目 录

第1章 山地城市轨道交通控制保护区管理概述 ·· 1

  1.1 重庆市轨道交通发展概况 ··· 2
    1.1.1 发展现状 ·· 3
    1.1.2 发展趋势 ·· 4
  1.2 重庆轨道交通控制保护区建设工程风险的主要特点 ·············· 4
    1.2.1 轨道交通控制保护区典型安全事故 ································· 5
    1.2.2 轨道交通控制保护区建设项目风险因素及应对措施 ········· 6
  1.3 重庆轨道交通控制保护区建设项目管理目标 ························· 7
    1.3.1 建设服务水平的提升 ·· 7
    1.3.2 运营管理水平的提升 ·· 8

第2章 山地城市轨道交通控制保护区内建设项目管理依据、流程与技术要点 ··· 9

  2.1 法律依据及管理模式 ·· 9
  2.2 系统化管理模式 ·· 10
  2.3 安全控制管理流程 ·· 11
  2.4 轨道交通控制保护区内工程建设对轨道交通安全的主要影响与保护
      措施 ··· 15
  2.5 山地城市轨道交通控制保护区内建设项目安全控制技术要点 ··· 18
    2.5.1 外部作业影响等级划分 ·· 18
    2.5.2 外部作业的影响程度 ·· 19
    2.5.3 接近程度与影响分区判定标准 ······································ 19
    2.5.4 山地城市轨道交通控制保护区建设项目安全控制标准 ··· 28
    2.5.5 山地城市轨道交通控制保护区建设项目安全评估 ··········· 29

第3章 房屋建设项目典型案例 ·· 30

  3.1 FJ01号项目 ··· 30
    3.1.1 建设项目工程概况 ··· 30
    3.1.2 轨道交通概况 ·· 31
    3.1.3 工程地质概况 ·· 32
    3.1.4 风险识别 ·· 33

3.1.5　评估安全控制指标 …………………………………………… 34
　　　3.1.6　结构安全性计算分析 ………………………………………… 35
　　　3.1.7　轨道交通保护措施 …………………………………………… 36
　　　3.1.8　案例总结 ……………………………………………………… 36
　3.2　FJ02 号项目 ……………………………………………………………… 36
　　　3.2.1　建设项目工程概况 …………………………………………… 36
　　　3.2.2　轨道交通概况 ………………………………………………… 37
　　　3.2.3　工程地质概况 ………………………………………………… 38
　　　3.2.4　风险识别及等级划分 ………………………………………… 39
　　　3.2.5　评估安全控制指标 …………………………………………… 39
　　　3.2.6　结构安全性计算分析 ………………………………………… 41
　　　3.2.7　轨道交通保护措施 …………………………………………… 41
　　　3.2.8　案例总结 ……………………………………………………… 42
　3.3　FJ03 号项目 ……………………………………………………………… 42
　　　3.3.1　建设项目工程概况 …………………………………………… 42
　　　3.3.2　轨道交通概况 ………………………………………………… 43
　　　3.3.3　工程地质概况 ………………………………………………… 44
　　　3.3.4　风险识别 ……………………………………………………… 44
　　　3.3.5　轨道交通保护措施 …………………………………………… 45
　　　3.3.6　案例总结 ……………………………………………………… 46
　3.4　FJ04 号项目 ……………………………………………………………… 46
　　　3.4.1　建设项目工程概况 …………………………………………… 46
　　　3.4.2　轨道交通概况 ………………………………………………… 47
　　　3.4.3　工程地质概况 ………………………………………………… 48
　　　3.4.4　风险识别及等级划分 ………………………………………… 50
　　　3.4.5　评估安全控制指标 …………………………………………… 51
　　　3.4.6　结构安全性计算分析 ………………………………………… 51
　　　3.4.7　轨道交通保护措施 …………………………………………… 52
　　　3.4.8　案例总结 ……………………………………………………… 53
　3.5　FJ05 号项目 ……………………………………………………………… 53
　　　3.5.1　建设项目工程概况 …………………………………………… 53
　　　3.5.2　轨道交通概况 ………………………………………………… 57
　　　3.5.3　工程地质概况 ………………………………………………… 57
　　　3.5.4　风险识别及等级划分 ………………………………………… 59
　　　3.5.5　评估安全控制指标 …………………………………………… 60
　　　3.5.6　结构安全性计算分析 ………………………………………… 61
　　　3.5.7　轨道交通保护措施 …………………………………………… 62
　　　3.5.8　案例总结 ……………………………………………………… 64
　3.6　FJ06 号项目 ……………………………………………………………… 65

		3.6.1 建设项目工程概况 …………………………………………… 65
		3.6.2 轨道交通概况 ………………………………………………… 66
		3.6.3 工程地质概况 ………………………………………………… 66
		3.6.4 风险识别及等级划分 ………………………………………… 67
		3.6.5 评估安全控制指标 …………………………………………… 69
		3.6.6 结构安全性计算分析 ………………………………………… 69
		3.6.7 轨道交通保护措施 …………………………………………… 70
		3.6.8 案例总结 ……………………………………………………… 71
	3.7	FJ07 号项目 ………………………………………………………… 71
		3.7.1 建设项目工程概况 …………………………………………… 71
		3.7.2 轨道交通概况 ………………………………………………… 72
		3.7.3 工程地质概况 ………………………………………………… 73
		3.7.4 风险识别及等级划分 ………………………………………… 74
		3.7.5 结构安全性计算分析 ………………………………………… 75
		3.7.6 轨道交通保护措施 …………………………………………… 76
		3.7.7 案例总结 ……………………………………………………… 77
	3.8	小结 …………………………………………………………………… 77

第 4 章 市政建设项目典型案例 …………………………………………… 78

	4.1	SZ01 号项目 ………………………………………………………… 78
		4.1.1 建设项目工程概况 …………………………………………… 78
		4.1.2 轨道交通概况 ………………………………………………… 80
		4.1.3 工程地质概况 ………………………………………………… 80
		4.1.4 风险识别 ……………………………………………………… 81
		4.1.5 评估安全控制指标 …………………………………………… 82
		4.1.6 结构安全性计算分析 ………………………………………… 83
		4.1.7 轨道交通保护措施 …………………………………………… 83
		4.1.8 案例总结 ……………………………………………………… 84
	4.2	SZ02 号项目 ………………………………………………………… 84
		4.2.1 建设项目工程概况 …………………………………………… 84
		4.2.2 轨道交通概况 ………………………………………………… 85
		4.2.3 工程地质概况 ………………………………………………… 85
		4.2.4 风险识别 ……………………………………………………… 87
		4.2.5 评估安全控制指标 …………………………………………… 87
		4.2.6 结构安全性计算分析 ………………………………………… 88
		4.2.7 轨道交通保护措施 …………………………………………… 89
		4.2.8 案例总结 ……………………………………………………… 89
	4.3	SZ03 号项目 ………………………………………………………… 90
		4.3.1 建设项目工程概况 …………………………………………… 90

4.3.2 轨道交通概况 ·········· 90
　　4.3.3 工程地质概况 ·········· 91
　　4.3.4 风险识别 ·········· 93
　　4.3.5 评估安全控制指标 ·········· 93
　　4.3.6 结构安全性计算分析 ·········· 94
　　4.3.7 轨道交通保护措施 ·········· 95
　　4.3.8 案例总结 ·········· 96
4.4 SZ04 号项目 ·········· 96
　　4.4.1 建设项目工程概况 ·········· 96
　　4.4.2 轨道交通概况 ·········· 101
　　4.4.3 工程地质概况 ·········· 102
　　4.4.4 风险识别及等级划分 ·········· 103
　　4.4.5 评估安全控制指标 ·········· 104
　　4.4.6 结构安全性计算分析 ·········· 105
　　4.4.7 轨道交通保护措施 ·········· 107
　　4.4.8 案例总结 ·········· 108
4.5 小结 ·········· 108

第 5 章　轨道建设项目典型案例 ·········· 109

5.1 GD01 号项目 ·········· 109
　　5.1.1 建设项目工程概况 ·········· 109
　　5.1.2 轨道交通概况 ·········· 111
　　5.1.3 工程地质概况 ·········· 112
　　5.1.4 风险识别 ·········· 113
　　5.1.5 评估安全控制指标 ·········· 114
　　5.1.6 结构安全性计算分析 ·········· 114
　　5.1.7 轨道交通保护措施 ·········· 120
　　5.1.8 案例总结 ·········· 120
5.2 GD02 号项目 ·········· 121
　　5.2.1 建设项目工程概况 ·········· 121
　　5.2.2 轨道交通概况 ·········· 122
　　5.2.3 工程地质概况 ·········· 123
　　5.2.4 风险识别及等级划分 ·········· 124
　　5.2.5 评估安全控制指标 ·········· 124
　　5.2.6 结构安全性计算分析 ·········· 125
　　5.2.7 轨道交通保护措施 ·········· 127
　　5.2.8 案例总结 ·········· 128
5.3 小结 ·········· 129

第6章 管线建设项目典型案例 ································· 130

6.1 GX01号项目 ································· 130
6.1.1 建设项目工程概况 ································· 130
6.1.2 轨道交通概况 ································· 131
6.1.3 工程地质概况 ································· 131
6.1.4 风险识别 ································· 136
6.1.5 评估安全控制指标 ································· 136
6.1.6 结构安全性计算分析 ································· 138
6.1.7 轨道交通保护措施 ································· 143
6.1.8 案例总结 ································· 143

6.2 GX02号项目 ································· 144
6.2.1 建设项目工程概况 ································· 144
6.2.2 轨道交通概况 ································· 144
6.2.3 工程地质概况 ································· 147
6.2.4 风险识别及等级划分 ································· 148
6.2.5 评估安全控制指标 ································· 149
6.2.6 结构安全性计算分析 ································· 151
6.2.7 轨道交通保护措施 ································· 153
6.2.8 案例总结 ································· 154

6.3 GX03号项目 ································· 154
6.3.1 建设项目工程概况 ································· 154
6.3.2 轨道交通概况 ································· 155
6.3.3 工程地质概况 ································· 157
6.3.4 风险识别及等级划分 ································· 159
6.3.5 评估安全控制指标 ································· 163
6.3.6 结构安全性计算分析 ································· 164
6.3.7 轨道交通保护措施 ································· 165
6.3.8 案例总结 ································· 166

6.4 小结 ································· 166

参考文献 ································· 167

附录 其他重大风险源案例工程汇总表 ································· 168

第1章

山地城市轨道交通控制保护区管理概述

轨道交通的正常运营直接关系到乘客的人身安全,一旦出现事故,造成的危害和影响极大。轨道交通是线性工程,周边影响因素较多,常有因为工程事故影响地铁正常运营的事件见诸报端[1-4]。因此,在轨道交通线路投入运营后,必须加强对线路周边的管理,通常需要从现场管理和技术方案两方面入手,以确保地铁运营的安全性。2021年5月6日,国务院安委会办公室印发紧急通知,要求各地区、各有关部门和单位深刻吸取墨西哥地铁轨道桥垮塌重大伤亡事故的惨痛教训,举一反三加强我国城市轨道交通安全工作。当前,我国城市轨道交通线网规模和客流规模均居世界第一,在建线路6700余千米,运营里程10 287.5km。随着线网规模不断扩大,轨道交通控制保护区环境更加复杂,安全运行压力日趋加大,保护区内风险不断增多,相关部门和人员要深刻总结经验教训,及时采取应对措施消除风险。

经验教训告诉我们,城市轨道交通管理、建设和运营单位必须认真贯彻落实习近平总书记关于安全生产的重要论述,强化风险意识和忧患意识,坚持人民至上、生命至上,统筹发展和安全,认真制定专项检查工作方案,迅速组织专家开展安全专项检查,彻底排查城市轨道交通领域重大风险隐患,认真落实整改责任、措施和时限,坚决杜绝一般化、表面化检查,坚决防止此类影响公众安全的重特大事故发生。有关部门和单位要深入开展城市轨道交通运营安全专项整治行动,扎实推进落实集中攻坚任务,进一步强化关键设备设施检测养护、设备运行维修、运行环境等各类安全隐患排查治理;要进一步完善关键设备故障、突发大客流、轨道交通控制保护区碰撞等各类突发事件应急处置预案,加强应急培训和演练,对演练中发现的问题及时进行整改,切实提高应急处置能力。

因此,有关部门和单位要严格查处运营企业主体责任不落实、执行安全管理制度不到位、不按标准规范检修作业等违法违规行为;要进一步强化城市轨道交通沿线安全治理,组织有关部门划定控制保护区范围,建立控制保护区管理制度,构建控制保护区协同管理机制,严厉打击控制保护区违法施工作业、私搭乱建、车辆人员异物侵限等行为;要加大控制保护区巡查力度,督促有关施工单位严格落实动态监测等安全防范措施,确保人民群众生命财产安全。

1.1 重庆市轨道交通发展概况

近年来，由于人们对生活质量和居住需求的不断提高，各类住宅、写字楼与轨道交通建设得到了飞速发展，高层建筑不断增加。为了提高市中心住宅和商用面积的利用率，周边的开发项目也越来越多。此类工程项目必然要处理好保护轨道交通结构安全与自身工程建设的关系，轨道交通控制保护区内的施工建设已引起业界的广泛关注，重庆市轨道交通的发展同样面临着类似的问题与挑战。

在重庆，轨道交通列车"穿山越水""上天入地""穿楼而过"，已成为一张亮丽的城市名片。这张名片背后，是规划、设计和建设者们赋予轨道交通的"黑科技"。科技创新为重庆轨道交通建设创造出多项"世界第一"和"中国第一"，也为全球山地城市轨道交通建设提供了样本。据《重庆日报》报导：重庆市山城独特的地形特点，使重庆轨道交通创造了多个"世界第一"和"中国第一"。具体如下：

(1) 3号线，全长55.5km，是目前世界上线路最长、客流量最大的单轨交通线。

(2) 世界上第一座公路单轨两用城市大桥——3号线菜园坝长江大桥，其钢箱拱梁跨距世界最长，也是第一座采用缆索吊机安装的大桥。

(3) 世界上第一座单轨交通专用跨江大桥——3号线渝澳嘉陵江大桥。

(4) 创立了国际上第一个跨座式单轨交通标准体系，其中部分标准已被多国译成本国文字参照采用。

(5) 2号线，全长19.15km，是国内最早建成的跨座式单轨交通示范线。

(6) 27号线攻克了国内首条长江上游V型河谷轨道交通过江隧道关键技术，解决了重庆山城江城的天然屏障制约。

(7) 国内首创山地AS地铁车型，实现国内地铁车辆纵坡达到50‰，填补了大纵坡运行的空白。

(8) 15号线在全国首次采用城轨快线车(D型车)，具备与市郊铁路、干线铁路贯通运营的技术条件，将有力推动"四网融合"发展。

重庆两江交汇、四山环抱。因其特殊的地形，重庆被网友们亲切地称为"8D魔幻城市"。复杂的地形特征，既为城市带来错落有致的美感，也为交通建设增添了多重困难。为此，《重庆市轨道交通条例》规定：规划、在建以及运营的轨道交通线路应当设置轨道交通控制保护区。其范围包括：

(1) 地下车站和隧道结构外边线外侧50m内；

(2) 地面车站和高架车站以及轨道线路外边线外侧30m内；

(3) 出入口(含无障碍出入口)、换乘通道、通风亭、风井、风道、冷却塔、车辆段、停车场、控制中心、变电站、牵引变电所及各类轨道专用管网(线、沟)等建(构)筑物外边线外侧10m内；

(4) 过江、过河桥梁或隧道上、下游各200m内。

轨道交通控制保护区具体范围和保护要求应当在线路控制规划中明确。因地质条件或者其他特殊情况，需要调整范围的，由市城乡建设行政主管部门会同城乡规划主管部门审核确定。

1.1.1 发展现状

"十三五"时期重庆轨道交通建设加快推进、网络化水平不断提高、服务质量持续提升、支撑引领作用不断增强。五年来,重庆市坚持以轨道交通引领城市发展格局,大力实施轨道交通"850+"成网计划,轨道交通第三期、第四期建设规划相继获得国家正式批复,开工建设了一批具有引领性、带动性、标志性的轨道交通项目,建成投用了一批客流效益好、引领作用强的重大项目,有力促进了全市经济社会发展,为"十四五"时期轨道交通提速发展、主城都市区高质量发展、成渝地区双城经济圈建设奠定了坚实基础。主要发展现状如下:

1. 轨道交通网络骨架基本形成

"十三五"期间,新开工建设6号线支线二期、9号线、10号线二期、4号线二期、5号线北延伸、18号线、江跳线、璧铜线等8条(段)共约200km线路,建成运营1号线尖璧段、1号线朝小段、3号线北延伸段、4号线一期、5号线一期、6号线支线二期、10号线一期和环线等168km线路,形成"一环七射"的轨道交通运营网络,总里程达370km,位居中西部前列、全国第七。

2. 轨道交通骨干地位凸显

城市轨道交通客流量持续增长,网络化效益及在公共交通体系中的骨干作用日渐凸显。"十三五"期间,年客流量由6.3亿乘次增长到10.42亿乘次,增幅65.4%。2019年,重庆轨道交通日均客流量285.44万人次,占公共交通出行总量的31%,线网平均负荷强度0.87万人次/(km·日),高于全国平均水平0.71万人次/(km·日)。其中,内环以内的线网平均负荷强度约2万人次/(km·日),与北京、上海、深圳等城市相当。

3. 轨道交通引领城市发展格局初见成效

深入实施轨道交通引领城市发展格局行动方案,以轨道交通规划建设引领城市功能、空间结构、用地布局优化调整,具体表现为:

(1) 轨道交通网络有机耦合城市空间结构,运营及在建轨道交通线网基本实现中心城区九区、三大槽谷、21个城市组团全覆盖,服务解放碑-江北嘴-弹子石CBD、观音桥、科学城、礼嘉智慧城、江北机场、重庆北站、重庆西站等城市重要功能节点。

(2) 轨道交通引领城市空间有序外拓,加快外围新区新城用地开发进程,加速人口产业集聚。3号线、6号线有效促进空港、李家沱、北碚、蔡家、礼嘉等外围城市组团开发,拓展了城市纵向空间尺度,4号线、9号线、10号线有力支撑城市北向拓展及两江新区发展。1号线、6号线带动了大学城、西永、茶园片区快速发展,支撑城市跨越槽谷发展,拉大横向空间尺度。

(3) 轨道交通促进城市有机更新,带动老旧城区改造升级,形成新兴商业商务集聚区。围绕1号线石油路站开展石油路片区升级改造,打造了集轨道交通、购物中心、商务楼宇、星级酒店、住宅、城市广场于一体的大坪时代天街超级城市综合体,在城市核心区域形成了新兴商圈。

(4) 轨道交通强化中心城区与主城新区一体化发展,尖璧段、江跳线、璧铜线的建设实现了轨道交通由中心城区向主城新区延伸,提升中心城区与主城新区的联系水平,形成璧山、江津等同城化发展先行区融城连片发展格局。

1.1.2 发展趋势

基于轨道交通前期的发展成就,当前轨道交通的建设将重点聚焦于创新成果的新突破、建设投融资模式的多元化以及运营法规政策的完善等方面。

1. 轨道交通创新发展

(1) 互联互通网络化运营国内领先。以国家发改委《增强制造业核心竞争力三年行动计划(2015—2017年)》项目为依托,在国内率先开行4号线与环线互联互通跨线直达列车,网络化运营达到国内领先、国际先进水平。

(2) 山城特色轨道交通技术创新成果斐然。主导编制6项地方规范标准,参与4项国家标准制定,开展并完成15项跨省部级科研项目。创新跨座式单轨设计建造关键技术,总体达到国际先进水平;研制小半径、大纵坡、大运量的山地城市A型车辆(即As型车),在4号线、5号线、10号线等线路成功应用;创新研制双流制轨道车辆,保障江跳线、5号线的贯通运营,届时将成为国内首条双流制轨道交通线路;编制城轨快线车辆与设计等系列标准,有力支撑城轨快线规划建设。

(3) 轨道交通产业逐步壮大。积极引进吸收国内外先进技术,注重创新研发,取得了121项发明专利和实用新型专利。具有全球最大的跨座式单轨装备制造基地,形成了由40多家产业单位组成的涵盖规划设计、装备制造、施工承包的全产业链,设备国产化率达95%以上,本地化率达80%以上。

2. 轨道交通建设投融资模式

积极推动多元化融资吸引社会资源和先进技术,采用政府自建、BT、PPP等多种建设模式,通过融资租赁、信托资金、中期票据、专项债等多种方式拓宽资金筹集渠道。如轨道4号线二期、18号线均采用了PPP建设模式,有效保障了轨道建设资金,从而可以缓解财政压力,提高建设效率和品质。

3. 轨道交通建设运营法规政策日臻完善

自2011年颁布《重庆市轨道交通条例》以来,轨道交通的规划、建设、运营、管理工作进入了法制化轨道,"十三五"期间,相关部委先后发布了《关于保障城市轨道交通安全运行工作的实施意见》《关于印发重庆市城市轨道交通运营突发事件应急预案的通知》等规范性文件,为轨道交通高效建设、安全运营、持续发展提供完善政策保障。

1.2 重庆轨道交通控制保护区建设工程风险的主要特点

伴随着城市轨道交通沿线高强度、高密度的物业开发,线路周边影响城市轨道交通结构安全的各类建筑工程的开发、施工等外部作业大幅攀升,如果不加强结构安全保护管理并采取必要的保护措施,将危及城市轨道交通的结构安全和正常运营。

近年来,危及城市轨道交通运营安全的结构受损事件时有发生,如外部作业导致结构倾斜和沉降、隧道被钻穿、盾构收敛变形和管片开裂等,已为城市轨道交通结构安全保护敲响了警钟。

1.2.1　轨道交通控制保护区典型安全事故

轨道交通运营安全除了具有安全问题的普遍性外,还具有"运营安全影响重大、运营安全涉及面广、运营安全受外界环境影响大、运营安全风险大"的特点[5],同时涉及公众安全和轨道自身安全,尤其是在轨道交通控制保护区内的安全,与轨道交通的安全紧密相关。在轨道交通规划、建设和运营过程中,我们重点考虑的是轨道交通规划的科学合理性,以及建设质量的安全可靠性,特别是在施工工艺、施工质量、施工安全等方面。这导致在轨道交通运营中,始终存在着威胁控制保护区安全性的潜在隐患,这种"重建设,轻管理"的思维不利于控制保护区的运营。如果不认真解决控制保护区的管理问题,那么这个"微小的漏洞"将可能极大地威胁轨道交通运营安全。近两年来发生的一系列影响轨道交通建设和运营安全的案例,促使笔者下决心以轨道交通控制保护区管理作为研究的主题。

案例一:2011 年 11 月,重庆某公司承建的重庆国际博览中心工程,会展大道以及下穿人行通道和大型排水沟、集水坑等爆破作业,造成轨道交通会展中心支线工程张会区间隧道 K9+440—K9+572 段二衬渗水[5]。

案例二:2012 年 4 月,由重庆某公司承建的动物园地下人行通道工程,施工单位某集团有限公司在实施地下通道主体结构开挖作业中,未按照经审核备案的第三方监测方案执行,造成轨道交通 2 号线杨家坪至动物园 D213-33、34 墩柱结构发生异常,严重影响轨道交通设施安全[5]。

案例三:2012 年 8 月,由重庆某公司建设的经济适用房工程,在场地平整施工过程中,未按轨道交通运营单位批准的轨道保护方案进行施工,将轨道交通 2 号线大堰村至动物园 D213-16、17 号墩桩基有效嵌岩破坏,造成桩基临空,对轨道墩柱结构造成严重安全隐患[5]。

案例四:2012 年 8 月,由重庆某公司建设的渝兴产业基地工程项目,在未办理轨道交通控制保护区相关手续情况下,擅自在轨道交通 6 号线一期光电园至大竹林区间隧道上方实施爆破作业,开挖的垂直边坡长期裸露未做支护处理,导致光电园至大竹林区间隧道外侧边坡出现岩层开裂,对隧道结构安全造成影响[5]。

从上述案例的事故原因可以看出,轨道交通控制保护区内施工建设的安全考量和施工管理仍存在问题和纰漏。由此可将轨道交通保护区内存在的主要问题梳理如下:

1. 建设单位程序履行不严

由于对轨道交通信息不了解,未对轨道交通控制保护区内施工建设项目制定专门的轨道交通保护方案及相应的应急预案、监测方案、安全评估方案等;未严格按照《重庆市轨道交通条例》的要求,将工程施工方案上报轨道交通相关部门审批,轨道交通保护意识薄弱。

2. 轨道保护方案执行不佳

在轨道交通控制保护区内项目施工建设期间,为了缩短工期或减少成本,未严格按照通过审批的轨道交通保护方案施工,造成轨道交通结构的安全隐患;现场巡查机制及施工监管机制存在漏洞。

3. 施工建设监测预警延迟

在施工建设项目开工前,未制定系统的风险监测方案,导致在实际的施工监测过程中通常只针对建设项目本身进行定期人工监测,并未对在建与运营中的轨道交通进行实时动态监测,造成施工风险监测数据不完备,且人工监测的频次有限;未能实现监测预警的信息化作业,而导致监测采集的安全风险信息滞后。

1.2.2 轨道交通控制保护区建设项目风险因素及应对措施

1. 勘察作业项目

工程实施前首先要进行勘察工作,对场地工程地质和水文地质条件进行了解。勘察过程中需要进行向地下钻孔取样、原位测试等工作,并且因工程类别不同,钻孔深度不一,高层建筑的勘察钻孔深度可达到上百米。国内曾发生过勘察钻孔将隧道打穿并导致停运的事故,也发生过勘察钻孔打断供电电缆的事故,所幸轨道交通由多条线路供电,未造成停运事故。在轨道交通控制保护区内进行勘察工作,对于运营轨道交通线路安全风险较高,易造成突发事故,对此控制保护区管理部门应给予重视。

对于此类工程,轨道交通控制保护区管理控制要点为:首先,在报批过程中准确核实钻孔与地铁结构相对位置关系,并确保钻孔与地铁结构有一定安全距离;其次,在现场实施中应严格控制钻孔精度,不得随意变更钻孔位置。

2. 房屋建设项目

轨道交通运营线路周边地块通常价格较高,要充分进行开发并满足规划配建指标要求,一般要进行地下部分开发,并且如果建设高层、超高层建筑,通常对地下结构的嵌固深度有一定要求,所以此类工程通常要进行基坑开挖。轨道交通周边很多物业开发的项目为吸引客流,常采用将轨道交通出入口引入商场的模式,由于防火的要求地铁通道长度不能过长。地铁车站附属结构通常会进入周边地块用地红线范围内。因此,由于地铁周边的高层建筑以及连接商场通道这两方面的原因,造成城市中心区轨道交通控制保护区内存在大量的深基坑工程。此类工程会引发周边土体位移、水位变化等现象,导致地铁结构发生隆起、水平位移、收敛变形、结构渗水等不良现象,严重的可导致道床脱空、结构开裂等问题。轨道交通控制保护区内的基坑工程如控制不好容易造成重大事故,国内有城市曾经发生过因为邻近地铁基坑漏水导致地铁结构变形、开裂,并导致全线停运的重大事故。此类工程是轨道交通控制保护区管理工作的重中之重。

对于此类工程,轨道交通控制保护区管理控制要点为:严格方案审查,采用可靠的围护结构,杜绝渗漏水事故发生,一旦发生事故立即采取稳妥可靠的周边环境变形控制措施;进行安全评估,严格控制允许变形指标;加强地铁监测,实时了解地铁结构变形情况;采取主动变形控制措施;强化现场管理,进行信息化施工等[6-8]。

3. 桥梁跨越项目

轨道交通地下线路的规划通常沿着城市主干道进行,随着市政道路的逐步完善,经常出现桥梁工程跨越地铁线路的情况。桥梁跨越地铁地下线路的工程对地铁的主要影响因素是桥梁桩基础施工期间的地面荷载。此类工程可能会造成地铁结构发生沉降,严重的可能导致地铁结构渗漏、开裂甚至地铁停运等。国内也曾出现过地面堆土导致地铁结构渗漏、开裂的事故。桥梁跨越地上地铁线路对地铁的影响因素有:上跨桥梁施工期间建筑材料坠落问题、结构物和施工机具倾覆风险以及运营期间抛物问题。此类工程可能会造成地铁高架线路设施破坏,严重时可能导致停运甚至出轨等事故。

对于此类工程,轨道交通控制保护区管理控制要点为:严格控制桥梁桩基础与地铁结构的距离,尽量保证在一倍隧道直径以上;严格控制地面超载在隧道设计承受范围内;加强地铁监测,实时了解地铁结构变形情况;控制上跨桥梁与地铁设施间的净距;施工期间严防高架线路上方物体坠落;设置防抛设施,防止运营期间上跨桥面有人抛物等。

4. 邻近违章建筑

对地铁运营造成较大影响的邻近违章建筑主要在地面及高架线路周边,尤其是在高架桥下进行违章建筑施工、机动车停放、杂物堆放等,一旦发生火灾等事故可能会危及地铁正常运营[7-9]。此类工程的责任主体通常是社会个体人员,存在与其沟通难度大,治理后容易发生反复的问题。

对于此类工程,轨道交通控制保护区管理控制要点为:加强现场管理,加大执法力度,对违章建筑和杂物及时清理,并采取有效措施进行防护。

5. 市政管线工程

轨道交通地下工程和市政管线工程通常沿着市政道路地下敷设,大量的市政管线需要在轨道交通控制保护区内进行敷设。市政管线大多埋设较浅,除燃气管线外,其他管线埋设后对地铁运营和结构影响较小。

对于此类工程,轨道交通控制保护区管理控制要点为:燃气管线工程需要严防管道渗漏风险,并控制安全距离;其他管线核实相互位置关系,严禁超挖破坏地铁结构。

1.3 重庆轨道交通控制保护区建设项目管理目标

1.3.1 建设服务水平的提升

计划到2025年,重庆轨道交通运营里程和客流量较现状翻一番,运营里程约600km、日均客流量达700万人次以上,基本建成网络结构完善、服务品质一流、运营效益优良、创新能力领先、引领作用突出的轨道交通体系,轨道交通全生命周期可持续发展能力全面增强,干线铁路、城际铁路、市域铁路(城轨快线)、城市轨道交通"四网"高效融合,初步建成主城都市区"一小时通勤圈",打造轨道上的都市区,有力支撑成渝地区双城经济圈建设和"一区两群"协调发展。

1. 轨道交通网络化取得新成效

按照"中心加密、两槽提速、两翼联通、外围辐射"的总体思路,加快实施"850+"成网计划,推动主城都市区轨道交通网络化,织密中部槽谷线网,加速东西槽谷成网,构建主城新区骨干网。中心城区基本形成"环射+纵横"的轨道交通线网格局,轨道交通快线骨架、西部槽谷"环+放射"和东部槽谷"南北纵向"的骨干线网基本成形。到2025年,新开工轨道交通线路198km,建成投用约230km,完成投资量1300亿元,形成约600km的轨道交通运营网络,力争实现运营及在建里程"1000+",城轨快线运营里程实现从无到有的重大突破。

2. 轨道服务水平实现新提升

深入推动轨道交通"国际化、绿色化、智能化、人文化"发展,全面提升轨道交通服务品质,提高轨道出行的便捷度与舒适度,增强人民群众出行的获得感、幸福感、安全感。至

2025年核心区轨道交通站点800m范围内人口和岗位覆盖率达到90%以上,轨道交通与其他交通方式一体化衔接更加紧密,轨道交通成为广大人民群众出行的首选,日均客流量达700万人次以上,占公共交通出行比例约50%。

3. 行业发展能力迈上新台阶

轨道交通建设与城市用地开发、产业布局协同一体,土地综合开发反哺轨道交通建设运营的体制机制更加健全,轨道交通科技创新能力大幅提升,建设运营管理的安全保障能力显著提高,轨道交通行业可持续发展能力全面增强。

4. 轨道交通产业发展开创新局面

轨道交通产业生态持续完善,轨道交通装备制造产业链、供应链、价值链水平大幅提升,面向轨道交通全生命周期服务能力显著增强,重庆轨道交通装备、技术、标准和管理"走出去"取得新突破。

展望2035年,重庆主城都市区全面建成"一张网、多模式、全覆盖"的轨道交通体系,轨道交通服务品质、运营效益、科技创新水平国内一流、国际知名,全面建成轨道上的主城都市区。

1.3.2 运营管理水平的提升

在轨道交通控保区建设项目蓬勃发展的同时,应该强化轨道交通安全发展红线意识,逐步提升轨道交通建设运营安全管理水平,健全安全管理体系,加强安全风险管理,增强应急处置能力,确保轨道交通发展安全稳定。

1. 提升建设运营安全管理水平

牢固树立安全发展理念,坚守安全底线,健全完善人防、物防、技防"三位一体"的安全保障体系。一是完善安全管理体系,加强施工安全、运营安全管理,强化安全责任意识,落实全员安全主体责任制,严格安全生产责任追究,强化安全投入保障机制。二是完善安全标准体系,建立健全覆盖轨道交通建设、运营、经营各项业务的安全标准体系[11]。三是完善预防控制体系,健全安全风险分级管控和隐患排查治理双重预防机制,建立风险和隐患一岗一册制度,实现风险隐患识别、评估、监控、预警、处置等全过程动态管理,强化重大安全风险关键管控措施,提高应对处置和防控能力。四是完善安全培训宣传体系,强化安全教育培训工作,加强安全宣传普及,增强社会安全意识,营造合力建设平安轨道的良好环境。

2. 提升设施设备本身安全水平

完善轨道交通基础设施和装备安全技术标准体系,提升关键设施设备全生命周期的安全性、可靠性及耐久性。完善轨道交通建设质量管理体系,确保轨道交通工程建设质量安全。落实质量安全终身负责制,完善轨道交通质量标准管理和质量失信惩戒制度,严把设施设备产品源头供给质量安全关口。

3. 提升一体化应急处置与救援能力

完善综合预案、专项预案和处置方案三级应急预案体系,加强动态更新管理,形成预案库,实现一站一预案、一线一预案及现场仿真模拟。建立健全应急联动机制,强化社会协同能力,构建高效反应、立体联动的应急救援体系,提高应急处置能力和应急救援水平。

第2章

山地城市轨道交通控制保护区内建设项目管理依据、流程与技术要点

2.1 法律依据及管理模式

在轨道交通控制保护区内建设有关基础设施等需要政府规划部门统一规划,符合国家和地方对建设标准、环境控制、安全保护等要求。国内城市根据机构职责、管理方式、管理力度等,对轨道交通控制保护区规划进行了强度不一的管理。目前,北京、上海、广州、深圳等多个城市都颁布了地方性的管理规定,重庆出台《重庆市轨道交通控制保护区管理办法(修订)》,强化对城市轨道交通控制保护区的管理。城市轨道交通控制保护区内进行工程建设作业的,作业单位应当制定安全防护方案,在征得运营单位同意后,依法办理有关行政许可手续。

以重庆为例,相关法规文件依据可以总结为"1个地方性法规、3个技术标准和多个管理办法",分别是:

《重庆市轨道交通条例》(重庆市人民代表大会常务委员会公告〔2011〕第6号)

《城市轨道交通结构安全保护技术规范》(CJJ/T 202—2013)

《城市轨道交通结构检测监测技术标准》(DBJ 50/T—271—2017)

《重庆市轨道交通控制保护区建设项目轨道保护专项设计文件编制技术规定》(渝建发〔2014〕103号)

《重庆市轨道交通第三方监测管理暂行办法》(渝建发〔2014〕21号)

《重庆市轨道交通控制保护区管理办法(修订)》(渝建发〔2018〕295号)

《重庆市住房和城乡建设委员会关于加强轨道交通控制保护区管理的意见》(渝建轨道〔2021〕23号)

《重庆市住房和城乡建设委员会关于加强轨道交通控制保护区内工程勘察外业作业管理的通知》(渝建轨道〔2022〕7号)

对于风险控制技术,相关的技术规范主要有《城市轨道交通结构安全保护技术规范》(CJJ/T 202—2013)[2]和《城市轨道交通工程监测技术规范》(GB 50911—2013)[9]。

《城市轨道交通工程监测技术规范》主要适用于轨道交通新建、改建、扩建工程及工程运行维护的监测工作,其中涉及轨道交通运营线路的有对既有轨道交通结构监测的相关内容。

《城市轨道交通结构安全保护技术规范》主要适用于已建成和正在修建的轨道交通结构的安全保护工作,主要目的是避免或降低外部作业对既有轨道交通造成不利的影响。其中涉及对于轨道交通既有结构保护的相关管理要求和技术要求,涉及内容较全面,是轨道交通控制保护区内工程实施的行业标准。

目前执行轨道结构保护的主要规范还有以下几个:

(1)《地铁设计规范》(GB 50157—2013)
(2)《铁路隧道设计规范》(TB 10003—2016)
(3)《地下铁道工程施工质量验收标准》(GB/T 50299—2018)
(4)《爆破安全规程》(GB 6722—2014)
(5)《建筑边坡工程技术规范》(GB 50330—2013)
(6)《混凝土结构设计规范》(GB 50010—2010,2015 年版)
(7)《建筑基坑支护技术规程》(JGJ 120—2012)
(8)《高层建筑混凝土结构技术规程》(JGJ 3—2010)
(9)《建筑抗震设计规范》(GB 50011—2010,2016 年版)
(10)《建筑结构荷载规范》(GB 50009—2012)

2.2 系统化管理模式

以重庆为例,该市建立了市区两级上下联动、从设计到竣工环节前后闭合的控制保护区管理模式,如图 2.1 所示。

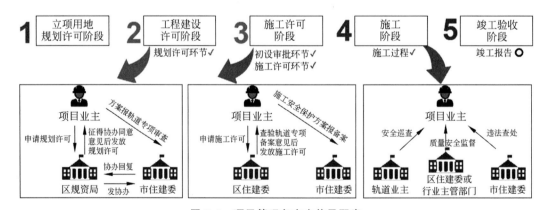

图 2.1 项目管理各方主体及职责

各方主体包括市住建委、区住建委、区规资局、轨道业主、项目业主和行业主管部门,其职责分工如下:

1. 市住建委

负责方案和初设审批阶段轨道安全保护专项设计审查、施工许可前施工安全保护方案的备案、轨道条例有关法律条款的执法、监督轨道业主安全巡查工作。

2. 区住建委

核发施工许可前,负责查验轨道安全保护方案备案意见,督促施工单位等参建各方在施工过程中落实安全保护措施,监督本辖区轨道交通控制保护区内的区管房屋市政工程的质量(按图施工)、安全(照章作业),开展控制保护区安全隐患排查和突发事件应急处置。

3. 区规资局

在方案审批阶段发放规划许可证之前,负责给市住建委发协办,征求市住建委书面意见;对违反重庆市轨道交通条例第四十五条规定,擅自在轨道交通控制保护区范围内修建建(构)筑物的单位和个人进行依法查处。

4. 轨道业主

在方案和初设审批阶段提供轨道交通图纸资料并对轨道安全保护专项设计进行技术校核;会同项目业主制订施工安全保护方案;负责控制保护区的安全巡查;及时向市住建委及相关主管部门报告涉及控制保护区的违法违规行为。

5. 项目业主

履行基本建设程序义务,依法办理基本建设各项手续(包括控制保护区手续);履行相应的轨道交通安全保护义务,承担工程建设质量安全首要责任,承担各参建单位落实轨道保护措施的履约管理责任。

6. 行业主管部门

按照"谁审批、谁负责"的原则,交通、水利、城管、电力、燃气、通信等行业主管部门应加强控制保护区内本行业领域建设工程的监督管理,加大本行业建设工程质量、安全违法违规行为的查处力度,确保轨道交通建设和运营安全。

2.3 安全控制管理流程

根据近几年的工程实践,目前采用的管理流程如图2.2和图2.3所示。

1. 初步规划外部作业影响等级

在将外部作业划分为不同影响等级时,有相应的处置流程,具体如下:

(1)当外部作业影响等级为三级和四级时,进行施工安全保护措施与轨道保护专篇的一致性复核(轨道安全控制保护机构)→通过。

(2)当外部作业影响等级为二级(围岩级别Ⅳ级及以下)时,轨道保护专篇应委托有资质的第三方进行安全评估。

(3)当外部作业影响等级为特级和一级(围岩级别Ⅳ级及以下)时,轨道保护专篇应委托有资质的第三方进行安全评估→通过。

在初次划分外部作业影响等级中,对于既有轨道交通结构第三方安全评估包括以下三个阶段:

(1)外部作业影响预评估:项目建设区域内既有轨道交通设施健康状况检测报告(既有变形、病害)及既有轨道交通设施的竣工资料作为评估分析的输入条件,与预定的施工步

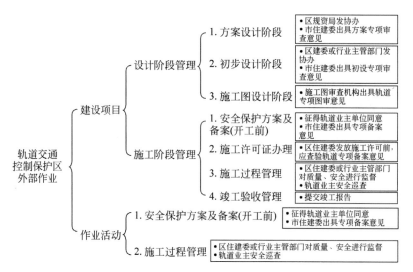

图 2.2　控保管理全过程工作阶段概览

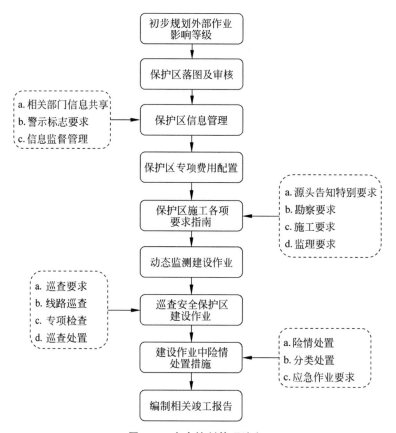

图 2.3　安全控制管理流程

骤引起的既有轨道交通设施结构响应进行不利组合,得出外部作业影响预评估结论;项目建成后,在运营过程中轨道交通设施有可能遭遇到的意外撞击或者某种次生灾害的评估;还应找出具有安全控制里程碑意义的施工步骤点,作为外部作业影响过程评估的依据。

（2）外部作业影响过程评估：通过对第三方监测机构提供的阶段性既有轨道交通设施结构响应数据、既有轨道交通设施结构在当前施工步骤下理论分析响应数据进行对比分析，得出外部作业影响过程评估结论。

（3）外部作业影响后评估：项目建设竣工后半年（影响等级为一、二级时）、一年（影响等级为特级时），第三方安全评估机构通过第三方监测机构提供的既有轨道交通设施结构响应数据编制外部作业影响后，给出外部作业影响的最终评估结论意见。

规划线路第三方安全评估包括工程建设项目是否直接或间接对拟建轨道交通设施施加各种荷载，是否满足重庆市轨道交通监测管理暂行办法第三条中外部作业净距控制管理值要求，是否对围岩环境造成破坏，以及轨道交通设施建设的可行性等方面的评价。对于规划线路控保区建设项目，重在评估对轨道交通建设条件和运营条件的影响。在此基础上，按照相关评估等级进行控保手续办理，具体流程如图2.4所示。

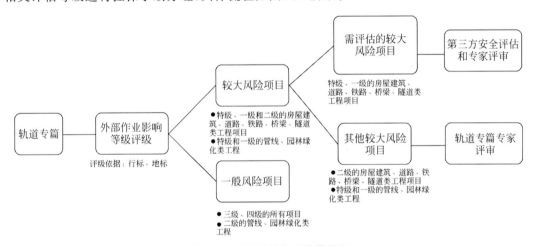

图 2.4　控保手续办理具体流程

2. 控制保护区落图及审核

开工前，轨道交通运营单位应制作控制保护区范围图，并提交市资源规划主管部门审核确定。控制保护区范围发生变化的，轨道交通经营单位应当及时修改控制保护区范围图，并重新报市自然资源规划主管部门审核确定。

3. 控制保护区信息管理

（1）信息共享。市自然资源规划主管部门审核确定控制保护区范围图后，应将控制保护区范围信息上传至"多规合一业务协同平台"，供相关部门、单位查询。轨道交通经营单位应将控制保护区范围资料移交至市城市建设档案馆。

（2）警示标志要求。轨道交通建设及经营单位应制定控制保护区警示标志设置标准。

（3）警示标志。轨道交通建设及经营单位应当在形成地下轨道结构前完成控制保护区警示标志设置工作，对控制保护区内暂时无法安装标志的区域，应设置临时警示标志。

（4）控制保护区信息监督管理。市建设、交通主管部门应当对控制保护区保护范围信息生成、归集、查询提供便利，以及对保护警示标志设置等情况进行监督检查。

4. 控制保护区专项费用配置

轨道交通经营单位应设置轨道交通保护专项费用,用于轨道交通保护宣传;应当向位于控制保护区范围内的机关、企事业单位以及住宅小区宣传轨道交通保护知识,告知其所在位置位于控制保护区。

5. 控制保护区施工各项要求指南

(1) 新建建设项目源头告知的特别要求。项目用地范围与控制保护区范围交叉的建设项目,在策划生成阶段,市资源与规划部门应当将交叉范围告知项目策划牵头单位,由牵头部门将前期工作计划、土地出让合同(协议)等文书告知建设单位。在规划许可阶段,市资源与规划部门应当征求轨道交通经营单位意见,并在许可文书中载明轨道交通经营单位的意见。

(2) 勘察要求。建设(作业)单位和个人在控制保护区内组织地下勘探等作业前,应向城乡建设档案管理机构查询轨道交通相关档案。

(3) 办理施工(作业)许可时,前置许可批文中载明施工(作业)范围与控制保护区交叉的,许可机关应当将安全保护方案报批情况纳入审查范围。未按照规定报送轨道交通经营单位审核同意的,不得予以办理施工(作业)许可。

(4) 施工要求。在控制保护区内进行建设(作业)活动的单位或个人,应严格按照经轨道交通经营单位审查通过的方案进行施工,加强对建设(作业)人员的安全教育,保证施工安全,避免发生险情。当建设(作业)出现险情时,应立即停止施工并采取相应的防范和补救措施,优先确保轨道交通运营安全及设施结构安全,并及时报告轨道交通经营单位、市建设或者交通运输主管部门。

(5) 监理要求。建设(作业)的监理单位应编制专项监理细则、制定质量安全预控措施和进度控制计划,在施工过程中开展重点检查及旁站式监理,并做好监理记录。一旦发现安全隐患,必须立即要求建设(作业)施工单位采取保护性措施,并及时报告轨道交通经营单位、市建设或者交通运输主管部门。

6. 动态监测建设作业

轨道交通经营单位应当加强建设(作业)活动的现场监督,对于建设(作业)影响为特级、一级、二级的项目,应当在施工过程中对受影响区域的轨道交通设施结构进行动态监测。

(1) 其主要技术指标应结合安全评估结论并必须符合国家或行业相关规范标准的规定,报轨道交通经营单位同意。

(2) 对于轨道交通建设阶段可采用人工监测,运营阶段(含初期运营)应采用自动化监测技术。

(3) 监测单位的相关工作人员经轨道交通经营单位培训后,方可持证进入轨道交通设施内开展相关工作。

(4) 监测单位应当及时向轨道交通经营单位提交监测数据及监测报告,并承担相应责任。

7. 巡查安全保护区建设作业

(1) 巡查要求。轨道交通经营单位应当加强控制保护区巡查工作,制定控制保护区巡查工作方案,建立控制保护区内建设(作业)项目管理台账。

(2) 线路巡查。轨道交通经营单位负责相应轨道交通控制保护区的线路巡查工作,检查控制保护区内是否存在未向轨道交通经营单位征求意见或办理备案手续的建设（作业）活动。轨道交通处于建设阶段的，线路巡查频率为每周2次；处于运营阶段（含初期运营）的，线路巡查频率为每日1次，巡查人员应当做好巡查记录。

（3）专项检查。轨道交通经营单位应当对控制保护区内的建设（作业）活动进行专项检查，参与项目建设（作业）的各方应当严格执行经备案的安全保护方案，并接受轨道交通经营单位的监督检查。

（4）巡查处置。轨道交通经营单位在巡查过程中，如发现建设（作业）活动未经同意或者未按规定要求在控制保护区内实施建设（作业）活动，有危及或者可能危及轨道交通安全的，轨道交通经营单位应当及时劝阻、制止违法行为，建设（作业）单位和个人应当立即停止建设（作业）活动并采取防范或者补救等措施。如建设（作业）单位和个人拒不整改，轨道交通经营单位应当立即向市建设主管部门或者市交通运输主管部门报告，由市建设或交通主管部门依法进行处置，情节严重的应直接报公安机关。

8. 建设作业中险情处置措施

（1）险情处置。控制保护区内的建设（作业）施工发生险情时（包括发现监测数据达到控制值，或观察到邻近轨道交通设施结构及邻近地面发生变形、裂缝、塌陷、渗漏等异常情况），建设（作业）施工单位应当立即停止施工并采取防范或补救措施，第一时间向相关行政主管部门和轨道交通经营单位报告，并立即按照既定应急预案进行抢险，尽快控制险情发展，防止扩大。

（2）分类处置。建设（作业）施工遇险、抢险等影响轨道交通设施安全，涉及在建线路的，轨道交通经营单位应当立即报告市建设主管部门，并组织力量对轨道交通设施受影响部分进行抢险；涉及运营线路的，轨道交通经营单位应当立即报告市交通运输主管部门，同时迅速采取一切合理可行的应急措施进行处置，尽可能地降低影响、减少损失。

（3）应急作业要求。在控制保护区内进行市政管道抢修、内涝抢险等应急作业的，建设（作业）开始前，施工单位应与轨道交通经营单位取得联系并进行报备，轨道交通经营单位应积极配合并给予必要的协助；涉及运营线路的，必要时轨道交通经营单位应暂停运营，确保安全。

9. 编制相关竣工报告

建设项目竣工或作业行为结束后，建设（作业）单位或个人应向轨道交通经营单位提交建设项目竣工（作业完工）情况报告，轨道交通经营单位应将建设项目竣工（作业完工）情况报告纳入管理台账。

2.4 轨道交通控制保护区内工程建设对轨道交通安全的主要影响与保护措施

轨道交通地上结构包括地面或高架的区间、车站、桥梁和风井等其他构筑物；轨道交通地下结构包括地下区间隧道、车站和风道、地通道等其他地下构筑物。地下隧道结构按埋深分为深埋式和浅埋式，按施工方法分为明挖和暗挖。

1. 控制保护区结构的影响

（1）地上结构由于线路的缘故往往采取严格的隔离措施，因此上部结构受到的直接影响相对较小,重点应对各种因素引起的基础位移、沉降、转动和失稳倾覆进行控制,其中轨道交通地下结构受到的主要工程影响包括[10]:隧道结构上方堆载和卸载(图 2.5 和图 2.6);隧道边侧洞室、基坑或桩基开挖(图 2.7~图 2.9);隧道岩土体地下水剧烈变化(图 2.10);隧道岩土体开挖变为半地下或地上结构(图 2.11);隧道受到爆破震动波冲击等。轨道交通地上结构受到的主要工程影响包括:外部荷载的撞击、爆破震动波冲击等;高架桥墩周边整体堆载或开挖;高架桥墩单侧纵向、横向堆载或基坑开挖;高架轨道梁上部或下部空间被侵占等(图 2.12~图 2.17)。

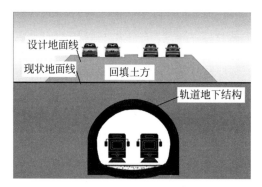

图 2.5　隧道上方回填堆载

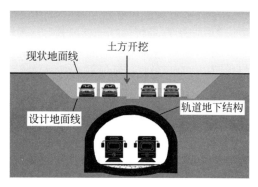

图 2.6　隧道上方挖方卸载

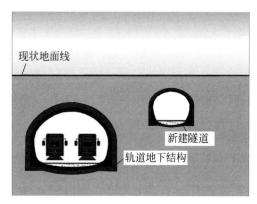

图 2.7　隧道边侧新增暗挖隧道

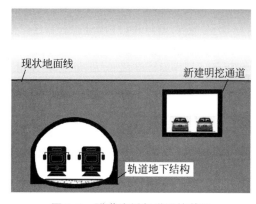

图 2.8　隧道边侧新增明挖基坑

图 2.9　隧道两侧开挖基桩

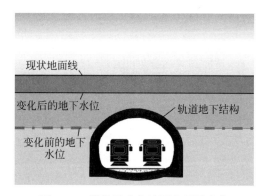

图 2.10　隧道岩土体地下水剧烈变化

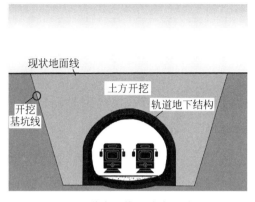

图 2.11　隧道岩土体开挖变为地上结构

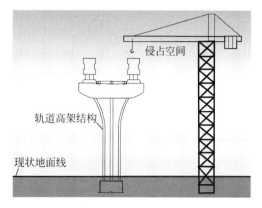

图 2.12　高架桥位于塔吊回转半径范围内

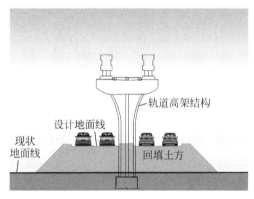

图 2.13　高架桥周边回填堆载

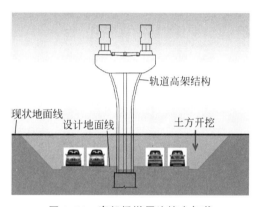

图 2.14　高架桥墩周边挖方卸载

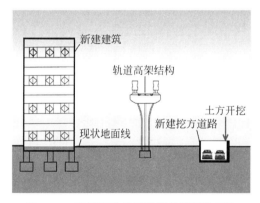

图 2.15　高架桥墩单侧增载单侧基坑开挖

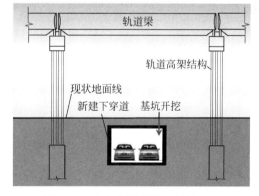

图 2.16　高架桥墩间横向基坑开挖

（2）地下结构上方的堆载和卸载会改变结构衬砌的应力分布，引起地基的压缩变形，因此对隧道结构应进行应力变化、塑性区开展、裂缝开展、结构变形、基础位移、爆破震动的计算分析。对于深埋式的暗挖隧道而言，由于岩土体较厚，可以形成与隧道共同受力的卸荷拱，因此隧道结构对岩土体外部荷载的增减不是特别敏感。但是，如果岩土体被过多地开挖

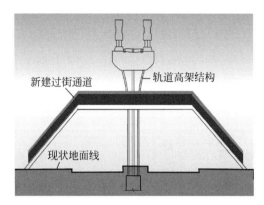

图 2.17　高架轨道梁下修建过街通道

或被爆破施工等造成扰动,会严重改变隧道结构的受力状况,对结构安全造成较大影响。对于浅埋式的明挖或暗挖结构,隧道衬砌要承受全部外部荷载,荷载的增减或岩土体的位移、水位变化均会对衬砌结构受力产生直接影响。隧道边侧的洞室、其他隧道或基坑开挖会造成隧道整体偏压,产生侧倾、变形甚至垮塌,对于此类影响应首先考虑方案的调整和布置,必须在实施时研究支护方式的合理选取和对隧道结构的加固处理。在工程建设极端情况下,隧道周围土体被大量削方甚至完全剥离,隧道变为半地下或地下结构,对于深埋隧道结构的成拱效应应重新考虑,纵向基坑回弹引起的隧道上拱也应计算分析和加强监测。

2. 控制保护区结构施工注意事项

(1) 在地上结构施工过程中,应考虑工程塔吊侵入轨道轨行区或其上方的情况,对于侵入或跨轨道线的吊装作业除应保证竖向安全净空外,还应在施工组织方案中明确轨道的防护措施,吊装时间应避开轨道运行时间;对于跨线的过街天桥、高架桥、线路旁边的建筑,应设置隔离和防抛物措施,保证净空和安全距离;对于位于道路影响范围内的高架桥墩应采取有效的防撞和防冲击措施;高架结构桥墩周边的堆载和卸载,应对地基基础的压缩沉降和桥墩临空高度变化引起的内力变化进行计算分析,施工应做到对称开挖和回填,以免对桥墩造成单侧偏压。

(2) 在地下结构施工过程中,对于横向或纵向单侧的加载卸载或基坑、桩基开挖,还应对造成的偏压影响进行分析,施工措施中采取有效的支护、支顶方案并加强轨道侧倾和位移的监测。地下管线的施工尽量采取少开挖的沉井、顶管等施工方案,桩基施工应跳槽、分段,尽可能减少对地基的扰动。

2.5　山地城市轨道交通控制保护区内建设项目安全控制技术要点

2.5.1　外部作业影响等级划分

城市轨道交通外部作业类型按照施工作业方法分,主要有明挖、盖挖法,浅埋钻爆暗挖法,深埋钻爆暗挖法,机械暗挖法,盾构暗挖法等。当进行外部作业时,首先要结合山地城市轨道交通结构的安全保护要求,其次在安全评估中根据接近程度划分各影响区的等级,最后对城市轨道交通结构的相对净距和外部作业的工程影响分区这两个因素确定合理的判定标准。通过影响等级和判定标准的建立,形成系统的安全评估体系[11]。

2.5.2 外部作业的影响程度

城市轨道交通结构沿线的外部作业影响等级,根据外部作业的类型、外部作业与城市轨道交通工程结构的接近程度、外部作业的工程影响分区三个因素,划分为特级、一级、二级、三级、四级。外部作业影响等级的划分如表2.1所示。

表2.1 外部作业影响等级划分

外部作业的 工程影响分区	接近程度			
	非常接近	接近	较接近	不接近
强烈影响区(A)	特级	特级	一级	二级
显著影响区(B)	特级	一级	二级	三级
一般影响区(C)	一级	二级	三级	四级

注:(1) 本表适用于围岩级别为Ⅳ～Ⅵ的情况,当岩级别为Ⅰ～Ⅲ时,影响等级可以降低1级;在围岩级别为Ⅳ的软土地区,影响等级应提高1级,但本身为特级时不再提高。
(2) 围岩级别应按现行行业标准《铁路隧道设计规范》(TB 10003—2016)中的有关规定确定。

外部作业影响等级为特级和一级、二级(围岩级别Ⅳ级及以下)时,轨道保护专篇应委托第三方进行安全评估;外部作业影响等级为特级和一级时,尚需召开专家会议对第三方进行会议评审。

2.5.3 接近程度与影响分区判定标准

1. 结构接近程度判定

接近程度应根据城市轨道交通结构类型、施工方法及其与外部作业的空间位置关系进行确定。地下结构接近程度宜按表2.2进行判定,接近情况如图2.18所示;高架结构接近程度宜按表2.3进行判定,接近情况如图2.19所示。当轨道交通结构体型复杂,含有多个部分时,应分别对各部分进行接近程度的判定,取各部分最不利的情况作为外部作业对轨道交通整体结构的接近程度。

表2.2 地下结构接近程度判定标准

城市轨道交通 结构的施工方法	地质情况	外部作业相对净距	接近程度
明挖、盖挖法	岩质地层及土层厚度<4m的岩土混合地层	<0.5H	非常接近
		0.5H~1.0H	接近
		1.0H~2.0H	较接近
		>2.0H	不接近
	顺向软弱结构面控制的岩质地层、土质地层及土层厚度≥4m的岩土混合地层	<1.0H	非常接近
		1.0H~1.5H	接近
		1.5H~2.5H	较接近
		>2.5H	不接近

续表

城市轨道交通结构的施工方法	地质情况	外部作业相对净距	接近程度
钻爆法	Ⅰ~Ⅲ级围岩	隧道竖向 1.0W 以内及外侧 1.0W 范围内	非常接近
		隧道竖向 1.0W~1.5W 以内及外侧 1.0W~1.5W 范围内	接近
		隧道竖向 1.5W~2.5W 以内及外侧 1.5W~2.5W 范围内	较接近
		隧道竖向 2.5W 以外及外侧 2.5W 范围以外	不接近
	Ⅳ级围岩	隧道竖向 1.5W 以内及外侧 1.0W 范围内	非常接近
		隧道竖向 1.5W~2.0W 以内及外侧 1.0W~1.5W 范围内	接近
		隧道竖向 2.0W~2.5W 以内及外侧 1.5W~2.0W 范围内	较接近
		隧道竖向 2.5W 以外及外侧 2.0W 范围以外	不接近
	Ⅴ级围岩	隧道竖向 2.5W 以内及外侧 1.5W 范围内	非常接近
		隧道竖向 2.5W~3.0W 以内及外侧 1.5W~2.0W 范围内	接近
		隧道竖向 3.0W~3.5W 以内及外侧 2.0W~2.5W 范围内	较接近
		隧道竖向 3.5W 以外及外侧 2.5W 范围以外	不接近
	Ⅵ级围岩	隧道竖向 3.0W 以内及外侧 2.0W 范围内	非常接近
		隧道竖向 3.0W~3.5W 以内及外侧 2.0W~2.5W 范围内	接近
		隧道竖向 3.5W~4.0W 以内及外侧 2.5W~3.0W 范围内	较接近
		隧道竖向 4.0W 以外及外侧 3.0W 范围以外	不接近
掘进机法	Ⅰ~Ⅲ级围岩	外侧 1.0D 范围内	非常接近
		外侧 1.0D~2.0D 范围内	接近
		外侧 2.0D~3.0D 范围内	较接近
		外侧 3.0D 范围以外	不接近
	Ⅳ~Ⅵ级围岩	外侧 2.0D 范围内	非常接近
		外侧 2.0D~2.5D 范围内	接近
		外侧 2.5D~3.0D 范围内	较接近
		外侧 3.0D 范围以外	不接近

注：(1) H 为明挖、盖挖法城市轨道交通结构的基坑开挖深度；W 为钻爆法形成的城市轨道交通隧道毛洞跨度；D 为掘进机法、顶管法等非开挖技术所形成的城市轨道交通结构外径。
(2) 相对净距指外部作业的结构外边线与城市轨道地下结构外边线的最小净距离。
(3) 当轨道交通结构所在区域工程地质条件复杂或者存在工程安全隐患时，表中的接近程度应提高一级，非常接近时不再提高。

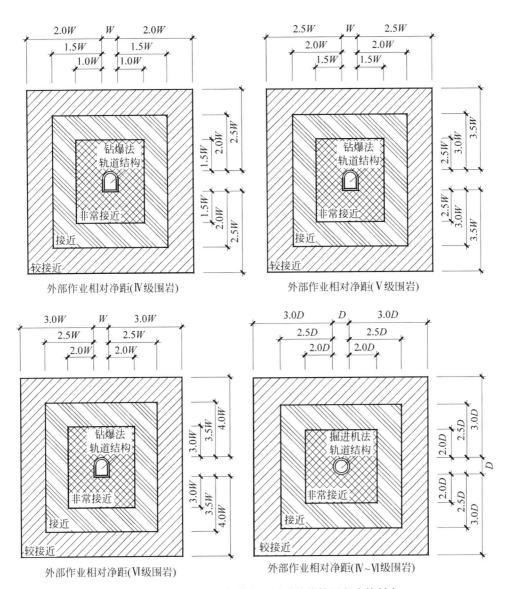

图 2.18 外部作业与轨道交通隧道结构接近程度的判定

表 2.3 高架结构接近程度判定标准

城市轨道交通结构形式	外部作业净距	接近程度
高架结构（基础）	水平净距<5m	非常接近
	竖向净距<5m	
	水平净距5～10m	接近
	竖向净距5～10m	
	水平净距10～15m	较接近
	竖向净距10～15m	
	水平净距>15m	不接近
	竖向净距>15m	

续表

城市轨道交通结构形式	外部作业净距	接近程度
高架结构（墩柱及上部结构）	高架上部结构限界外侧＜3m	非常接近
	高架上部结构限界外侧3～6m范围	接近
	高架上部结构限界外侧6～9m范围	较接近
	高架上部结构限界外侧≥9m	不接近

注：净距指外部作业的结构外边线与城市轨道高架结构基础外边线的最小净距离。

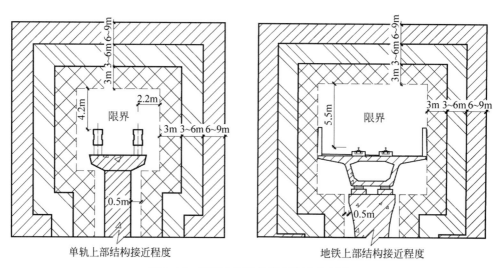

图2.19 高架上部结构接近程度的判定

注：任何情况下，固定或非固定的外部作业均不得侵入上图中所示的轨道限界中。

2. 外部作业的工程影响分区判定

外部作业的工程影响分区可根据工程地质条件、外部作业的施作方法及形式确定，并应结合当地的工程经验进行调整。

（1）明挖、盖挖法外部作业的工程影响分区情况如图2.20所示，宜按表2.4进行判定。

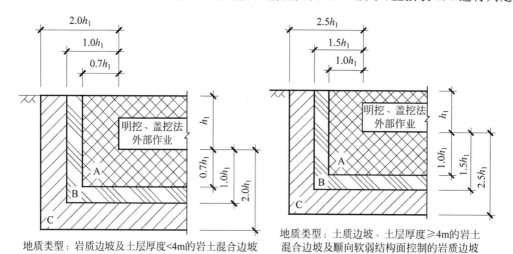

图2.20 明挖、盖挖法外部作业的工程影响分区

表 2.4　明挖、盖挖法外部作业的工程影响分区判定标准

工程影响分区	地质类型 （岩质边坡及土层厚度＜4m 的岩土混合边坡）	地质类型 （土质边坡、土层厚度≥4m 的岩土混合边坡及顺向软弱结构面控制的岩质边坡）
强烈影响区(A)	结构正上方及外侧 $0.7h_1$ 范围内	结构正上方及外侧 $1.0h_1$ 范围内
显著影响区(B)	结构外侧 $0.7h_1 \sim 1.0h_1$ 范围	结构外侧 $1.0h_1 \sim 1.5h_1$ 范围
一般影响区(C)	结构外侧 $1.0h_1 \sim 2.0h_1$ 范围	结构外侧 $1.5h_1 \sim 2.5h_1$ 范围
轻微影响区(D)	结构外侧 $2.0h_1$ 范围以外	结构外侧 $2.5h_1$ 范围以外

注：(1) h_1 为明挖、盖挖法外部作业结构底板的埋深。
(2) 当 $h_1 \leqslant 1.5$m 且对轨道结构无明显影响时，可按较弱影响区考虑。

（2）浅埋钻爆法和盾构法外部作业的工程影响分区情况如图 2.21 所示，宜按表 2.5 进行判定。

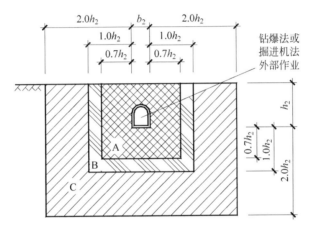

图 2.21　浅埋钻爆法和盾构法外部作业的工程影响分区

注：b_2 为浅埋钻爆法和盾构法外部作业城市轨道交通隧道的毛洞跨度；h_2 为浅埋钻爆法和盾构法外部作业隧道底板的埋深。

表 2.5　浅埋钻爆法和盾构法外部作业的工程影响分区判断标准

工程影响分区	地质类型 （岩质边坡及土层厚度＜4m 的岩土混合边坡）	地质类型 （土质边坡、土层厚度≥4m 的岩土混合边坡及顺向软弱结构面控制的岩质边坡）
强烈影响区(A)	结构正上方及外侧 $0.7h_1$ 范围内	结构正上方及外侧 $1.0h_1$ 范围内
显著影响区(B)	结构外侧 $0.7h_1 \sim 1.0h_1$ 范围	结构外侧 $1.0h_1 \sim 1.5h_1$ 范围
一般影响区(C)	结构外侧 $1.0h_1 \sim 2.0h_1$ 范围	结构外侧 $1.5h_1 \sim 2.5h_1$ 范围
轻微影响区(D)	结构外侧 $2.0h_1$ 范围以外	结构外侧 $2.5h_1$ 范围以外

（3）深埋钻爆法和盾构法外部作业的工程影响分区情况如图 2.22 所示，宜按表 2.6 进行判定。

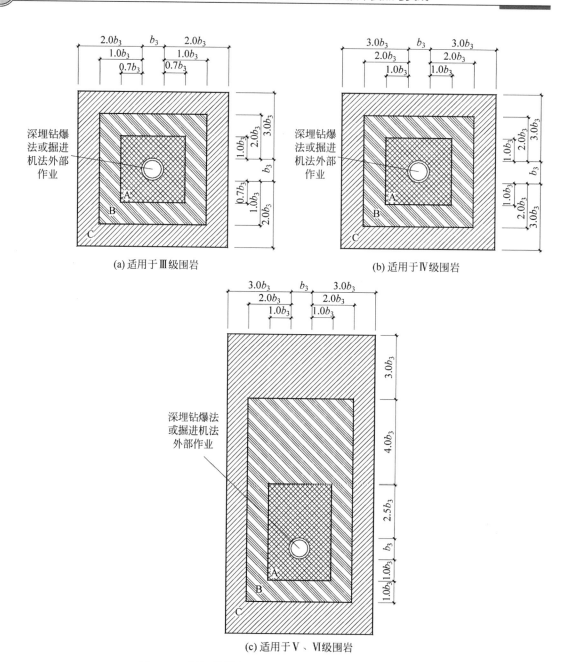

图 2.22 深埋钻爆法和盾构法外部作业的工程影响分区

表 2.6 深埋钻爆法和盾构法外部作业的工程影响分区判断标准

工程影响分区	区域范围（适用于Ⅲ级围岩）	区域范围（适用于Ⅳ级围岩）	区域范围（适用于Ⅴ、Ⅵ级围岩）
强烈影响区（A）	隧道正上方 $1.0b_3$ 及外侧 $0.7b_3$ 范围内	隧道正上方及外侧 $1.0b_3$ 范围内	隧道正上方 $2.5b_3$ 及外侧 $1.0b_3$ 范围内

续表

工程影响分区	区域范围（适用于Ⅲ级围岩）	区域范围（适用于Ⅳ级围岩）	区域范围（适用于Ⅴ、Ⅵ级围岩）
显著影响区(B)	隧道正上方 $1.0b_3 \sim 2.0b_3$ 及外侧 $0.7b_3 \sim 1.0b_3$ 范围	隧道正上方及外侧 $1.0b_3 \sim 2.0b_3$ 范围	隧道正上方 $2.5b_3 \sim 6.5b_3$ 及外侧 $1.0b_3 \sim 2.0b_3$ 范围
一般影响区(C)	隧道正上方 $2.0b_3 \sim 3.0b_3$ 及外侧 $1.0b_3 \sim 2.0b_3$ 范围	隧道正上方及外侧 $2.0b_3 \sim 3.0b_3$ 范围	隧道正上方 $6.5b_3 \sim 9.5b_3$ 及外侧 $2.0b_3 \sim 3.0b_3$ 范围
轻微影响区(D)	隧道正上方 $3.0b_3$ 及外侧 $1.0b_3 \sim 2.0b_3$ 范围外	隧道正上方及外侧 $3.0b_3$ 范围外	隧道正上方 $9.5b_3$ 及外侧 $3.0b_3$ 范围外

注：b_3 为深埋钻爆法和盾构法城市轨道交通隧道的毛洞跨度。

（4）桩基础外部作业的工程影响分区情况如图 2.23 所示，宜按表 2.7 进行判定。

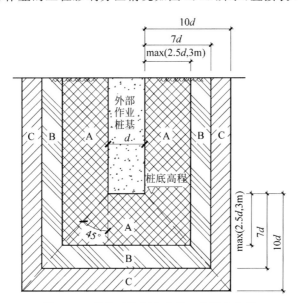

图 2.23　桩基础外部作业的工程影响分区

表 2.7　桩基础外部作业的工程影响分区判断标准

工程影响分区	区域范围
强烈影响区(A)	桩基础正下方及外侧 $\max(2.5d, 3\text{m})$ 范围内
显著影响区(B)	桩基础正下方及外侧 $\max(2.5d, 3\text{m}) \sim 7.0d$ 范围
一般影响区(C)	桩基础正下方及外侧 $7.0d \sim 10.0d$ 范围
轻微影响区(D)	桩基础正下方及外侧 $10.0d$ 范围外

注：d 为外部作业桩基础的直径。

（5）独立基础外部作业的工程影响分区情况如图 2.24 所示，宜按表 2.8 进行判定。

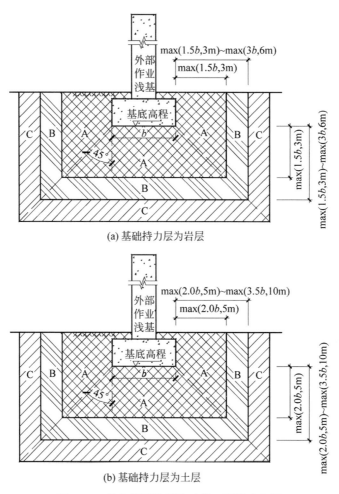

图 2.24 独立基础外部作业的工程影响分区

表 2.8 独立基础外部作业的工程影响分区判断标准

工程影响分区	区域范围（基础持力层为岩层）	区域范围（基础持力层为土层）
强烈影响区（A）	独立基础正下方及外侧 $\max(1.5b,3m)$ 范围内	独立基础正下方及外侧 $\max(2.0b,5m)$ 范围内
显著影响区（B）	独立基础正下方及外侧 $\max(1.5b,3m) \sim \max(3b,6m)$ 范围	独立基础正下方及外侧 $\max(2.0b,5m) \sim \max(3.5b,10m)$ 范围
一般影响区（C）	独立基础正下方及外侧 $\max(3b,6m) \sim \max(6b,12m)$ 范围	独立基础正下方及外侧 $\max(3.5b,10m) \sim \max(7b,20m)$ 范围
轻微影响区（D）	独立基础正下方及外侧 $\max(6b,12m)$ 范围以外	独立基础正下方及外侧 $\max(7b,20m)$ 范围以外

注：b 为独立基础外部作业平行于受力方向的边长。

（6）筏板基础外部作业的工程影响分区情况如图 2.25 所示，宜按表 2.9 进行判定。

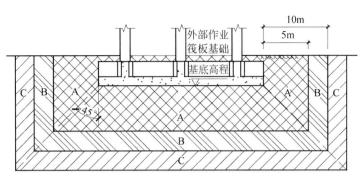

图 2.25 筏板基础外部作业的工程影响分区

表 2.9 筏板基础外部作业的工程影响分区判断标准

工程影响分区	区域范围	
	正下方	外侧
强烈影响区(A)	施作筏板基础产生的开挖改变了轨道交通结构深浅埋状态或筏板基础传递至轨道交通结构的附加荷载 $P>20\text{kPa}$	水平净距$<5\text{m}$
显著影响区(B)	筏板基础传递至轨道交通结构的附加荷载 $10\text{kPa}\leqslant P\leqslant 20\text{kPa}$	水平净距 $5\sim10\text{m}$
一般影响区(C)	筏板基础传递至轨道交通结构的附加荷载 $5\text{kPa}\leqslant P<10\text{kPa}$	水平净距 $10\sim20\text{m}$
轻微影响区(D)	筏板基础传递至轨道交通结构的附加荷载 $P<5\text{kPa}$	水平净距$>20\text{m}$

(7) 地面或高架结构外部作业的工程影响分区情况如图 2.26 所示,宜按表 2.10 进行判定。

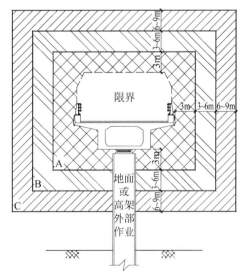

图 2.26 地面或高架结构外部作业的工程影响分区

表 2.10　地面或高架结构外部作业的工程影响分区判断标准

工程影响分区	区 域 范 围
强烈影响区（A）	地面或高架结构外侧 3.0 m 范围内
显著影响区（B）	地面或高架结构外侧 3.0～6.0 m 范围
一般影响区（C）	桩基础正下方及外侧 6.0～9.0 m 范围
轻微影响区（D）	桩基础正下方及外侧 9.0 m 范围外

2.5.4　山地城市轨道交通控制保护区建设项目安全控制标准

运营及在建线路应严格按照安全控制标准执行；在建线路按照安全控制标准执行，确有困难者可考虑建设项目与轨道交通设施共建。规划线路控制保护区内严禁工程建设项目直接或间接对拟建轨道交通设施施加各种荷载，同时须满足外部作业净距控制管理值要求，具体情况如表 2.11 所示。

表 2.11　外部作业净距控制管理值　　　　单位：m

项　　目	地 下 结 构	地 面 结 构	高 架 结 构
工程桩*	≥3.0	≥3.0	≥3.0
维护桩、地下连续墙*	≥5.0	≥5.0	≥5.0
钻探孔*	≥3.0	≥3.0	≥3.0
锚杆、锚索、土钉（末端）	≥6.0	≥6.0	≥6.0
起重、吊装设备	—	≥6.0	≥6.0
搭建棚架及宣传标志	—	≥6.0	≥6.0
存放易燃物料	—	≥6.0	≥6.0
冲孔、震冲、挤土*	≥20.0	≥6.0	≥6.0
浅孔爆破*	≥15.0	≥15.0	≥15.0
深孔爆破*	≥50.0	≥50.0	≥50.0
强夯*	≥50.0	≥50.0	≥50.0

注：*指外部作业与城市轨道交通结构外边线之间的水平投影净距；当岩级别为Ⅰ～Ⅲ级时，表中的净距控制管理值宜结合当地的工程经验进行适当调整。

应在城市轨道交通运营期间对线路中隧道结构、道床等的变形进行监测，监测成果是分析线路结构安全对运营安全的影响、运营安全管理制度等重要依据。城市轨道交通结构监测项目控制建议值如表 2.12 所示，相关技术标准参见《城市轨道交通结构检测监测技术标准》(DBJ 50/T—271—2017)。

表 2.12　城市轨道交通结构监测项目控制建议值

城市轨道交通监测项目	控　制　值	
	Ⅰ～Ⅳ级围岩	Ⅴ、Ⅵ级围岩
隧道结构水平位移	≤10mm	≤20mm
隧道结构竖向位移	≤10mm	≤20mm
隧道径向收敛	≤10mm	≤20mm
TBM 管片接缝张开量	≤2mm	
道床沉降	≤10mm	

续表

城市轨道交通监测项目	控 制 值	
	Ⅰ～Ⅳ级围岩	Ⅴ、Ⅵ级围岩
道床差异沉降	≤10mm	
墩台差异沉降	≤10mm	
桥墩墩顶顺桥方向水平位移	≤2$\sqrt{L/m}$ mm	
桥墩墩顶横桥方向水平位移	≤2$\sqrt{L/m}$ mm	
隧道结构裂缝宽度	迎水面≤0.2mm 背水面≤0.3mm	
震动速度	≤1.5cm/s	

注：(1) L 为桥梁跨度（以 m 计），小于 25m 时按 25m 进行计算；
(2) 表中围岩级别指城市轨道交通结构周边围岩等级；
(3) 城中轨道交通结构损害严重时，其监测项目控制值应另外制定；
(4) 表中控制值指绝对值。

2.5.5 山地城市轨道交通控制保护区建设项目安全评估

1. 建设项目与轨道交通的关系

(1) 建设项目所处地理位置，以及与轨道交通设施（车站、隧道、高架线路、附属设施等）的相对位置关系。

(2) 建设项目位于控制保护区范围内的建筑概况（楼层数、地下层数、地下标高及地下层底板标高等）。

(3) 轨道交通设施（车站、隧道、高架线路、附属设施等）建筑概况（地下：地面标高、暗挖或明挖、拱顶或顶板标高、拱顶或顶板埋深等；高架：地面标高、车站或线路标高等）。

(4) 位于控制保护区范围内的建筑与轨道交通设施结构外边线的水平距离和垂直距离。

(5) 该位置的地质条件情况。

2. 建筑项目设计、施工要求

(1) 对控制保护区范围内的建筑基坑开挖、边坡支护工程等的施工方式提出具体技术要求（如不得采用爆破方式、施工时序要求、基坑排水及降水要求等）。

(2) 对控制保护区范围外的建筑基坑开挖、边坡支护工程等的施工方式提出具体技术要求（如爆破震动速度不得大于 1.5cm/s 等）。

(3) 建筑项目施工期间，是否需要建设单位针对轨道交通设施进行专题保护方案审查，以及是否需要对轨道交通设施进行第三方监测工作。

第3章

房屋建设项目典型案例

随着城市经济的不断发展,房屋建设项目规模越来越庞大,结构体系复杂程度越来越高。一旦房屋建筑落入轨道交通控制保护区的范围内,可能会对轨道交通的结构安全和平稳运营产生一定的影响。本章从工程概况、风险识别、结构安全性计算分析等8个方面分析了7个典型的房屋建设项目案例,包括水产项目、商业中心、金融中心等项目,研究其对轨道交通控制保护区产生的影响,确定可能存在的风险类型、等级,以及相应的保护措施。

3.1 FJ01号项目

3.1.1 建设项目工程概况

项目位于重庆市渝北区,涉轨情况如表3.1所示。项目用地北侧为某市场,南侧紧邻城市大道,西侧为某物流园,东侧为居民区。项目总用地面积约2.0万m^2,总建筑面积约1.0万m^2,其中地上建筑面积约0.7万m^2,地下建筑面积约0.3万m^2。整个项目由一栋地上三层商业建筑及负一层地下车库组成。A1地块商业楼(3F/−1F)建筑高度19.5m,基坑开挖深度约为4.3m,基础形式为独立基础。

表3.1 FJ01号项目涉轨概况一览表

项目名称	FJ01号项目
项目类型	房建☑ 路桥隧□ 铁路□ 航空□ 管线□ 枢纽□ 港口□ 其他□
项目性质	新建☑ 改(扩)建□
相关线路名称	轨道交通10号线
项目与轨道的关系概况	位于轨道的(区间□ 车站☑ 车场□ 设施设备□)的控制保护区范围内
	A1地块项目地上建筑及地下车库全部位于轨道交通10号线某站主体及其附属结构控制保护区范围内,该楼结构外边线与明挖车站围护结构外边线最小水平距离约19.9m

续表

项目名称	FJ01 号项目			
项目施工期间(建成后)对轨道交通安全影响的主要风险因素	基坑开挖□ 道路施工□	桩基开挖☑ 隧道开挖□	建筑施工☑ 管道施工□	边坡维护□ 其他□

3.1.2 轨道交通概况

轨道交通 10 号线某站为地下四层明挖车站,明挖基坑采用围护桩＋内支撑的支护形式。车站已完成路面交通导改,正在进行钻孔灌注桩的施工,车站主体结构尚未完成。A1 地块项目拟于近期实施,其基坑开挖及独立基础、车站基坑围护桩施工将与主体结构的施工同时进行。

A1 地块项目中的地上建筑及地下车库全部位于轨道交通 10 号线某站主体及其附属结构控制保护区范围内。该楼结构外边线与明挖车站围护结构外边线最小水平距离约 19.9m,与车站主体建筑结构外边线最小水平距离约 20.3m,与 1 号出入口结构外边线最小水平距离约 9.8m,与 1 号出入口(预留层)结构外边线最小水平距离约 6.9m,与 2 号出入口(预留层)结构外边线最小水平距离约 4.9m,与 1 号风亭结构外边线最小水平距离约 10.0m。轨道交通 10 号线某站消防水池与化粪池拟建位置原为某站项目生化池,为支持轨道建设,已将生化池迁改,生化池结构外边线与轨道消防水池结构外边线水平距离约 4.0m,具体位置关系如图 3.1 所示。

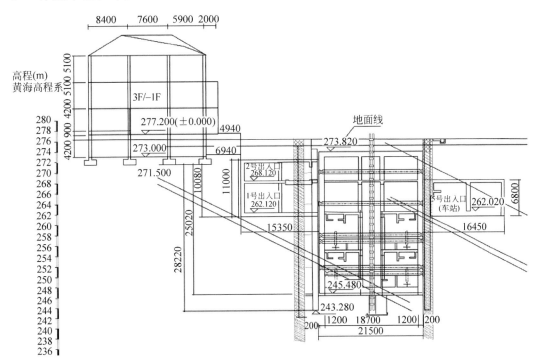

图 3.1 A—A 剖面图

轨道交通 10 号线某站 1 号及 2 号疏散通道拟与本项目共建,车站疏散通道于站厅层与本项目负三层地下室通道(底标高 262.0m)对接,经楼梯间接项目负二层地下室通道(底标高 268.0m),并经楼梯间接一层出入口。

主体结构负一层独立基础底(标高 271.5m)与 1 号出入口(站厅层)结构底(标高 261.4m)垂直距离约为 10.1m,主体结构负一层独立基础底(标高 271.5m)与 1 号出入口(预留层)结构底(标高 267.2m)垂直距离约为 4.3m,主体结构负一层独立基础底(标高 271.5m)与车站主体结构底(标高 246.5m)最小垂直距离约为 25.0m,主体结构负一层独立基础底(标高 271.5m)与车站围护桩底(标高 243.3m)最小垂直距离约为 28.2m。

1 号疏散通道负二层独立基础底(标高 266.5m)与 1 号风亭结构底(标高 259.1m)最小垂直距离约为 7.4m,1 号疏散通道负三层独立基础底(标高 260.5m)与车站结构底(标高 246.2m)最小垂直距离约为 14.3m,2 号疏散通道负二层独立基础底(标高 266.5m)与车站结构底(标高 246.3m)最小垂直距离约为 20.2m,2 号疏散通道底(标高 262.0m)与车站结构底(标高 246.3m)最小垂直距离约为 15.7m。项目新建生化池结构底(标高 268.2m)与 1 号风亭结构底(标高 260.9m)最小垂直距离约为 7.3m。

3.1.3 工程地质概况

该项目的工程地质概况如表 3.2 所示,涉及的岩土参数情况如表 3.3 所示。

表 3.2 工程地质概况表

地形地貌	拟建轨道交通 10 号线某站原始地貌为丘陵斜坡,经人工改造后,该段地形总体较平坦,局部呈台阶状。车站全段地质构造上位于龙王洞背斜东翼—重庆向斜西翼,岩层倾角平缓,岩层产状 130°∠6°~27°,发育有两组构造裂隙(J1:270°~300°∠54°~770°;J2:190°~220°∠67°~840°)。车站中轴走向与构造线走向小角度斜交,隧址地质构造条件简单,沿线无断层通过,场地稳定。覆盖层厚 0~26m,下伏基岩为侏罗系中统新田沟组砂岩、砂质泥岩,岩体较完整至完整。水文地质条件简单,地下水主要为第四系松散层孔隙水和基岩裂隙水
地层岩性	勘察区出露的岩层为砂泥岩不等厚互层,以砂质泥岩为主,岩体完整性指数 $K_v=0.69$~0.83,岩体较完整。砂质泥岩单轴饱和抗压强度 3.8~11.1MPa,为极软岩至软岩。围岩弹性纵波速度 $U_p=3.06$~3.30km/s,隧道围岩基本分级为Ⅳ级,地下水为基岩裂隙水,水量较小,考虑地下水状态,隧道围岩级别按Ⅳ级考虑。出露的地层由上而下依次可分为第四系全新统人工填土层(Q_4^{ml})、残坡积层(Q_4^{el+dl})和侏罗系中统沙溪庙组(J_2s)沉积岩层
地质构造	根据邻近开挖工地的地质测绘调查,基岩内裂隙发育程度较发育,岩体呈块状结构。主要发育组两组构造裂隙: J1:倾向 300°~320°,倾角 70°~75°,裂隙面平直,微张 1~3mm,无充填物,间距 2~3m,延伸 5~8m。 J2:倾向 240°~260°,倾角 60°~65°,裂隙面较平直,闭合,无充填物。间距 1~2m,延伸 3~5m。 J1 与 J2 裂隙为共轭 X 形裂隙。均为硬性结构面,结合差

表 3.3 岩土参数表

参数	素填土	砂岩		砂质泥岩		结构面
		强风化	中等风化	强风化	中等风化	
重度/(kN/m³)	20	23	24.9	23	24.9	
自然抗压强度/MPa			36.9		15.1	
饱和抗压强度/MPa			27.4		9.4	
地基承载力标准值/kPa		400	2000	300	1000	
内摩擦角/(°)	28	30	41.8	30	34.8	18
黏聚力 c/kPa			1812		1227	50
锚杆砼与岩石的黏结强度/MPa			0.5		0.3	
弹性模量/MPa		800	3846	600	2002	
泊松比 μ	0.45	0.4	0.15	0.4	0.35	
弹性波速 V_p/(m/s)			3007～3478		2723～3137	
完整性系数 K			0.61～0.63		0.62～0.65	
弹性抗力系数/(MPa/m)		200	500	200	300	
抗拉强度/kPa			417		204	
围岩与圬工的摩擦系数	0.3	0.4	0.6	0.35	0.45	
岩土体静力侧压系数			0.45		0.55	

3.1.4 风险识别

轨道交通 10 号线为在建线路,某站正在施作车站基坑围护桩。A1 地块项目包含基坑开挖及独立基础、主体结构的施工,其施工进度先于车站主体结构、晚于车站围护结构。根据项目自身特点以及与轨道交通施工时序,可知其对轨道交通 10 号线的影响风险源主要有:

(1) 在 A1 地块项目的基坑土石方开挖及 A1 栋商业楼修建过程中,如果区域排水不畅,可能会造成车站基坑围护结构渗漏水,影响主体结构的施作,也可能引起岩土侧压力增加而影响围护结构以及车站主体结构的强度及耐久性。

(2) 某站靠近 A1 地块项目一侧为顺层边坡且存在外倾结构面,结构倾角约为 27°,拟建项目位于边坡破裂角以内。A1 地块建筑施工及投入使用后产生的附加荷载会增加边坡下滑力,使得围护结构和主体结构受力状况发生改变,影响结构安全。

(3) A1 地块建筑地下室及条形基础施工会对现状地层造成一定的影响,使得该站围护桩一侧围岩强度及稳定性有所降低。

(4) 在施工过程中,如果大量堆载会对车站围护桩及主体结构造成附加荷载,增大围护桩及主体结构位移及内力,影响结构安全。

轨道交通 10 号线某站基坑边坡靠近 A1 地块一侧存在外倾结构面,结构倾角约为 27°,边坡的稳定性受裂隙面 J1 与 J2 的组合交线强度控制。地勘资料显示,J1、J2 的组合交线形成的楔形体稳定系数为 0.7,车站基坑开挖后岩土体将有沿着裂隙面产生局部垮塌的趋势。从现状来看车站围护结构先于 A1 栋商业楼施工的可能性很大,评估按此工况考虑,即车站基坑开挖及围护结构施工完成后再进行 A1 栋商业楼施工。拟建项目开挖基坑土体卸载使得近端的车站围护结构所受侧向土压力有所减小,该工序对车站围护结构位移及内力变化较为有利。拟建项目基坑开挖完成后施作独立条形基础及其建筑主体结构,该部分建筑位于车站基坑边坡破裂角范围内,建筑荷载及施工荷载作用于存在外倾结构面的岩层裂隙上,使得基坑边坡的下滑趋势加剧。基坑边坡下滑力作用于车站围护桩,使其位移及内力产生较大变化,如桩体位移过大,较易造成坑内支撑系统失稳或者主体结构限界不够。

结合设计单位提供的计算资料,车站基坑围护结构计算附加荷载为 20.0kN/m,A1 地块施工开挖基坑深度为 4.3m,则土体荷载约为 80.0kN/m,建筑荷载每层按 20.0kN/m 考虑。从荷载大小可以看出,A1 项目的实施所产生的建筑荷载小于原设计条件下围护结构所受的土体荷载及附加荷载之和,从定性分析角度看,本项目对轨道某站影响较小,风险可控。

3.1.5 评估安全控制指标

根据《城市轨道交通结构检测监测技术标准》(DBJ 50/T—271—2017)和《城市轨道交通结构安全保护技术规范》(CJJ/T 202—2013)中关于轨道交通结构安全控制指标的规定及《重庆轨道交通地铁线路维修规程》(2018 年修订版)第十七条轨道静态几何尺寸偏差管理值的规定,分析中采用的变形及行车安全控制指标如表 3.4 所示。

表 3.4 项目评估安全控制指标

控制项目	控制值	
	Ⅰ～Ⅳ级围岩	Ⅴ、Ⅵ级围岩
隧道结构水平位移	≤10mm ☑	≤20mm □
隧道结构竖向位移	≤10mm ☑	≤20mm □
隧道径向收敛	≤10mm □	≤20mm □
隧道变形曲率半径	>15000m ☑	
隧道变形相对曲率	<1/2500 ☑	
TBM 管片接缝张开量	≤2mm □	
道床沉降	≤10mm ☑	
道床差异沉降	≤10mm ☑	
墩台差异沉降	≤10mm □	
桥墩墩顶顺桥方向水平位移	$\leq 2\sqrt{L}$ mm □	
桥墩墩顶横桥方向水平位移	$\leq 2\sqrt{L}$ mm □	
隧道结构裂缝宽度	迎水面≤0.2mm ☑ 背水面≤0.3mm □	
隧道结构强度安全系数	≥2.0 ☑	
震动速度	≤1.5cm/s □	
轨道横向高差	<4mm ☑	
轨向高差(矢度值)	<4mm ☑	
轨间距	>-4mm,<+6mm ☑	
道床脱空	≤5mm □	

3.1.6 结构安全性计算分析

计算采用 midas GTS 岩土专用有限元分析软件进行。因场地岩层倾向与车站走向垂直,岩层力学参数差,在既有车站基坑的情况下,建筑基坑开挖可能会对车站围护结构造成不利影响。三维有限元模型如图 3.2 所示,模型中考虑岩层层面,模拟以下工况:在车站基坑完工的情况下建筑基坑开挖对车站围护桩变形的影响;计算施加建筑荷载后轨道基坑围护结构的变形及内力情况。

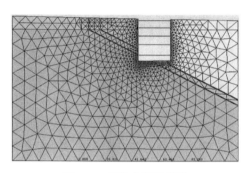

图 3.2 三维有限元模型

项目计算荷载如下:

根据轨道设计资料,车站基坑的施工顺序为围护桩施工→分层开挖土体至内支撑结构底标高→加设该层内支撑。现阶段车站基坑围护桩施工完毕,尚未进行土方开挖及内支撑的加设。本工况将分析土体开挖至第二层支撑结构底时 A1 项目即开始实施的情况下车站基坑围护结构的位移及内力情况。

通过对 A1 地块项目施工过程的模拟,可以得到轨道交通 10 号线某站基坑围护结构的变形及内力结果值。将该部分计算结果与初始地应力下围护结构变形及内力值进行叠加,得到的最终数值如表 3.5 及表 3.6 所示。

表 3.5 拟建项目施工全过程轨道围护结构位移及内力计算结果(计算工况 1)

类 别	初始状态 1	计算步骤 2	计算步骤 3	计算步骤 4
围护桩最大水平位移/mm	0.8	0.4	0.5	0.5
围护桩最大竖向位移/mm	−1.6	−1.2	−1.4	−1.4

表 3.6 拟建项目施工全过程轨道围护结构位移及内力计算结果(计算工况 2)

类 别	初始状态 1	计算步骤 2	计算步骤 3
围护桩最大水平位移/mm	1.2	1.1	1.4
围护桩最大竖向位移/mm	−2.6	−2.2	−2.5
围护桩最大弯矩/(kN·m)	2117.3	2142.3	2140.9
内支撑最大弯矩/(kN·m)	2212.7	2228.3	2220.3
内支撑最大轴力/kN	2096.2	2038.5	2060.4

通过采用定性分析、二维有限元数值模拟、理正岩土抗滑桩计算等方法对车站 A1 地块

项目的建设对轨道交通安全的影响进行了评估,得到如下结论。

1. 轨道交通 10 号线某站明挖基坑围护桩变形计算结论

(1) 根据有限元数值模拟的计算结果,拟建项目实施后围护桩最大水平位移值为 1.4mm,小于本次评估所采用的控制指标值 30.0mm。

(2) 根据理正岩土抗滑桩计算结果,拟建项目实施后围护桩最大水平位移值为 10.0mm,与有限元计算结果相比明显偏大,但满足指标值 30.0mm 的控制要求,故可得出结论:拟建项目的实施对轨道某站围护桩变形影响较小,风险可控。

2. 轨道交通 10 号线某站明挖基坑围护桩内力计算结论

取有限元数值模拟与理正岩土抗滑桩计算结果的最大值,A1 地块项目完工后围护桩最大弯矩值为 2138.9kN,小于其最大承载能力值 2737.0kN,故可得出结论:拟建项目的实施对轨道某站围护桩承载能力影响较小,风险可控。

3. 轨道交通 10 号线某站明挖基坑内支撑承载能力及稳定性计算结论

取有限元数值模拟与理正岩土抗滑桩计算结果的最大值,A1 地块项目完工后内支撑最大轴力值为 3441.9kN,由此计算得到的最大主应力值小于容许应力值 21500.0kPa,故可得出结论:拟建项目的实施对轨道某站内支撑承载能力及稳定性影响较小。

3.1.7 轨道交通保护措施

应采取以下轨道交通保护措施:

(1) 应解决好场地的排水问题,须对钻孔实施有效封闭,避免水渗入岩体中,造成岩体强度降低。

(2) 车站西北侧为顺层边坡,A1 地块商业楼为活鲜市场,在后续设计中应加强排水设计,以免地表水下渗减弱岩层间结合力,导致边坡失稳。

3.1.8 案例总结

该项目影响范围内的轨道交通 10 号线某站为明挖车站,岩质基坑,且本项目一侧为顺层边坡。本项目施工进度晚于车站围护结构,先于车站主体结构,要注意项目施工过程中对车站基坑维护结构及现状底层的影响。对于顺层情况,判别拟建项目对轨道结构的影响程度时不能仅仅从规范上的距离来判定,要特别注意顺层的不利影响。建议加强排水设计,避免水渗入岩体中而降低岩体强度,导致边坡失稳。

3.2 FJ02 号项目

3.2.1 建设项目工程概况

该项目位于重庆市渝北区两条街道相交处,涉轨情况如表 3.7 所示。±0.0m 标高相当于绝对标高 438.1m。本工程设计使用年限为 50 年,其中轴线(3/02-1)—(2-5)交轴线(2-F)(1/2-N)范围为轨道的 3A 出入口,其设计使用年限为 100 年。

表 3.7　FJ02 号项目涉轨情况一览表

项目名称	FJ02 号项目
项目类型	房建☑　路桥隧☐　铁路☐　航空☐ 管线☐　枢纽☐　港口☐　其他☐
项目性质	新建☑　改(扩)建☐
相关线路名称	轨道交通 10 号线"某广场站"正上方
项目与轨道的关系概况	位于轨道的(区间☐　车站☑　车场☐　设施设备☐)的控制保护区范围内
项目施工期间(建成后)对轨道交通安全影响的主要风险因素	基坑开挖☑　桩基开挖☐　建筑施工☑　边坡维护☐ 道路施工☐　隧道开挖☐　管道施工☐　其他☐

　　为对附近轨道结构进行保护,车站主体正上方采用筏板基础,轨道附属结构附近采用局部筏板基础,其余部分采用柱下独立基础＋300.0mm 厚构造筏板和墙下条形基础。综上所述,该项目基础形式为筏板基础、柱下独立基础＋构造筏板、墙下条形基础。

　　拟建项目为地下 3 层(－3F＝419.5m)及地上 6 层(±0.0＝438.1m),建筑总高度(含地下室)54.2m,拟采用构造筏板＋独立柱基,单柱荷载 25000.0kN/柱。场地按标高平场后将形成 16.0～25.6m 的挖方岩土混合基坑边坡。项目工程安全等级为一级。

3.2.2　轨道交通概况

　　拟建项目位于重庆市渝北区两条街道相交处,离渝北区政府较近。正在建设的轨道交通 10 号线某站位于拟建项目地块正下方,紧邻本项目设有 3 个出入口、3 个风亭组、4 个安全出口。根据《重庆市轨道交通条例》的相关规定,轨道交通 10 号线在建的车站、出入口、风亭及附属结构物的平面关系以及轨道交通保护线如图 3.3 所示。

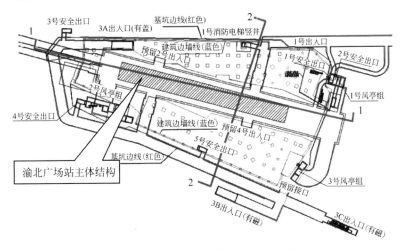

图 3.3　建设项目与轨道位置关系图

　　1 号风亭位于东侧,该项目东北主入口旁;2 号风亭和 4 号安全出口位于西南侧;3 号风亭组位于东南侧;3B 出入口、5 号安全出口位于南侧,该项目东南入口旁;3A 出入口和 3 号安全出口位于西北侧,该项目西北主入口旁;1 号出入口通道经该项目东北侧地下约

20.0m 深穿过后从渝北某广场出入地面。(注：该项目商场共计 3 个出入口)

3.2.3 工程地质概况

1. 地形地貌

勘察区原始地貌属构造剥蚀丘陵地貌，经人工改造后，原始地貌已发生显著变化，形成城市居民建筑区和城市道路，地形总体较平缓，仅南侧及东侧存在部分堡坎，堡坎高度一般 3.0~6.0m。场地整体地形坡角一般在 2°~5°之间，地面高程 434.0~445.0m，最大高差约 11.0m。

2. 地质构造

勘察区位于川东南弧形地带，华蓥山帚状褶皱束东南部的次一级构造，构造骨架形成于燕山期晚期褶皱运动，构造部位属龙王洞背斜东翼，岩层产状：倾向 90°，倾角 33°，层面结合差。场地内主要发育两组构造裂隙：

L1：倾向 260°，倾角 47°，裂隙面平直，裂隙宽度 3.0~5.0mm，延伸长度 5.0~8.0m，无充填或黏性土充填，间距 1.0~3.0m。结合差，为硬性结构面。

L2：倾向 309°，倾角约 75°，裂隙面平直，无充填，间距 2.0~3.0m，延伸长度 5.0~10.0m。结合差，为硬性结构面。

层间结构面，倾向 90°，倾角 33°，裂面平直、光滑，主要为黏土充填，局部无充填，张开度 0.0~3.0mm，间距 0.2~1.5m，延伸长度 10.0~20.0m。结合很差至极差，为软弱结构面。

综上所述，拟建场地地质构造简单。

3. 不良地质现象及不利埋藏物情况介绍

1) 不良地质现象

根据现场调查及钻探揭示，勘察区及周边未见滑坡、危岩、地面塌陷、泥石流等不良地质现象。

2) 拟建场地不利埋藏物情况介绍

拟建场地原为建筑区，虽然目前建筑已被拆除，但场地内存在多处混凝土地面，厚度 0.5~0.8m，区内原有部分建筑基础(含桩基础)未挖除，部分桩基直径达 1.0m 以上，部分地段存在被填埋的堡坎，高 2.0~5.0m，厚 1.0~2.0m，此类埋藏物在施工时可能对开挖产生不利影响。另外，拟建场地下部轨道交通 10 号线(含车站主体及北侧临时施工通道)从场地正下方通过。除此之外，勘察区内未见其他洞室。

本次评估以该工程以及轨道交通 10 号线某站地勘资料为基础，取各项参数较小值，并根据以往工程经验对部分岩土力学参数进行一定的折减，得到本项目计算分析采用的岩土力学参数，如表 3.8 所示。

表 3.8 评估采用的岩土力学参数

岩 性	天然重度 /(kN/m³)	抗压强度标准值/MPa		弹性模量 /MPa	泊松比	黏聚力 /kPa	内摩擦角 /(°)
		天然	饱和				
素填土	21.5						
粉质黏土	19.5					35.3	12.5

续表

岩　性	天然重度 /(kN/m³)	抗压强度标准值/MPa		弹性模量 /MPa	泊松比	黏聚力 /kPa	内摩擦角 /(°)
		天然	饱和				
粉砂岩	23.5				0.3	200	25
强风化泥岩	24.5						
中等风化泥岩		4.5	2.5	1270	0.37	500	32.5
强风化砂岩	24						
中等风化砂岩	24.1	32.29	24.36	4000	0.27	1200	37

3.2.4 风险识别及等级划分

（1）项目基坑的开挖可能造成车站上方围岩一定程度扰动，影响围岩的完整性；

（2）平场、基坑开挖及项目建设是车站先卸荷后加载的过程，这一过程可能对车站的围岩应力产生一定的影响；

（3）项目建设及使用过程中，若防排水设施不够完善，造成水体下渗，会对车站围岩的强度有一定影响。

根据轨道资料，项目区域内车站和区间隧道施工采用暗挖方式，根据《城市轨道交通结构安全保护技术规范》(CJJ/T 202—2013)，该项目外部作业影响等级计算如表3.9所示。

表3.9 项目影响等级划分表

轨道结构部位	毛洞开挖跨度（W）	项目与结构净距（L）	接近程度判定	工程影响区判定	影响等级判定
车站主体	22.6m	25m	接近	强烈影响区	特级
1号出入口	9.6m	18.5m	较接近	强烈影响区	一级
3A出入口	9.6m	0.2～10m	非常接近	强烈影响区	特级
3C出入口	9.6m	0m	非常接近	强烈影响区	特级
1号风亭组	13.4m×7.8m	1.6m	非常接近	强烈影响区	特级
2号风亭组	12.7m×12.3m	2.37m	非常接近	强烈影响区	特级
3号风亭组	11.6m×5.2m	1.6m	非常接近	强烈影响区	特级
3号安全出口	8.1m×3.7m	3.6m	非常接近	强烈影响区	特级
4号安全出口	8.1m×3.7m	7.4m	接近	强烈影响区	特级
5号安全出口	8.1m×3.7m	0m	接近	强烈影响区	特级

3.2.5 评估安全控制指标

参照中华人民共和国行业标准《城市轨道交通结构安全保护技术规范》(CJJ/T 202—2013)，评估已建轨道交通结构物控制指标见表3.10。

表 3.10 安全控制指标

安全控制指标	预警值	控制值
隧道水平位移	<10mm	20mm
隧道竖向位移	<10mm	<20mm
隧道径向收敛	<10mm	<20mm
隧道变形曲率半径		>15000m
隧道变形相对曲率		<1/2500
隧道管片接缝张开量	<1mm	<2mm
隧道结构外壁附加荷载		≤20kPa
轨道横向高差	<2mm	<4mm
沿轨道方向高差(矢度值)	<2mm	4mm
轨间距	>−2mm	>−4mm
	<+3mm	<+6mm
道床脱空量	≤3mm	≤5mm
震动速度		≤2.5cm/s
结构裂缝宽度	迎水面<0.1mm	迎水面<0.2mm
	背水面<0.15mm	背水面<0.3mm

拟建项目修建时,某站正在修建中,钻爆法隧道支护结构监控项目控制值,按照《城市轨道交通工程监测技术规范》(GB 50911—2013),评估中车站第三方监测控制指标需满足表3.11。

表 3.11 车站第三方监测控制指标

监控项目及区域		累计值/mm	变化速率/(mm/d)
拱顶沉降	区间	10~20	3
	车站	20~30	
底板竖向位移		10	2
净空收敛		10	2
中柱竖向位移		10~20	2

根据《铁路隧道设计规范》(TB 10003—2016),相关结构承载力应满足表 3.12 中对安全系数的控制要求。

表 3.12 衬砌强度安全系数

破坏原因	荷载组合	
	永久荷载+基本可变荷载	永久荷载+基本可变荷载+其他可变荷载
钢筋达到计算强度或混凝土达到抗压或抗剪极限强度	2	1.7
混凝土达到抗拉极限强度	2.4	2

3.2.6　结构安全性计算分析

拟建项目位于轨道交通 10 号线某站主体结构正上方,与某站附属结构距离较近。拟建项目基坑开挖及上部结构施工可能对某站主体及附属结构产生不利影响,采用有限元计算软件 midas GTS 对拟建项目对某站影响各工况进行地层结构计算分析,构建的有限元模型如图 3.4 所示。

通过采用定性分析、三维数值模拟、二维数值模拟、荷载结构法、工程类比等方法对该项目的修建对轨道交通的安全影响进行了评估,三维计算结果如表 3.13 所示。

图 3.4　整体三维有限元模型

表 3.13　三维计算结果表　　　　　　　　　　单位:mm

项　　目	最大竖向位移值	最大水平位移值
车站主体	8.7	2.8
1 号出入口	7.1	−2.3
3A 出入口	5.9	2.3
3B 出入口	5.9	1.8
1 号风亭组及 1、2 号安全出口	4.8	−4
2 号风亭组	5.6	3.9
3 号风亭组	6.5	−3.8
3 号安全出口	1.6	−1.5
4 号安全出口	2.6	2
5 号安全出口	7.3	1.8
1 号消防电梯竖井	6.6	−2.3

3.2.7　轨道交通保护措施

应采取以下轨道交通保护措施:

(1) 轨道交通 10 号线车站保护线范围内禁止使用爆破施工,其余范围内爆破开挖传递到轨道区域的震速不得超过 1.5cm/s。

(2) 施工期间严格控制基坑底部的超挖,尽量减少对拱顶有效覆盖层的扰动。

(3) 项目消防水池、生化池、景观水池等集水设施应尽量远离轨道所在区域,防水等级应按一级考虑。

(4) 控制保护区域内不得形成积水坑,如局部有水量汇集,应及时采取措施排离控制保护区。

(5) 应遵循先整治后开挖的施工顺序,疏通坡顶排水工程,以防地面水渗入土体;必须遵循自上而下的开挖顺序,同时基坑内设置坡面硬化措施和排水措施,及时抽排基坑内积水,避免雨水进入基坑渗入坑底降低围岩强度。

3.2.8 案例总结

该项目在车站正上方,拟建场地地质构造简单,但场地内存在多处混凝土地面,部分地段存在施工时可能对开挖产生不利影响的埋藏物。而原车站为深埋隧道,拟建项目基坑开挖导致原车站由深埋变为浅埋,可能对车站的围岩应力产生一定影响。此种情况应定量计算基坑开挖导致的车站变形以及上部建筑荷载作用下车站结构的强度,采取必要措施降低拟建项目对原有车站围岩强度的不利作用。

3.3 FJ03 号项目

3.3.1 建设项目工程概况

某公司拟在重庆市九龙坡区新建一项目,项目涉轨概况如表 3.14 所示。该项目位于两街道交会处,北侧为车站(已建成,未通车),西侧为地铁站,南侧为商场,东侧为立交桥和小区。项目二期总用地约 6.0 万 m^2,其中项目二期实际占地约 5.0 万 m^2,轨道影响范围:1-T2 号楼住宅为 56F+LG/-3F,$H=181.2m$;1-T3 号楼住宅为 61F+LG/-3F,$H=199.2m$;2 号楼幼儿园为 2F+LG/-3F,$H=8.8m$。在项目内部 L3 层设有轨道交通环线 A 站至轨道交通 2 号线 A 站的换乘通道及其附属功能空间,在 LG 层北侧靠近轨道交通环线 A 站设计有公交始末站。

表 3.14 FJ03 号项目涉轨概况一览表

项目名称	FJ03 号项目
项目类型	房建☑ 路桥隧□ 铁路□ 航空□ 管线□ 枢纽□ 港口□ 其他□
项目性质	新建□ 改(扩)建☑
相关线路名称	轨道交通 2 号线 A 站、轨道交通环线 A 站
项目与轨道的关系概况	位于轨道的(区间□ 车站☑ 车场□ 设施设备□)的控制保护区范围内
项目施工期间(建成后)对轨道交通安全影响的主要风险因素	基坑开挖☑ 桩基开挖□ 建筑施工☑ 边坡维护□ 道路施工□ 隧道开挖□ 管道施工□ 其他□

拟建工程为集住宅、商业、写字楼及办公于一体的城市综合体,设四至五层地下室,地下室底标高 235.6m。该项目边坡高度约 15.0m,已完成支护,项目平面图如图 3.5 所示。该基坑各侧支护形式分别为:场地北侧采用桩板式挡墙+锚索的支护方案;西侧采用锚杆挡墙的支护方案;东侧采用坡率法的支护方案。基坑支护北侧典型剖面如图 3.6 所示。本次设计的基坑边坡均为永久性边坡,安全等级除北侧为一级外,其余均为二级。

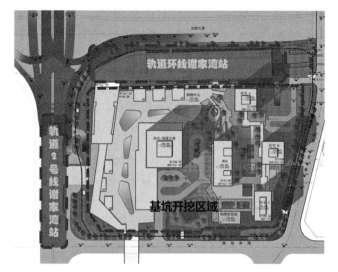

图 3.5 项目平面图

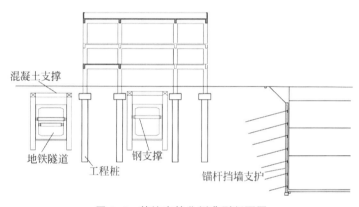

图 3.6 基坑支护北侧典型剖面图

3.3.2 轨道交通概况

重庆轨道交通 2 号线起于重庆市渝中区较场口,止于重庆市巴南区鱼洞,2014 年全线通车运营。轨道交通 2 号线 A 站为一期工程,2005 年 6 月已通车。A 站位于重庆市快速轨道交通较场口至新山村上,起点里程 DK10+395.973,终点里程 DK11+515.973,全长 120m,为高架侧式车站。整个车站分为站厅层、设备层和站台层三层,其中站厅层标高 270.0m,站台层标高 277.1m。轨道梁及车站被支承在双层 T 型桥墩上。T 型桥墩的轴距 20.0m,宽 15.6m,站厅层、站台层和设备层的面层由纵梁、横梁和楼面板组成。为增加结构的整体性,全部采用现浇混凝土结构。主体结构墩身截面为 2.5m×2.5m 的正方形,基础采用截面尺寸为 33.0m 的矩形刚性深基础。

轨道交通 2 号线 A 站现状:共有 3 个出入口通道,处于已运营状态,3 个出入口均为四跨连续梁,其中 1 号出入口跨径为 (9.3+2×6.9+6.4)m,2 号、3 号出入口跨径为 (9.3+2×6.9+6.1)m。

车站占地面积(投影面积)为 2452.7m²,出入口占地面积(投影面积)为 749.5m²,车站主体总建筑面积为 2867.24m²,其中车站站厅层建筑面积为 1585.0m²,车站夹层建筑面积为 615.2m²,车站站台层建筑面积为 667.04m²。车站总长为 122.2m,车站标准段宽为 15.6m,车站轨顶标高为 276.1m,车站站厅层层高为 5.8m,夹层层高为 3.2m,站台层最低点高为 3.0m。

3.3.3 工程地质概况

重庆轨道交通 2 号线某站控保区内项目的工程地质概况如表 3.15 所示。

表 3.15 工程地质概况表

地形地貌	拟建工程场地位于一山嘴平台,场地北侧、东侧和西侧三面为人工边坡,已进行有效处理;坡顶、底标高 286.0m、267.0m,坡高约 19.0m;坡顶平台标高 286.0~287.0m,地形平坦。人类改造活动强烈,道路、建筑密布。 拟建工程场地地貌单元为构造剥蚀浅丘地貌。由于场地地处城市中心地带,人类工程活动强烈,原始地形遭到破坏,地面经人工改造成房屋、地平面或道路,场地地势平坦,地面坡角起伏较小,地形坡角一般为 0°~10°,整个场地仅东南侧稍低。勘探点最高高程为 263.6m(ZK29),最低高程为 253.1m(ZK55),相对高差 10.5m。整个场地地面坡角起伏较大
地层岩性	根据地勘资料,地层由上而下依次为第四系全新统人工素填土层(Q_4^{ml})及侏罗系中统沙溪庙组(J_2s)沉积岩层
地质构造	场地位于川东南弧形构造带,华蓥山帚状褶皱束东南部,位于龙王洞背斜西翼,岩层倾向 230°~280°之间,以 245°为主,倾角较缓,为 6°~10°,以 8°为主,层间结构面结合差,属软弱结构面。沿线无区域性断层通过,有两组裂隙,裂隙间距大。 裂隙 1:张性结构面,倾向 335°~350°,一般为 345°,倾角 65°~85°,以 70°为主,裂隙面粗糙,宽度 2.0~8.0mm,有黏性土部分充填,裂隙间距 2.0~4.0m,结合一般。主要出现于砂岩中。 裂隙 2:压扭性结构面,倾向 50°~60°,一般为 55°,倾角 70°~80°,以 70°为主。裂隙面平直,宽度 1.0~2.0mm 或闭合,无充填物或局部有部分方解石充填,裂隙间距 1.0~3.0m。结合一般,主要出现于砂岩中

3.3.4 风险识别

该项目工程周边轨道交通设施较多,其中已建成(未运营)的为轨道交通环线 A 站及环线谢—奥区间、谢—海区间(即将建设),已运营轨道交通 2 号线 A 站和高架区间,规划未实施的有轨道交通环线 A 站与轨道交通 2 号线 A 站换乘通道(共建)。项目涉轨风险如表 3.16 所示。

表 3.16 FJ03 号项目涉轨风险识别一览表

风险识别	所涉及种类
地层卸载回弹风险	基坑开挖☑ 桩基开挖☑ 暗挖隧道☐ 路堑开挖☐ 墩柱基础基坑☐ 管道沟槽开挖☐ 其他☑
隧道深浅埋状态改变风险	隧道深浅埋状态改变☑
外部加载风险	建筑结构☐ 平场回填☐ 墩柱基础☐ 其他☐
撞击风险	轨道高架区间内修建市政道路、停车场等☐
其他风险	爆破震动☐ 消防疏散☐ 改变控制保护区水文环境☐

按照相关规范的要求,结合之前的位置关系介绍,本项目轨道交通安全主要存在以下几个风险源:

(1) 项目北侧建设对轨道交通环线 A 站主体结构安全的影响;
(2) 项目北侧建设对轨道交通环线谢—奥区间隧道结构安全的影响;
(3) 项目北侧建设对轨道交通环线谢—海区间隧道结构安全的影响。

3.3.5 轨道交通保护措施

1. 设计保护措施

新建项目地下车库为地下四层,车库地下四层楼面标高为 235.6m,基坑设计坑底标高为 235.2m,地下三层车库基坑开挖平均深度约为 23.5m。该基坑各侧支护形式分别为:场地北侧采用桩板式挡墙+锚索的支护方案;西侧采用锚杆挡墙的支护方案;东侧采用坡率法支护方案。本次设计的基坑边坡均为永久性边坡,安全等级除北侧为一级外,其余均为二级。南侧与项目一期相接,已完成支护,现状稳定。

基坑北侧边坡长约 242.5m,坡向 95°,其深度约为 24.4m,岩质边坡的稳定性受岩体强度控制。安全等级为一级,基坑支护设计时按永久边坡计算。由于该侧岩质边坡的稳定性受岩体强度控制,垂直开挖其边坡亦基本稳定,为减小基坑开挖对车站的不利影响,即主要是控制基坑开挖过程中的岩土变形,基坑西北角采用锚杆挡墙,其余采用锚拉桩的支护形式。根据基坑支护设计方案安全专项论证专家意见,对该基坑支护设计方案进行了一定的优化、加强。

基坑西侧考虑整体控制在轨道交通 2 号线主体轨道保护控制范围以外,该边坡长约 181.8m。按设计基坑底标高开挖及设计坡顶平场后,坡高最高约为 24.5m,坡向约 186°,坡体主要由填土 3.7~4.5m、强风化基岩 4.6~5.3m、中风化基岩 10.8~12.1m 等组成,为岩土混合边坡。由于该侧岩质边坡的稳定性受岩体强度控制,垂直开挖其边坡亦基本稳定,为减少基坑开挖对车站的不利影响,即主要是控制基坑开挖过程中的岩土变形,基坑采用锚杆挡墙的支护形式,安全等级为二级,设计锚杆时按永久边坡计算。后期设计地下车库时,不考虑基坑支护的支挡作用,设计挡墙按永久支护计算土压力,即该侧土压力考虑基坑支护及地下室挡墙双重支挡的作用。

新建建筑与轨道车站连接采用结构脱缝处理,其基础形式采用桩基础,并加长桩基础,以避免连接部位荷载传给轨道结构带来不利影响。

新建建筑地下室靠近轨道车站一侧的基坑后期回填可采用级配良好的碎石土或者低标号的混凝土回填,以保证回填密实度,减少车站的变形。

2. 施工保护措施

(1) 场地平整时,严禁在控制保护区域内局部填土堆载。

(2) 施工材料、器械等一般不允许堆放在控制保护区以内,若由于施工条件限制必须在控制保护区内进行堆放时,堆放地点应征求设计单位同意。

(3) 地下车库基础施工,临近轨道交通时严禁采用爆破开挖。

(4) 基坑开挖前,应有完整的施工监测方案。

(5) 施工期间,地表应设置合理的截、排水沟,基坑坑底设置的排水沟须将雨水、地表水和施工废水引出控制保护区范围以外。

(6) 基坑开挖应采用分层、分步开挖。板肋式挡墙应采用逆作法施工。

(7) 控制保护区范围内开挖及施工禁止采取爆破法,在控制保护区外可采用爆破施工,但爆破引起轨道结构的震动速度不大于1.5cm/s。

3.3.6 案例总结

该项目位于城市中心地带,人类改造活动强烈,道路、建筑分布密集,地势平坦,地面坡角起伏较小。项目内部设有轨道交通车站的换乘通道及其附属空间,车站为高架侧式车站。项目建设过程中土石方开挖活动对已有轨道交通的主体结构及隧道结构产生影响。对于新建建筑与轨道车站连接处,可采用结构脱缝处理,以避免连接部位荷载传给轨道结构带来不利影响。建议在设计时重点考虑基坑支护,施工过程中谨慎堆载,分层、分步开挖基坑,控制岩土变形。

3.4 FJ04号项目

3.4.1 建设项目工程概况

项目为某开发公司在重庆市渝北区修建F55-1、F55-2、F55-3地块商业项目,涉轨概况如表3.17所示。F55-2地块场地设计环境高程为359.0~370.0m,F55-3地块场地设计环境高程为368.8~380.0m。F55-2地块场地东侧为F55-3地块,场地南侧为大道,且该大道正下方为已投入使用的轨道交通,西侧为F55-1地块,场地北侧为某商业地块。F55-3地块场地东侧为轨道交通地下工程,场地南侧为大道,且该大道正下方为已投入使用的轨道交通10号线,西侧为F55-2地块,场地北侧为某商业地块。

表3.17 FJ04号项目涉轨概况一览表

项目名称	FJ04号项目
项目类型	房建☑ 路桥隧☐ 铁路☐ 航空☐ 管线☐ 枢纽☐ 港口☐ 其他☐
项目性质	新建☐ 改(扩)建☑
相关线路名称	轨道交通10号线中央公园东—中央公园区间、A站、鹿山—中央公园东区间北侧
项目与轨道的关系概况	位于轨道的(区间☑ 车站☑ 车场☐ 设施设备☐)控制保护区范围内
项目施工期间(建成后)对轨道交通安全影响的主要风险因素	基坑开挖☑ 桩基开挖☑ 建筑施工☑ 边坡维护☐ 道路施工☐ 隧道开挖☐ 管道施工☐ 其他☐

本工程设计治理主要采用桩板墙(内含锚索、锚杆支护)+截排水沟,抗滑桩施工工艺分为机械钻孔及人工挖孔桩两种,其中人工挖孔桩F55-2地块南侧区域分别为:24根ZE型桩,其截面尺寸为1.5m×2.0m;5根ZB型桩,其截面尺寸为1.5m×2.5m。F55-3地块东侧及南侧基本为人工挖孔桩。其中东侧采取双排桩予以支护,其外排桩又分为21根ZB型桩,其截面尺寸为1.5m×2.5m,以及6根ZC型桩,其截面尺寸为2.0m×3.0m;其内排桩为28根ZA型桩,其截面尺寸为1.2m×1.5m。南侧分别为7根ZE型桩,其截面尺寸为

1.5m×2.0m，以及10根ZB型桩，其截面尺寸为1.5m×2.5m。其余均为机械成孔灌注桩。基坑支护基本采用桩间挡板、锚索、锚杆及喷射面板等工艺施工而成，基坑支护情况如图3.7和图3.8所示。

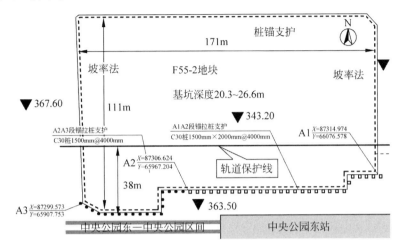

图3.7 F55-2基坑支护平面图

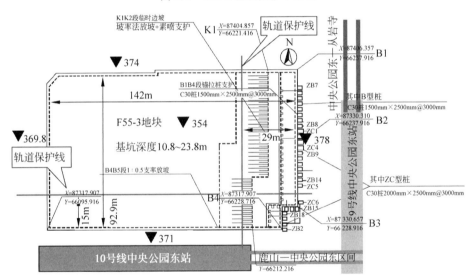

图3.8 F55-3基坑支护平面图

3.4.2 轨道交通概况

本项目地块位于轨道交通10号线中央公园东—中央公园区间、A站、鹿山—中央公园东区间北侧，其中F55-2地块地下车库、裙房，F55-3地块地下车库、裙房、塔楼D局部位于车站主体50.0m控制保护区范围内，但塔楼退距较大，距离轨道车站49.3m，基本处于保护线临界位置；塔楼A、B、C则位于轨道交通保护线以外。F55-2地块基坑开挖面与轨道车站隧道结构最小水平距离约为22.0m，与2号出入口隧道结构最小水平距离为6.6m，与无障碍出入口竖井最小水平距离为6.9m，基坑边线与2号出入口隧道结构最小水平距离为8.6m，上部建筑与2号出入口最小水平距离为7.9m；F55-3地块基坑与轨道车站隧道结构最小水平距离约为35.2m,与1号出入口隧道结构最小水平距离为7.0m,与1号安全出口竖井最小水平距离为7.1m,上部建筑与1号出入口最小水平距离为6.2m。

项目F55-3地块局部位于轨道交通9号线A站附近控制保护区范围内,现轨道交通9号线A站为明挖地下车站,处于围护结构施工阶段。拟建塔楼D距离轨道交通9号线A站主体结构最小水平距离为23.2m,项目基坑围护桩距离9号线A站主体结构最小水平距离为18.7m。由于轨道交通10号线、轨道交通9号线均为地下车站,因此项目影响主要关注基坑支护与轨道结构的相互关系。项目建筑与轨道关系示意图如图3.9所示。

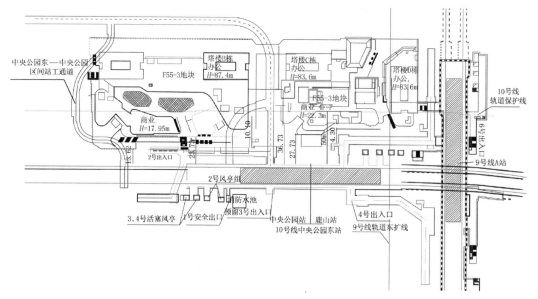

图3.9 建设项目与轨道关系总图

建设项目场区开挖将形成一个长约129.0m、宽约105.0m的方形地下室形状,开挖深度约25.0m,总土方量约29.0万 m³。为确保施工安全,先桩基施工并形成有效的边坡支护保证,在土石方开挖过程中,严格按照"逆作法"分层分段开挖,开挖到位后对桩间挡板进行有效施工,确保工程质量及安全可控。车站主体平面情况如图3.10和图3.11所示。

3.4.3 工程地质概况

场地位于龙王洞背斜东翼,经对场地内基岩出露处地层产状的量测,综合确定本场地优势地层产状为105°∠6°,即岩层产状的倾向为105°,倾角6°。岩层呈单斜产出,层序清楚,层面结合差。

根据对出露基岩进行调查和钻探揭露表明,岩体中见2组裂隙。

Ⅰ组:196°∠75°,即岩层产状的倾向为196°,倾角75°。延伸2.0~6.0m,间距1.0~4.0m,张开0.5~4.0mm,裂面粗糙,结合程度差,裂隙较发育,属张扭性裂隙,硬性结构面。

Ⅱ组:303°∠70°,即岩层产状的倾向为303°,倾角70°。延伸1.0~4.0m,间距2.0~5.0m,裂面粗糙,多呈闭合状,局部微张,无充填,结合程度差,裂隙较发育,属张扭性裂隙,硬性结构面。

按《岩土工程勘察规范》(GB 50021—2001,2009版)中附录A表A.0.4及原钻探结果

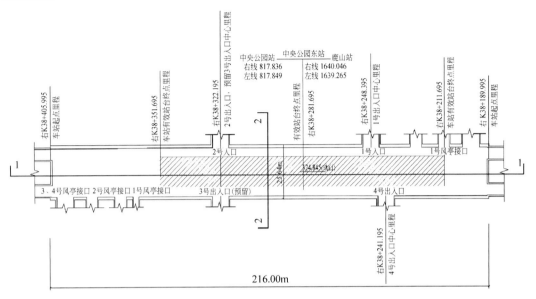

图 3.10　A 站车站主体平面示意图

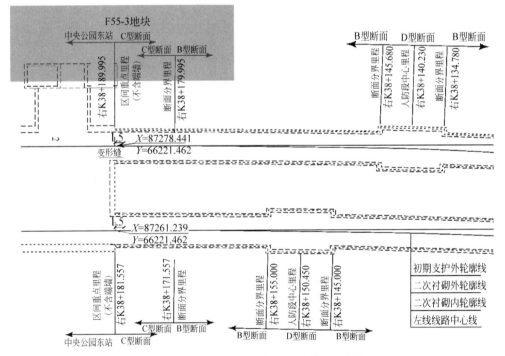

图 3.11　鹿山—中央公园东区间隧道平面布置图

综合判定岩体属块状结构,较完整,岩土参数如表 3.18 所示。

表 3.18　岩土参数表

岩土名称	重度/(kN/m³)	黏聚力/kPa	摩擦角/(°)	弹性模量/MPa	泊松比
素填土	20	0	28	10	0.45
砂岩	25.2	1961	35.1	3494.3	0.23

续表

岩土名称	重度/(kN/m³)	黏聚力/kPa	摩擦角/(°)	弹性模量/MPa	泊松比
泥岩①	26.2	370	32.5	1362.67	0.38
泥岩②	26.2	312	32.2	769	0.4

3.4.4 风险识别及等级划分

项目风险源识别：

（1）A站—中央公园站区间风险源：根据本项目的建筑设计方案，项目对地层的影响主要包括基坑开挖扰动以及项目完成后基础底荷载能否传递至区间隧道结构并产生影响。

（2）鹿山站—A站区间风险源：根据本项目的建筑设计方案，项目对地层的影响主要包括基坑开挖扰动以及项目完成后基础底荷载能否传递至区间隧道结构并产生影响。

（3）1号出入口风险源：根据本项目的建筑设计方案，项目对地层的影响主要包括基坑开挖扰动以及项目完成后基础底荷载能否传递至出入口隧道结构并产生影响。

（4）2号出入口风险源：根据本项目的建筑设计方案，项目对地层的影响主要包括基坑开挖扰动以及项目完成后基础底荷载能否传递至出入口隧道结构并产生影响。

（5）1、2号安全出口竖井风险源：根据本项目的建筑设计方案，项目对地层的影响主要包括基坑开挖扰动以及项目完成后基础底荷载能否传递至安全出口竖井结构并产生影响。

（6）无障碍出入口竖井风险源：根据本项目的建筑设计方案，项目对地层的影响主要包括基坑开挖扰动以及项目完成后基础底荷载能否传递至无障碍出入口竖井结构并产生影响。

结合《城市轨道交通结构安全保护技术规范》（CJJ/T 202—2013）中的3.2节正文及附录A，将项目对轨道交通10号线结构影响进行等级划分，如表3.19～表3.21所示。

表3.19 本项目对轨道10号线区间结构影响等级划分

对应轨道结构	工程影响分区	接近程度	影响等级
A站—中央公园站	B	不接近	三级
鹿山站—A站	C	不接近	四级

表3.20 本项目对轨道10号线区间A站结构影响等级划分

对应轨道结构	工程影响分区	接近程度	影响等级
主体结构	B	非常接近	特级
1号出入口	A	非常接近	特级
2号出入口	A	非常接近	特级
1、2号安全出口竖井	A	非常接近	特级
无障碍出入口竖井	A	较接近	一级

表3.21 本项目对轨道10号线A站结构影响等级划分

对应轨道结构	工程影响分区	接近程度	影响等级
主体结构	B	接近	一级

3.4.5 评估安全控制指标

根据《城市轨道交通结构检测监测技术标准》(DBJ 50/T—271—2017)、《城市轨道交通结构安全技术保护技术规范》(CJJ/T 202—2013)中关于轨道交通结构安全控制指标的规定,分析中采用的变形及行车安全控制指标如表 3.22 所示。

表 3.22 项目评估安全控制指标表

控 制 项 目	控 制 值	
	Ⅰ~Ⅳ级围岩	Ⅴ、Ⅵ级围岩
隧道结构水平位移	≤10mm ☑	≤20mm ☐
隧道结构竖向位移	≤10mm ☑	≤20mm ☐
隧道径向收敛	≤10mm ☐	≤20mm ☐
隧道变形曲率半径	>15000m ☑	
隧道变形相对曲率	<1/2500 ☑	
TBM管片接缝张开量	≤2mm ☐	
道床沉降	≤10mm ☑	
道床差异沉降	≤10mm ☑	
墩台差异沉降	≤10mm ☐	
桥墩墩顶顺桥方向水平位移	≤$2\sqrt{L}$ mm ☐	
桥墩墩顶横桥方向水平位移	≤$2\sqrt{L}$ mm ☐	
隧道结构裂缝宽度	迎水面≤0.2mm ☑ 背水面≤0.3mm ☑	
隧道结构强度安全系数	≥2.0 ☐	
震动速度	≤1.5cm/s ☐	
轨道横向高差	<4mm ☑	
轨向高差(矢度值)	<4mm ☑	
轨间距	>-4mm,<+6mm ☑	
道床脱空	≤5mm ☐	

3.4.6 结构安全性计算分析

以项目 F55-2 地块对轨道交通 10 号线 A 站 2 号出入口影响为例进行计算分析(3—3 剖面),计算采用 midas GTS 岩土专用有限元分析软件,截取 2 号出入口与本项目距离最近的横剖面(3—3 剖面)进行二维有限元分析。该剖面为 2A 出入口受影响最大剖面,该处与 F55-2 地块水平距离最近,且该处位于基坑底部下方位置,基坑开挖围岩受影响较大。模拟拟建项目施工过程:初始状态(轨道结构建成)→基坑开挖(分层开挖)→楼房建成,对应的有限元建模示意图如图 3.12~图 3.15 所示。

图 3.12　初始状态模型

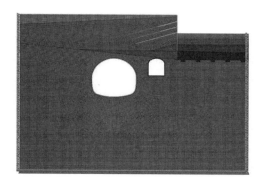

图 3.13　典型基坑开挖及支护施工一

图 3.14　典型基坑开挖及支护施工二

图 3.15　上部建筑建成

计算结果显示,基坑开挖后 2 号出入口通道最大水平位移发生在侧墙处,为 5.5mm;楼房建成后出入口水平位移略有减小,最大水平位移仍为 5.2mm。拟建项目主要在 2 号出入口通道侧方实施,基坑开挖对 2 号出入口通道竖向、水平位移有一定影响,最大竖向位移为 6.5mm,最大水平位移为 5.5mm,小于 10.0mm 预警值。上部建筑荷载对 2 号出入口位移影响较小,说明项目施工过程中 2 号出入口结构安全。

通过对风险最大剖面 3—3 进行分析可知,2 号出入口通道最大竖向位移为 6.5mm,最大水平位移为 5.5mm,均小于 8.0mm 的橙色预警值。2 号出入口结构安全。

3.4.7　轨道交通保护措施

在建中的轨道交通 9 号线暗挖区间隧道、运营中轨道交通 10 号线中央公园车站及出入口和建构筑物设施均处于本项目影响范围内。

本项目施工前已就本项目修建对后期轨道交通 9 号线修建和已运营轨道交通 10 号线的结构安全进行评估,对轨道交通 10 号线按最不利情况进行评估。评估结果表明,本项目的修建对后期轨道交通 9 号线修建结构安全方面影响很小,能满足轨道公司关于轨道交通 10 号线运营的要求。

本项目施工严格控制土石方开挖深度,严禁超挖;做好基坑排水,确保该部位无积水;基坑开挖完成后及时采用混凝土封闭,防止水渗入岩体;基础采用人工开挖,严格控制开挖标高,及时浇筑封底层和基础;最大限度地减小施工对岩体的影响,保证换乘通道建设条件。

所有出入口施工时采用以下控制保护措施:

(1) 轨道交通 10 号线在本项目设置的出入口严格按照施工图施工,组织设计应包括该部位结构、建筑装饰、扶梯安装、消防安装等。

(2) 主体结构施工前提前告知轨道公司并征求轨道公司意见,施工时严格按照意见进行。

(3) 主体结构施工时每道工序验收检查后方可进行下一步工序施工。

(4) 基坑及主体结构施工完毕,经轨道公司验收合格后方可投入使用。

(5) 轨道交通 9 号线修建时在本项目范围内提供建设条件、建设场地等。

(6) 基坑支护施工过程中,对锚索的设计长度及设计角度等,必须严格按图施工。

(7) 严禁爆破。

3.4.8 案例总结

该项目场地岩层呈单斜产出,层序清楚,层面结合程度差,由于拟建建筑与原有轨道车站主体结构水平距离相距很近,故主要关注基坑支护与轨道结构的相互关系,以及施工过程中基坑开挖、平场等对轨道交通车站、出入口等附属结构的影响。轨道车站、出入口等采用暗挖施工,此种情况要特别注意:

(1) 基坑开挖引起的轨道交通结构的位移变化。深基坑开挖导致地应力产生变化,会导致轨道交通结构产生一定位移。

(2) 基坑开挖、平场引起的隧道埋深的变化。基坑开挖是否改变了隧道深浅埋状态,原浅埋隧道上方平场是否增加了覆土等。建议做好土石方开挖深度控制、基坑排水,必要时采用人工开挖,尽量减小施工对岩体的影响。

3.5 FJ05 号项目

3.5.1 建设项目工程概况

该项目位于重庆市江北区,为房屋建筑工程,总用地面积约 2 万 m^2,总建筑面积约 72 万 m^2。项目包括 T1、T2、T3、T4 四幢塔楼、裙房商业和地库,项目涉轨概况如表 3.23 所示。轨道 6 号线某隧道从项目场地西北角贯穿至东南角,T2 及 T3 塔楼绝大部分、T1 塔楼约一半及相关范围裙房和地库位于控制保护区内。建设项目与轨道保护平面关系如图 3.16 所示。

表 3.23　FJ05 号项目涉轨概况一览表

项目名称	FJ05 号项目
项目类型	房建☑　路桥隧□　铁路□　航空□ 管线□　枢纽□　港口□　其他□
项目性质	新建☑　改(扩)建□
相关线路名称	轨道交通 6 号线大剧院—江北城区间隧道
项目与轨道的关系概况	位于轨道的(区间☑　车站□　车场□　设施设备□)控制保护区范围内
	与轨道主体结构(设施)最小水平净距为 5.0m
项目施工期间(建成后)对轨道交通安全影响的主要风险因素	基坑开挖☑　桩基开挖☑　建筑施工☑　边坡维护□ 道路施工□　隧道开挖□　管道施工□　其他□

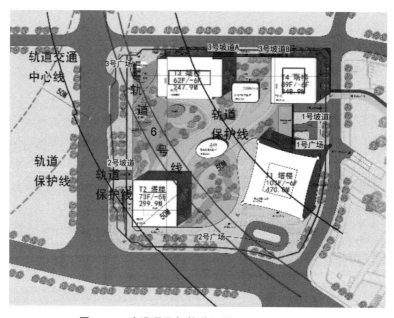

图 3.16　建设项目与轨道保护平面关系示意图

建设项目在区间隧道正上方及两侧开挖基坑,基坑中部轨道区间隧道结构两侧采用对拉桩板挡墙轨道保护结构,西北及东南角基坑采用单侧预应力锚索悬臂桩轨道保护结构,建筑荷载通过保护结构外的荷载转换结构向深层地基传递荷载,荷载转换结构梁底与轨道保护结构预留 200mm 脱空,避免荷载转换结构梁体变形后挤压区间隧道上部覆土。保护结构与转换结构平面布置情况如图 3.17 所示,典型剖面图如图 3.17～图 3.19 所示,基坑平面布置如图 3.20 所示。基坑周边采用排桩式锚杆挡墙、肋板式锚杆挡墙、排桩+内支撑等支护形式。

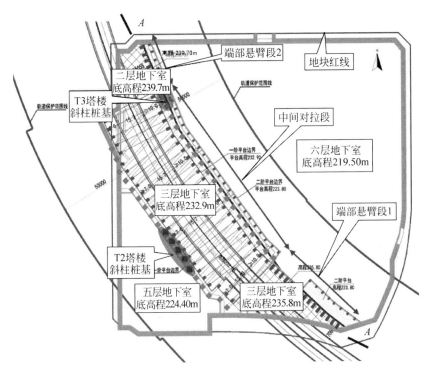

图 3.17　保护结构与转换结构平面布置图

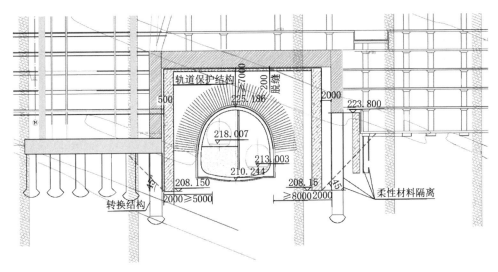

图 3.18　保护结构与转换结构典型剖面图一

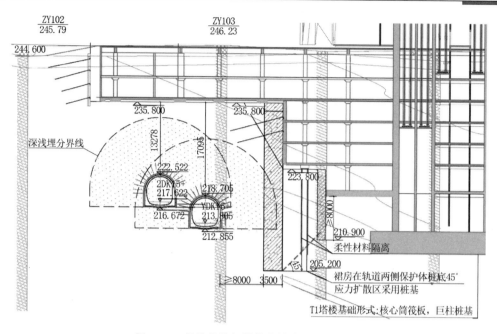

图 3.19　保护结构与转换结构典型剖面图二

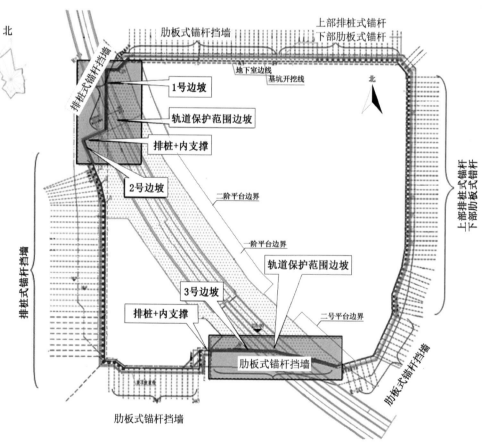

图 3.20　基坑平面布置图

该项目在轨道交通控制保护区内基坑最大开挖深度约为30.5m,轨道西南侧有五层地下室,最大开挖深度约为25.3m;地块东南角及西北角轨道正上方有两层地下室,最大开挖深度约为10.7m,中部轨道正上方有三层地下室,其中第三层地下室修建建筑荷载转换结构,最大开挖深度约为17.4m。两端悬臂保护段,轨道保护结构桩基与区间隧道结构净距不小于7.0m,保护结构锚索与轨道结构净距不小于5.0m,基坑开挖后轨道结构上部覆土厚度不小于12.8m;对拉保护段,轨道保护结构桩基与区间隧道结构净距分别不小于5.0m及8.0m,基坑开挖后轨道结构上部覆土厚度不小于7.3m。

3.5.2 轨道交通概况

本项目地块位于轨道交通6号线某区间暗挖隧道YDK15+709.326~YDK15+945.213控制保护区内,该段区间隧道有三种断面形式,分别为E、F、G型衬砌断面,围岩等级均为Ⅳ级,为深埋隧道。E型衬砌断面为单洞单线隧道,采用上下台阶法施工;F、G型衬砌断面为单洞双线隧道,分别采用双侧壁导坑法及单侧壁导坑法施工。

E型衬砌为宽度6.2m、高度6.3m的单洞隧道,设有2.5m长锚杆,二次衬砌采用300mm厚的C40混凝土,按$\phi 22@200$的配筋方式进行设计。

F型衬砌为宽度16.5m、高度15.6m的隧道,设有4.5m长锚杆,二次衬砌采用650mm厚的C40混凝土,按$\phi 25@150$的配筋方式进行设计。

G型衬砌断面为宽度12.9m、高度15.9m的隧道,设有3.5m长锚杆,二次衬砌采用600mm厚的C40混凝土,按$\phi 25@200$的配筋方式进行设计。

3.5.3 工程地质概况

重庆轨道交通6号线控保区内该金融中心项目的工程地质概况如表3.24所示,涉及的岩土参数情况如表3.25所示。

表3.24 工程地质概况表

类 别	轨道交通6号线区间暗挖隧道	建 设 项 目
地形地貌	场地位原始地貌属丘陵斜坡地貌单元,后经改造,原始地貌已发生显著变化,形成城市公用设施和城市道路,地形较平缓。地形坡角一般为5°左右,局部达20°~30°,地面高程227~251m,最大高差约24m	场地为构造剥蚀丘陵斜坡地貌,原始地形为南东低,北部、南西部高的斜坡地形,地形坡角一般为3°~10°、局部约20°或岩坡陡坎。场地已进行平场,地势平坦,起伏较小,场地地面最高点高程约为250.97m,最低点高程约为243.66m,相对高差为7.31m左右,地形坡角一般为3°~5°
地层岩性	场地覆盖层为素填土,基岩为侏罗系中统沙溪庙组(J_2s)泥岩、砂岩及砂质泥岩,砂、泥岩呈不等厚互层	
地质构造	J1:倾向275°~285°,倾角50°~65°,裂隙面平直,闭合状,有铁质浸染,无充填。裂隙间距1~5m,延伸2~12m,结合程度差,属硬性结构面。 J2:倾向190°~195°,倾角72°~85°,裂隙面呈舒缓波状,闭合,稍有充填。裂隙间距3~4m,延伸短,结合程度一般,属硬性结构面	J1:产状272°∠56°裂面平,间距0.2~1m,张开度0~2mm,平面延长大于5.0m,结合程度差,少量泥质充填,属硬性结构面。 J2:产状192°∠80°,张开1~3mm,间距大于1m,平面延长大于5m,结合程度差,少量泥质充填,属硬性结构面

表 3.25　岩土参数表

参数		素土	砂岩 强风化	砂岩 中风化	砂质泥岩 强风化	砂质泥岩 中风化	结构面
重度 γ/(kN/m³)		20* 20.5		25 25.7		25.6 25.7	
岩石单轴极限抗压强度标准值/MPa	自然			39.4 42.6		12.9 8.47	
	饱和			29.6 30.93		8.2 5.26	
黏聚力 c/kPa		30(综合)		2052 2770		780 630	50* 90
内摩擦角 φ/(°)				42* 38		33.51 29	18 27
抗拉强度/kPa				476 940		216 140	
岩石地基基本承载力/kPa		120		2000		1000	
弹性模量/MPa				4200 7070		1500 1800	
泊松比 μ				0.13 0.2		0.36 0.35	
锚杆与岩石的黏结强度/MPa				0.5* 0.55		0.4* 0.38	
围岩与圬工的摩擦系数 μ_1		0.3		0.6		0.45	
弹性抗力系数/(MPa/m)				500* 360		400* 300	

注：*表示经验值。

建设项目地勘报告中对 T1～T4 塔楼、裙楼区域分别给出了不同的岩体参数,中风化泥岩的最小弹性模量为 2.8GPa,与区间隧道项目地勘所提供的中风化泥岩弹性模量相差较大。因区间隧道结构变形对岩体弹性模量较为敏感,业主委托地勘单位对轨道两侧泥岩参数进行了补充勘察,勘察报告中说明,在轻轨两侧取样,测得泥岩弹性模量试验值为 2400～5300MPa,标准值为 3100MPa。结合重庆地方经验,岩石弹性模量乘以折减系数 0.7,得出轨道两侧岩体弹性模量为 $E=2170$MPa。由于详勘取样标高均低于轨道底标高,故结合《重庆市轨道交通 6 号线一期工程大剧院—江北城区间岩土工程详细勘察报告(K15+291.189—K16+57.530)》中岩体弹性模量取值($E=1500$MPa)综合考虑(轨道地勘报告由于勘察范围、钻孔深度及位置与项目场地不同,故泥岩弹性模量偏小),本场地轻轨两侧泥岩弹性模量在 0.7 倍折减基础上再考虑 0.85 倍折减,折减后泥岩弹性模量取值 $E=1800$MPa。

区间隧道地勘、建设项目地勘中,围岩弹性抗力系数分别取值 400MPa/m 及 300MPa/m,区间隧道设计计算中取值 200MPa/m。考虑区间隧道施工、建设项目基坑开挖扰动等因素,对弹性抗力系数进行 0.9 倍折减,取 180MPa/m。

本次评估所采用的岩土物理力学参数根据建设项目地勘及轨道地勘取最不利值,如表 3.26 所示。泥岩计算参数统一采用最不利的 1.8GPa,不按区域区分岩体的参数。

表 3.26　评估采用的岩土参数表

岩石名称	天然重度 /(kN/m³)	弹性模量 /MPa	泊松比	黏聚力 /MPa	摩擦角 /(°)	弹性抗力系数 /(MPa/m)
素填土	20.5	0.04	0.4		综合 28°	
砂质泥岩	25.6	1800	0.36	0.63	29	180
砂岩	25	4200	0.2	2.05	38.0	

3.5.4　风险识别及等级划分

将项目对轨道交通 6 号线的风险进行识别,如表 3.27 所示。

表 3.27　项目涉轨风险识别一览表

风险识别	所涉及种类
地层卸载回弹风险	基坑开挖☑　桩基开挖☑　暗挖隧道☐　路堑开挖☐ 墩柱基础基坑☐　管道沟槽开挖☐　其他☑
隧道深浅埋状态改变风险	隧道深浅埋状态改变☑
外部加载风险	建筑结构☑　平场回填☐　墩柱基础☐　其他☐
撞击风险	轨道高架区间内修建市政道路、停车场等☐
其他风险	爆破震动☐　消防疏散☐　改变控制保护区水文环境☐

该项目整体位于轨道正上方,项目实施对轨道结构存在如下风险:

(1)地层卸载回弹引起轨道结构变形风险。

建设项目基坑开挖造成围岩应力大量释放,引起地层回弹变形,从而使轨道结构产生不同程度的变形。

(2)建筑加载引起轨道结构变形风险。

建设项目在控制保护区内修建建筑结构,向周围地层施加建筑附加荷载,导致地层压缩沉降,从而使轨道结构产生一定程度的变形。

(3)区间隧道结构内力改变风险。

建设项目基坑开挖过程中,将原深埋区间隧道变为浅埋、超浅埋或偏压状态,引起隧道结构内力改变。

根据《城市轨道交通结构检测监测技术标准》(DBJ50/T—271—2017)、《城市轨道交通结构安全保护技术规范》(CJJ/T 202—2013),以基坑开挖为外部作业类型划分建设项目对轨道结构影响风险等级如下:

(1)有转换结构区域对轨道交通 6 号线区间隧道影响风险等级划分情况如表 3.28 所示。

表 3.28　有转换结构区域对轨道交通 6 号线区间隧道影响风险等级划分

轨道结构形式	轨道施工方法	外部作业与轨道结构净距(L)		基坑开挖深度(h_1)	接近程度判定	工程影响区判定	影响等级判定
		水平 L_1	竖向 L_2				
E 型衬砌区	上下台阶法 (W=6.22)	4.7m	9.8m	约 21.3m	$L_1<1.0W$ $L_2<2.0W$ 接近	$L_1<0.7h_1$ $L_2<0.7h_1$ 强烈影响区	特级

续表

轨道结构形式	轨道施工方法	外部作业与轨道结构净距(L)		基坑开挖深度(h_1)	接近程度判定	工程影响区判定	影响等级判定
		水平 L_1	竖向 L_2				
F型衬砌区	双侧壁导坑法 (W=16.5)	4.6m	7.3m	约24.5m	$L_1<1.0W$ $L_2<1.0W$ 非常接近	$L_1<0.7h_1$ $L_2<0.7h_1$ 强烈影响区	特级

（2）无转换结构区域对轨道交通6号线区间隧道影响风险等级划分如表3.29所示。

表3.29 无转换结构区域对轨道交通6号线区间隧道影响风险等级划分

轨道结构形式	轨道施工方法	外部作业与轨道结构净距(L)		基坑开挖深度(h_1)	接近程度判定	工程影响区判定	影响等级判定
		水平 L_1	竖向 L_2				
E型衬砌区	上下台阶法 (W=6.22)	7.8m	12.8m	约25.7m	$L_1<1.5W$ $L_2<2.5W$ 较接近	$L_1<0.7h_1$ $L_2<0.7h_1$ 强烈影响区	一级
F型衬砌区	双侧壁导坑法 (W=16.5)	9.1m	11.8m	约32.0m	$L_1<1.0W$ $L_2<1.0W$ 非常接近	$L_1<0.7h_1$ $L_2<0.7h_1$ 强烈影响区	特级
G型衬砌区	单侧壁导坑法 (W=12.9)	12.1m	14.5m	约31.5m	$L_1<1.0W$ $L_2<1.5W$ 接近	$L_1<0.7h_1$ $L_2<0.7h_1$ 强烈影响区	特级

3.5.5 评估安全控制指标

根据《城市轨道交通结构检测监测技术标准》(DBJ 50/T—271—2017)、《城市轨道交通结构安全保护技术规范》(CJJ/T 202—2013)中关于轨道交通结构安全控制指标的规定，分析中采用的变形及行车安全控制指标如表3.30所示。

表3.30 项目评估安全控制指标

控制项目	控制值	
	Ⅰ~Ⅳ级围岩	Ⅴ、Ⅵ级围岩
隧道结构水平位移	≤10mm ☑	≤20mm ☐
隧道结构竖向位移	≤10mm ☑	≤20mm ☐
隧道径向收敛	≤10mm ☐	≤20mm ☐
隧道变形曲率半径	>15000 ☑	
隧道变形相对曲率	<1/2500 ☑	
TBM管片接缝张开量	≤2mm ☐	
道床沉降	≤10mm ☑	
道床差异沉降	≤10mm ☑	
墩台差异沉降	≤10mm ☐	

续表

控 制 项 目	控 制 值	
	Ⅰ～Ⅳ级围岩	Ⅴ、Ⅵ级围岩
桥墩墩顶顺桥方向水平位移	≤$2\sqrt{L}$ mm□	
桥墩墩顶横桥方向水平位移	≤$2\sqrt{L}$ mm□	
隧道结构裂缝宽度	迎水面≤0.2mm☑ 背水面≤0.3mm☑	
隧道结构强度安全系数	≥2.0□	
震动速度	≤1.5cm/s□	
轨道横向高差	<4mm☑	
轨向高差(矢度值)	<4mm☑	
轨间距	>−4mm,<+6mm☑	
道床脱空	≤5mm□	

3.5.6 结构安全性计算分析

利用 midas GTS NX 软件建立计算项目三维、二维地层结构及荷载结构法有限元模型，有限元建模情况如图 3.21 所示。计算建设项目基坑开挖、轨道保护体施工及建筑结构施工完成引起的轨道区间结构变形及内力变化情况，根据各项安全控制指标评估区间隧道安全性。

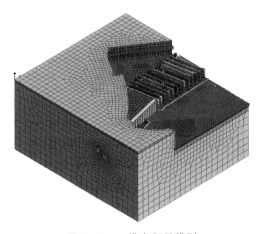

图 3.21　三维有限元模型

项目计算荷载如下：

根据轨道设计资料，车站基坑的施工顺序为围护桩施工→分层开挖土体至内支撑结构底标高→加设该层内支撑。

1. 基础均布荷载

对于筏板式基础，将通过荷载标准组合算得的柱底反力除以筏板基础作用面积，换算出北侧筏板式基础均布荷载为 17.2kPa，南侧筏板式基础均布荷载为 46.67kPa。

T1 塔楼处筏板式基础均布荷载按每层 17.5kPa 加载，T1 塔楼共 109 层，共 1907.5kPa；

T2 塔楼处筏板式基础均布荷载按每层 17.5kPa 加载,T2 塔楼共 78 层,共 1365kPa;
T3 塔楼处筏板式基础均布荷载按每层 17.5kPa 加载,T3 塔楼共 68 层,共 1190kPa。

2. 建筑水平荷载

各施工步骤轨道区间隧道结构最大位移曲线如图 3.22 所示。

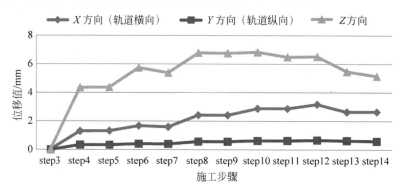

图 3.22　各施工步骤轨道区间隧道结构最大位移曲线

建设项目评估计算指标与控制指标对比如表 3.31 所示。

表 3.31　评估计算指标与控制指标对比

指　标	计　算　值	控　制　值
隧道结构水平位移/mm	8.6	≤10
隧道结构竖向位移/mm	8.5	≤10
隧道变形曲率半径/m	23000	>15000
隧道变形相对曲率	0.22/2500	<1/2500
道床沉降/mm	8.3	≤10
隧道结构裂缝宽度/mm	0.18	≤0.2
隧道结构强度安全系数	2.75	≥2.0
轨道横向高差/mm	0.0001	<4
轨向高差(矢度值)/mm	1.83	<4
轨间距/mm	0.0001	>-4,<+6

3.5.7　轨道交通保护措施

1. 设计方面

(1) 基坑内区间隧道设置保护结构,保护结构两端悬臂段采用 1.5m×3.5m@3.6m、1.5m×3.0m@3.6m 预应力锚索桩板挡墙,中间对拉段采用 1.5m×2.0m@5.0m 对拉型桩板挡墙;对拉段保护结构预留隧道洞周核心围岩,核心围岩左右水平长度不小于 5m,上部高度不小于 7.6m;减小基坑卸载量,控制隧道结构变形。轨道保护及荷载转换结构典型断面情况如图 3.23 所示。

(2) 基坑退台,基坑不进入区间隧道卸荷拱范围,以增加支护刚度,减小岩土体侧向变形,具体情况如图 3.23 所示。

(3) 荷载转换结构及建筑桩基桩身设隔离措施,将建筑荷载向区间隧道深层地基传递。

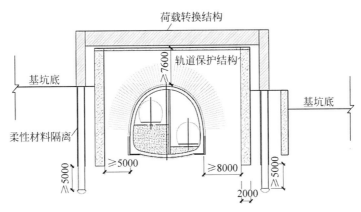

图 3.23 轨道保护及荷载转换结构典型断面图

(4) 深埋隧道正上方减少建筑层高,控制建筑基底应力扩散后,区间隧道附加荷载不超过 20kPa。

(5) 进行轨道侧向建筑基底标高控制,基础荷载应力扩散线位于轨道结构基底或洞底以下。

(6) 进行轨道保护体周围防排水专项设计,避免水体向区间隧道结构下渗。

2. 施工方面

(1) 施工现场临时料堆、土石方尽量远离轨道区间隧道,并及时清运,做好场地临时防排水设施,施工便道选择在深埋区间上方。

(2) 控制保护区内桩基人工成孔,跳桩施工,控制震动;基坑采用机械配合人工开挖。

(3) 转换结构施工不利用保护体上方地基搭设施工模板,避免向轨道保护体传递施工临时荷载,利用先施工好的转换结构立柱搭设采用钢桁架施工平台,转换结构型钢分 3 段吊装后在施工平台上拼装,支设侧模后浇筑第一层混凝土,第一层混凝土浇筑 900mm 高,待混凝土达到设计强度后,以先浇筑的混凝土为底模,继续浇筑梁体剩余混凝土。具体施工情况如图 3.24 和图 3.25 所示。

(4) 优化施工步骤,轨道区间隧道两侧对称均衡卸载,控制分层高度,控制开挖速率,如图 3.26 所示。

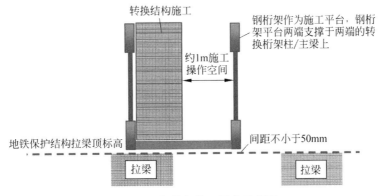

图 3.24 钢桁架施工平台示意图

图 3.25　型钢分段吊装图

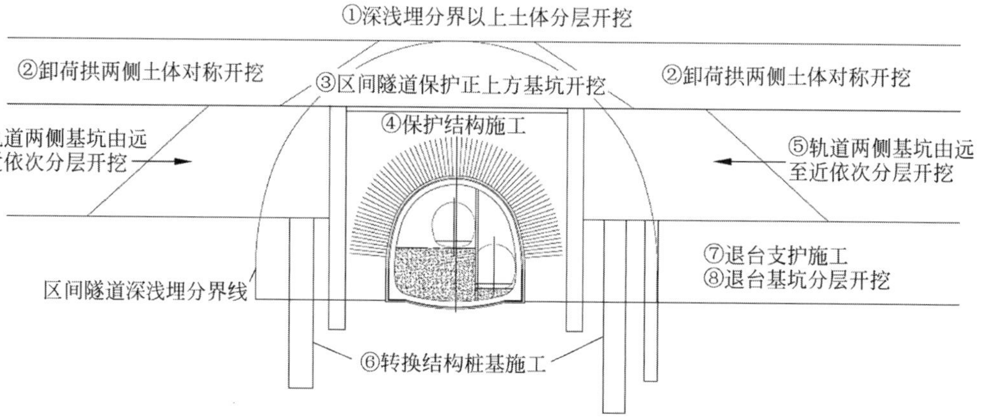

图 3.26　施工开挖步骤优化示意图

（5）加强施工监测，编制专项轨道结构变形超标应急预案。

3. 监测方面

（1）项目实施前，进行轨道结构现状调查。

（2）在评估所得的轨道变形最大区域加密布设监测点。

（3）全过程采用信息法施工，实时注意施工各步骤与区间隧道监测数据的联动。尤其是在开挖至典型阶段时，重点分析区间隧道检测数据，分析变形发展趋势，待确定变形稳定且未超过预警值时方可继续下一个步骤的施工。

（4）区间隧道裂缝处置。项目实施到一定阶段后（隧道变形及裂缝开展稳定），对区间隧道超过 0.2mm 的裂缝进行封闭处理。

3.5.8　案例总结

本项目地块位于轨道交通 6 号线某区间暗挖隧道控制保护区内，在区间隧道正上方及两侧进行基坑开挖、建筑结构施工。该项目对区间隧道结构存在地层卸载回弹、建筑加载及深浅埋状态改变引起的结构变形及内力变化风险，建议通过设置轨道保护结构和荷载转换结构、钢桁架施工平台以及进行施工开挖步骤调整等措施优化设计及施工方案，对该项目裙楼及部分塔楼上跨轨道区间隧道，采用 1.5m×3.0m@3.6m 对拉桩板挡墙、端部加强型悬臂预应力锚索桩板挡墙保护区间隧道，采用 42m 跨型钢混凝土梁转换上部建筑荷载，将建设项目对轨道交通结构的影响控制在安全指标范围内。

3.6 FJ06号项目

3.6.1 建设项目工程概况

该项目位于重庆市北碚区,为房屋建筑工程,项目涉轨概况如表3.32所示。总用地面积约7万 m^2,总建筑面积约35万 m^2。项目包括9栋高层剪力墙结构住宅(-1/17~26F,含社区综合服务中心)、5栋框架结构商业楼(-3/2~6F)、1栋框架结构幼儿园(3F)和地下车库。轨道6号线某区间隧道从项目商业地块下方穿过,建设项目与轨道保护平面关系如图3.27所示。

表3.32 FJ06号项目涉轨概况一览表

项目名称	FJ06号项目
项目类型	房建☑ 路桥隧□ 铁路□ 航空□ 管线□ 枢纽□ 港口□ 其他□
项目性质	新建□ 改(扩)建☑
相关线路名称	轨道交通6号线某区间隧道
项目与轨道的关系概况	位于轨道的(区间☑ 车站□ 车场□ 设施设备□)控制保护区范围内
	与轨道主体结构(设施)最小水平净距为0.0m(隧道正上方)
项目施工期间(建成后)对轨道交通安全影响的主要风险因素	基坑开挖☑ 桩基开挖☑ 建筑施工☑ 边坡维护□ 道路施工□ 隧道开挖□ 管道施工□ 其他□

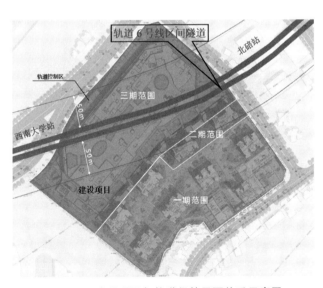

图3.27 建设项目与轨道保护平面关系示意图

在区间隧道正上方开挖基坑,场地西高东低,基坑最大开挖深度约16m,区间隧道正上方基坑开挖最大深度约8.3m。西侧采用桩锚支护及排桩式锚杆挡墙支护,其余部分开挖较浅,采用坡率法支护。区间隧道正上方及两侧约 14m 范围内采用筏板基础,其余部分采用桩基础,具体布置情况如图 3.28 所示。

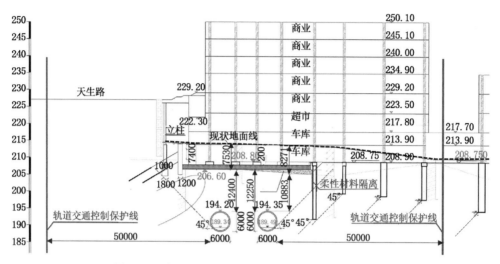

图 3.28 建设项目与区间隧道关系典型剖面图(1—1)

3.6.2 轨道交通概况

轨道交通 6 号线二期某区间位于北碚区老城天生路下,其中左线 ZDK60+036.179—ZDK60+293.195、右线 YDK60+018.050—YDK60+290.125 里程段区间隧道下穿拟建项目场地三期用地红线范围。该段区间左右线隧道水平净距离为 7.0~7.5m。

该段区间隧道采用复合式 TBM 法施工,断面形式为圆形断面。左线 ZDK60+036.179—ZDK60+293.195、右线 YDK60+018.050—YDK60+290.125 里程段区间隧道衬砌类型为 A 类管片,每环管片配筋为 12ϕ16,外径 6.0m,内径 5.4m,管片厚度 300mm,管片环与环间采用 10 根纵向 M27 螺栓连接,块与块间采用 12 根环向 M27 螺栓连接。建设项目西北侧用地红线与轨道交通 6 号线二期某区间线路斜交,仅建设项目西侧一角位于轨道 B 类管片区间隧道 50m 控制保护区内,每环管片配筋为 12ϕ18,外径 6.0m,内径 5.4m,管片厚度 300mm,管片环与环间采用 10 根纵向 M27 螺栓连接,块与块间采用 12 根环向 M27 螺栓连接。区间隧道顶标高为 190.9~194.6m,所处地层主要为砂质泥岩层,岩体呈中等风化程度,局部有少量砂岩透镜体或薄层,岩体较完整,围岩级别为 IV 级。目前,该段线路为正常运营状态。

3.6.3 工程地质概况

重庆轨道交通 6 号线二期控保区内该项目的工程地质概况如表 3.33 所示,涉及的岩土参数情况如表 3.34 所示。

表 3.33 工程地质概况表

类别	轨道交通 6 号线区间暗挖隧道
地形地貌	勘察区原始地貌属构造剥蚀丘陵地貌,后经改造,原始地貌已发生显著变化,形成城市居民建筑区和城市道路,地形较平缓。地形坡角一般在 1°～3°之间,局部边坡角度较大,可达 50°。地面高程 210～235m,最大高差约 25m
地层岩性	场地覆盖层为素填土,基岩为侏罗系中统沙溪庙组(J_2s)泥岩、砂岩及砂质泥岩,砂、泥岩呈不等厚互层
地质构造	勘察区位于川东南弧形地带,华蓥山帚状褶皱束东南部的次一级构造北碚向斜东翼。岩层呈单斜产出,层间结合差。岩层产状:倾向 285°,倾角 20°～55°。 J1:倾向 10°～20°,一般为 15°,倾角 64°～73°,一般为 70°,裂隙微张 1～3mm,裂隙间距 1～3m;裂隙面较平直,未见充填,为硬性结构面,结合差。 J2:倾向 130°～144°,一般为 135°,倾角 45°～60°,一般为 50°,裂隙张开度多为 1～5mm,裂隙面较平直,未见充填,裂隙间距 5～8m,为硬性结构面,结合差

表 3.34 岩土参数表

岩石名称		素土	砂岩		砂质泥岩	
			强风化	中风化	强风化	中风化
重度 $\gamma/(kN/m^3)$		20.2 20		25.0 24.4		25.7 24.7
岩石单轴极限抗压强度标准值/MPa	自然			40.9 37.5		10.2 4.62
	饱和			30.6 29.1		6.1 2.87
黏聚力 c/kPa	综合	30 25		2150 1801		690 222
内摩擦角 $\varphi/(°)$	综合	30 25		42.08 34.79		32.72 30.57
弹性模量/MPa				4360 5498		1350 1160
泊松比 μ				0.15 0.23		0.38 0.37
基床系数(弹性反力系数)/(MPa/m)				200 —		500 —

3.6.4 风险识别及等级划分

将该项目对重庆轨道交通 6 号线的风险进行识别,如表 3.35 所示。

表 3.35 项目涉轨风险识别一览表

风险识别	所涉及种类
地层卸载回弹风险	基坑开挖☑ 桩基开挖☑ 暗挖隧道□ 路堑开挖□ 墩柱基础基坑□ 管道沟槽开挖□ 其他□
隧道深浅埋状态改变风险	隧道深浅埋状态改变☑

续表

风险识别	所涉及种类
外部加载风险	建筑结构☑ 平场回填□ 墩柱基础□ 其他□
撞击风险	轨道高架区间内修建市政道路、停车场等□
其他风险	爆破震动□ 消防疏散□ 改变控制保护区水文环境□

该项目整体位于轨道正上方,项目实施对轨道结构存在如下风险:

1. 地层卸载回弹引起轨道结构变形风险

建设项目基坑开挖造成围岩应力大量释放,引起地层回弹变形,从而使轨道结构产生不同程度的变形。

2. 建筑加载引起轨道结构变形风险

建设项目在轨道交通控制保护区内修建建筑结构,向周围地层施加建筑附加荷载,导致地层压缩沉降,从而使轨道结构产生一定程度的变形。建设项目影响范围内轨道6号线区间隧道为复合式 TBM 法施工的圆形断面隧道,隧道衬砌类型为 A 类管片,按照相关公式计算,可以得到建设项目范围内轨道结构的深浅埋分界高度 H 为 9.9m。筏板底标高与区间隧道最小竖向距离约 10.8m,大于深浅埋分界线。

3. 洞室地基承载能力风险

按《建筑地基基础布置规范》(DBJ 50—047—2016),建设项目位于轨道区间隧道洞室正上方的商业建筑属人工洞室基础。

4. 洞周围岩地下水条件改变风险

建设项目在轨道区间隧道正上方开发商业建筑,建筑物本身防排水系统是否完善和可靠与区间隧道洞内周边岩地下水状况的变化和洞体能否长久安全运行密切相关。

根据《城市轨道交通结构检测监测技术标准》(DBJ 50/T—271—2017)、《城市轨道交通结构安全保护技术规范》(CJJ/T 202—2013),以基坑开挖为外部作业类型划分建设项目对轨道结构的影响风险等级如表 3.36~表 3.38 所示。

表 3.36 基坑开挖对轨道交通 6 号线二期结构的影响风险等级划分

外部作业	轨道施工方法	轨道结构宽度(D)	外部作业相对净距	外部作业尺寸	接近程度	工程影响分区	影响等级
基坑开挖	掘进机法/Ⅳ级围岩	6m	$L=0$m $H=10.883$m $H=12.762$m	开挖深度 $h_t=8.3$m	$H<2.0D$ 非常接近	$1.0h_t<H<1.5h_t$ 显著影响区(B)	特级

表 3.37 坡道填方对轨道交通结构影响风险等级划分

外部作业	轨道施工方法	轨道结构宽度(D)	外部作业相对净距	外部作业尺寸	接近程度	工程影响分区	影响等级
土石方平场	掘进机法/Ⅳ级围岩	6m	$H=19.19$m	填方高度 3.5~7.5m	$3.0D<H$ 不接近	未改变轨道交通结构埋深状态显著影响区(B)	三级

表 3.38 立柱基础对轨道交通结构影响风险等级划分

外部作业	轨道施工方法	轨道结构宽度（D）	外部作业相对净距	外部作业尺寸	接近程度	工程影响分区	影响等级
桩基础	掘进机法/Ⅳ级围岩	6m	$H=9.990$m $L=0$m	桩径 $d=1.7$m	$H<2.0D$ 非常接近	$2.5d<H<7.0d$ 显著影响区（B）	特级
			$H=0$m $L=4.41$m	桩径 $d=1.8$m		$L<2.5d$ 强烈影响区（A）	

3.6.5 评估安全控制指标

根据《城市轨道交通结构检测监测技术标准》（DBJ 50/T—271—2017）、《城市轨道交通结构安全保护技术规范》（CJJ/T 202—2013）中关于轨道交通结构安全控制指标的规定及《重庆轨道交通地铁线路维修规程》（2018 修订版）第十七条轨道静态几何尺寸偏差管理值的规定，分析中采用的变形及行车安全控制指标如表 3.39 所示。

表 3.39 项目评估安全控制指标

控制项目	控制值 Ⅰ～Ⅳ级围岩	控制值 Ⅴ、Ⅵ级围岩
隧道结构水平位移	≤10mm☑	≤20mm☐
隧道结构竖向位移	≤10mm☑	≤20mm☐
隧道径向收敛	≤10mm☐	≤20mm☐
隧道变形曲率半径	>15000m☑	
隧道变形相对曲率	<1/2500☑	
TBM 管片接缝张开量	≤2mm☐	
道床沉降	≤10mm☑	
道床差异沉降	≤10mm☑	
墩台差异沉降	≤10mm☐	
桥墩墩顶顺桥方向水平位移	$\leq 2\sqrt{L}$ mm☐	
桥墩墩顶横桥方向水平位移	$\leq 2\sqrt{L}$ mm☐	
隧道结构裂缝宽度	迎水面≤0.2mm☐ 背水面≤0.3mm☑	
隧道结构强度安全系数	≥2.0☐	
震动速度	≤1.5cm/s☐	
轨道横向高差	<4mm☑	
轨向高差（矢度值）	<4mm☑	
轨间距	>−4mm,<+6mm☑	
道床脱空	≤5mm☐	

3.6.6 结构安全性计算分析

项目利用 midas GTS NX 软件建立计算项目三维、二维地层结构及荷载有限元模型，如图 3.29 所示。由此计算建设项目基坑开挖、轨道保护体施工及建筑结构施工完成引起的轨

图 3.29 三维有限元模型

道区间结构变形及内力变化情况,并根据各项安全控制指标评估区间隧道安全性。

项目计算荷载如下:

根据轨道设计资料,车站基坑的施工顺序为围护桩施工→分层开挖土体至内支撑结构底标高→加设该层内支撑。

(1) 三期为 5 栋商业楼(2F~6F)及地下车库(-3F),均布荷载按每层 20kPa 加载,建筑荷载按 180kPa 考虑。

(2) 施工荷载为 20kPa。

(3) 筏板基础、独立基础顶荷载根据设计单位提供的基础顶面荷载图确定。

(4) 架空板基础桩顶荷载根据设计单位提供的基础顶面荷载图确定。

(5) 计算结果:建设项目评估计算指标与控制指标对比如表 3.40 所示。

表 3.40 评估计算指标与控制指标对比

指标	计 算 值	控 制 值
隧道结构水平位移/mm	1.5	≤10
隧道结构竖向位移/mm	3.1	≤10
隧道变形曲率半径/m	2589078	>15000
隧道变形相对曲率	0.02/2500	<1/2500
道床沉降/mm	2.0	≤10

3.6.7 轨道交通保护措施

1. 设计方面

(1) 控制基础底标高,区间隧道上方筏板底不进入隧道深浅埋分界线以内,不改变隧道的深浅埋状态。

(2) 两侧桩基础桩身设隔离措施,将建筑荷载向区间隧道深层地基传递。

2. 施工方面

(1) 施工现场临时料堆、土石方尽量远离轨道区间隧道,并及时清运,做好场地临时防排水设施,施工便道选择在深埋区间上方。

(2) 该项目在控制保护区范围内禁止爆破施工;控制保护区范围外若采用爆破施工,

爆破震速(传递至轨道结构上的爆破震速)不得大于1.5cm/s,以减小对周边围岩的扰动,确保不影响轨道结构及运营安全。

(3)轨道正上方换填基坑开挖时应注意随时核查与相应位置处轨道结构顶高差,若高差接近10m还未开挖至强风化岩层应停止施工,及时联系业主、设计方、轨道控保管理方及评估方协商处理解决方案。

3. 监测方面

(1)项目实施前,进行轨道结构现状调查。

(2)在评估所得的轨道变形最大区域加密布设监测点。

(3)全过程采用信息法施工,实时注意施工各步骤与区间隧道监测数据的联动。尤其是在开挖至典型阶段时,重点分析区间隧道监测数据,分析变形发展趋势,待确定变形稳定且未超过预警值时方可继续下一个步骤的施工。

3.6.8 案例总结

该项目在轨道6号线某区间隧道正上方开挖基坑,基坑局部存在粉质黏土层。本项目在施工过程中易引起轨道结构变形,要注意项目施工过程中对轨道结构及运营安全的影响。对于拟建项目位于隧道正上方的情况,如果基底标高位于轨道、隧道深浅埋分界线以上,根据隧道设计理论,一般情况下深埋隧道可不考虑上部附加荷载的影响,此种情况不建议采用荷载转换结构将上部荷载传递到两侧区间下。对于该项目基础底部土层的开挖换填,建议临近深浅埋分界线但还未到岩层时停工,通知相关各方讨论后解决。

3.7 FJ07号项目

3.7.1 建设项目工程概况

该项目位于长江与嘉陵江两江交汇处,为房屋建筑工程,项目涉轨概况如表3.41所示。项目包括框架结构的裙楼(6F/-7F)以及为框架核心筒结构的1号塔楼(52F/-7F)。E15-1/03地块位于轨道1号线C站—A站区间北侧,对于运营线路,取结构外边线偏移50m作为轨道保护线范围。地块共2栋建筑,1号塔楼、裙楼及部分地下车库位于轨道1号线控制保护区范围内。

表3.41 FJ07号项目涉轨概况一览表

项目名称	FJ07号项目
项目类型	房建☑ 路桥隧☐ 铁路☐ 航空☐ 管线☐ 枢纽☐ 港口☐ 其他☐
项目性质	新建☐ 改(扩)建☑
相关线路名称	轨道交通1号线C站—A站
项目与轨道的关系概况	位于轨道的(区间☑ 车站☐ 车场☐ 设施设备☐)的控制保护区范围内
	与轨道主体结构(设施)最小水平净距为5.15m
项目施工期间(建成后)对轨道交通安全影响的主要风险因素	基坑开挖☑ 桩基开挖☑ 建筑施工☑ 边坡维护☐ 道路施工☐ 隧道开挖☐ 管道施工☐ 其他☐

因轨道1号线区间隧道现已建成,根据风险源分析,基坑开挖时,拟采用桩板式挡墙对其进行保护,结构设计使用年限100年。根据基坑与区间隧道的关系,项目基坑设计立面情况如图3.30所示,桩板式挡墙分为两种类型,该保护结构Ⅰ型桩板式挡墙段已与E15-2/03地块建筑一并实施。基坑边坡范围的特征情况如表3.42所示。

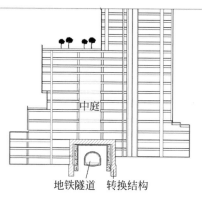

图3.30 基坑设计立面图

表3.42 基坑边坡范围的特征

区段编号	长度/m	高度/m	立面面积/m²	备注
D-A	72.2	20.5～26	1840.63	锚杆、悬臂桩、锚索桩
A-A1	1.95	20.5	39.98	悬臂桩
A1-Z1	14.35	16.85～20.5	337.67	悬臂桩、锚索桩
Z1-Z2	15.23	15.88～16.85	249.46	锚杆支护
Z2-Z3	10.94	15.17～15.88	169.84	锚杆支护
Z3-Z4	21.71	12.29～15.17	297.92	锚杆支护
Z4-Z5	34.18	12.2	417	锚索桩
Z5-Z6	32.25	12.2～21.2	644.27	锚杆支护
Z6-Z7	21.89	25.2	551.63	锚杆支护
Z7-Z8	5	25.2	126	锚杆支护
Z8-C	15.5	25.2	390.6	锚索桩

3.7.2 轨道交通概况

轨道为重庆市轨道交通1号线某段工程,线路起于A站,终于B站,线路全长约16.5km。本工程为C站至A站区间工程,区间起点位于C站大里程端K0+899.70,终点位于A站小里程端右K2+76.415,全长1176.7m,为马蹄形断面、复合衬砌暗挖结构,采用钻爆法施工。C站至A站存在一条与拟建地铁区间隧道走向大约一致的既有人防隧道。此人防隧道没有仰拱或底板,且右K0+940—右K1+620.2已施作二次衬砌,其中K0+940—右K1+560为C20素混凝土,右K560—右K620.2为钢筋混凝土。本段区间隧道以此既有人防隧道为基础进行改造,右K0+940—右K1+560二次衬砌需全部凿除,重新衬砌。右K560—右K620.2段保留原二次衬砌,向下扩挖,施作底板。

区间在C站、A站线间距分别为13m、15m,通过双连拱及喇叭口段过渡到3.6m标准线间距。接近站段为双连拱隧道；右K1+33.963—右K1+620.2之间3.6m标准线间距段在既有人防隧道基础上根据限界要求改造，右K1+620.2—右K1+880.019之间3.6m标准线间距段采用双线单洞标准断面。

区间起点线路设计标高223.2m，终点线路设计标高225.8m，右K0+899.7—右K1+300为上坡段；K1+300—K2+76.420为下坡段。隧道埋深为6~37m，穿越岩层主要有砂岩、泥岩及砂岩泥岩互层，K1+445.26—K1+983.58段为Ⅲ级围岩，其余均为Ⅳ级围岩，部分地段为深埋隧道，部分地段为浅埋隧道。

3.7.3 工程地质概况

重庆轨道交通1号线控保区内某项目的工程地质概况如表3.43所示，涉及的岩土参数情况如表3.44和表3.45所示。

表3.43 工程地质概况表

地形地貌	场地位于重庆市渝中区解放碑，属构造剥蚀丘陵地貌区，地势总体较平，因场地基坑开挖，场地中部低，四周高，在场地四周因开挖形成挖方岩土质边坡，场区内高程233.0~259.0m，高差约26.0m。地形坡角3°~5°，开挖段坡角近直立，勘察期间边坡最高约22.0m，为岩质边坡，未支挡
地层岩性	根据地表调查及钻孔揭露，场区钻探深度范围内地层主要为第四系全新统(Q_4)土层及侏罗系中统沙溪庙组(J_2s)基岩
地质构造	场区位于川东南弧形构造带，华蓥山帚状褶皱束东南部，龙王洞背斜的南倾末端，岩层产状275°∠8°，经现场调查结合勘探，发现场地层面结合程度一般。场区及邻近无断裂构造。通过地面调查结合现场钻探揭露，场地主要发育两组裂隙：①产状340°∠78°，间距2.0~5.0m，多呈闭合状，为硬性结构面，结合程度差；②产状130°∠80°，间距2.0~5.0m，微张，无充填，结构面结合程度差。场区未见断裂构造，地质构造简单

表3.44 岩土参数表

岩土名称		天然重度/(kN/m³)	单轴极限抗压强度标准值/MPa		地基承载力特征值/kPa	水平抗力系数的比例系数/(MN/m⁴)	水平抗力系数/(MN/m³)	临时边坡允许值	基底摩擦系数
			天然	饱和					
人工填土		20.0*			115(压实系数$\lambda \geq 0.97$)	11*		1:1.50	0.25*
泥岩	强风化	24.79			300*			1:1.0	0.3*
	中风化	24.79	8.11	5.17	2944(受水浸泡时取1877)		100	1:0.75	0.4*
砂岩	强风化	24.22			500*			1:0.75	0.40*
	中风化	24.79	20.55	14.8	7460(受水浸泡时取5372)		310	1:0.35	0.55*

注：(1) 带"*"的为经验值。

(2) 结构面抗剪强度：LX1、LX2的$c=50$kPa，$\varphi=18°$；砂岩、泥岩岩层胶结面取$c=30$kPa，$\varphi=15°$。

(3) 岩石与锚固体极限黏结强度标准值：砂岩取1000kPa，泥岩取400kPa。

表 3.45 岩土体物理力学参数建议表

材料性质	天然重度/(kN/m³)	弹性模量/GPa	泊松比	黏聚力/MPa	内摩擦角/(°)	抗拉强度/kPa
填土层	20.5	0.01	0.4	28	—	—
中风化泥岩	24.9	0.80	0.32	0.60	32.00	228
中风化砂岩	25.9	1.68	0.27	1.94	36.49	620

3.7.4 风险识别及等级划分

将该项目对重庆轨道交通1号线的风险进行识别,如表3.46所示。

表 3.46 项目涉轨风险识别一览表

风险识别	所涉及种类
地层卸载回弹风险	基坑开挖☑ 桩基开挖☑ 暗挖隧道☐ 路堑开挖☐ 墩柱基础基坑☐ 管道沟槽开挖☐ 其他☐
隧道深浅埋状态改变风险	隧道深浅埋状态改变☑
外部加载风险	建筑结构☐ 平场回填☐ 墩柱基础☐ 其他☐
撞击风险	轨道高架区间内修建市政道路、停车场等☐
其他风险	爆破震动☐ 消防疏散☐ 改变控制保护区水文环境☐

根据岩土工程条件、拟建工程与轨道结构的相对关系、上部结构荷载以及该项目与轨道1号线建设时序、轨道保护结构(如表3.47所示),判断拟建项目施工的主要风险如下:

(1)基坑开挖的影响。地块建筑基坑影响等级划分如表3.48所示。本项目主要开挖范围为轨道西北侧轨道侧向围岩,使岩土体向基坑方向回弹,引起轨道、隧道结构产生一定位移,但该侧建筑地下室采用退台处理,设置双排桩作为保护结构,并对原基坑Z8-C段增设锚拉桩,严格控制桩基侧向位移,因此判断对轨道结构安全影响较小。

(2)主体结构荷载的影响。本项目塔楼距轨道最小净距约8m,建筑荷载很大,但邻近轨道区域均采用桩基础,桩底位于轨道结构底以下,且桩基础采取隔离措施,建筑荷载不会传递至轨道围岩上,不会对轨道周围围岩造成影响。

(3)修建完成后在轨道上方回填加载的影响。由于目前轨道已经处于浅埋状态,为避免回填加载荷载过大,本项目采用结构空腔形式减小轨道上方荷载,后通过荷载结构法验算对轨道结构的影响。

表 3.47 轨道保护结构影响等级划分

外部作业开挖方式	隧道毛洞跨度 W/m	拟建结构与隧道结构净距 $(u、v)$/m		明挖结构底板深度 h_1/m	接近程度判定	工程影响区判定	影响等级判定
明挖法岩质边坡	9.27	水平 u	5.15	21.73	$u<1.0W$ $v<1.5W$ 非常接近	$<0.7h_1$ 强烈影响区	特级
		竖向 v	0.00				

表 3.48 地块建筑基坑影响等级划分

外部作业开挖方式	隧道毛洞跨度 W/m	拟建结构与隧道结构净距 $(u、v)$/m		明挖结构底板深度 h_1/m	接近程度判定	工程影响区判定	影响等级判定
明挖法岩质边坡	10.19	水平 u	7.46	21.73	$u<1.0W$ $v<1.5W$	$<0.7h_1$	特级
		竖向 v	0.00		非常接近	强烈影响区	
明挖法土质边坡	10.19	水平 u	0.00	3.00	$u<1.0W$ $v<1.5W$	$1.0h_1\sim1.5h_1$	特级
		竖向 v	3.94		非常接近	显著影响区	

3.7.5 结构安全性计算分析

本案例利用二维模型计算分析对 2—2 剖面 1 号线 C 站—A 站区间进行数值模拟、对 1 号线隧道进行检测。

基坑开挖对应 2—2 剖面一号线 C 站—A 站区间,计算步骤为:初始阶段,轨道 1 号线修建完成,地块一期修建完成,第一排轨道保护结构实施,部分建筑基坑及桩间基础实施,第二排轨道保护结构实施,剩余部分建筑基坑开挖,建筑基础实施,建筑主体实施及加载。各步骤隧道位移统计表如表 3.49 所示。

表 3.49 各步骤隧道位移统计表　　　　　单位:mm

步骤	2	3	4	5	6	7	8
隧道顶矢量位移	1.85	2.61	3.26	3.90	4.14	3.67	2.34
隧道侧矢量位移	0.85	1.22	1.51	1.81	1.92	1.77	1.45

采用双排桩支护后,基坑开挖引起的隧道结构变形较小,建筑施工对轨道影响较小,隧道结构位移满足位移控制要求。由模型计算结果可知,轨道区间隧道上部局部区域出现塑性区,周边岩体处于受压状态,最大压应力为 636 kPa,应力小于岩体抗压强度。

针对修建完成后在轨道上方回填加载的影响,利用荷载结构验算法,选择轨道最不利工况,轨道左侧侧向荷载按超浅埋隧道考虑,顶部及右侧荷载按浅埋隧道考虑。表 3.50 所示为原始工况轨道内力情况,表 3.51 所示为回填加载后轨道内力情况。

表 3.50 原始工况轨道内力情况

截面位置	弯矩 M/(kN·m)	轴力 N/kN	偏心类型	正截面安全系数	裂缝宽度/mm
拱顶	256.4	898.5	大偏心	2.79	0.17
拱肩	265.7	1261.1	大偏心	3.91	不用验算
拱脚	197.4	1288.7	小偏心	5.46	不用验算
仰拱	118.3	1454.8	小偏心	6.12	不用验算

表 3.51　回填加载后轨道内力情况

截面位置	弯矩 M /(kN·m)	轴力 N /kN	偏心类型	正截面安全系数	裂缝宽度/mm
拱顶	248.7	917.8	大偏心	3.21	0.16
拱肩	262.8	1201.1	大偏心	3.87	不用验算
拱脚	199.7	1433.2	小偏心	5.12	不用验算
仰拱	126.4	1463.4	小偏心	5.98	不用验算

由计算结果可知，最小安全系数为 2.79，最大裂缝宽度为 0.17mm，回填加载后改善了轨道偏压情况，施工前后均能够满足承载及抗裂要求，项目实施对轨道结构安全影响较小，风险可控。

3.7.6　轨道交通保护措施

1. 设计方面

（1）及时抽排基坑内积水，避免雨水进入基坑渗入坑底降低围岩强度，如局部有水量汇集，应及时采取措施排离控制保护区。

（2）轨道保护线范围内禁止使用爆破开挖，其余范围内爆破开挖传递到轨道结构的震速不得超过 1.5cm/s。

（3）开挖的土石方不得在控制保护区范围内堆载。平场及基坑开挖后应尽快封闭，为避免水体下渗导致围岩强度降低，应进一步优化工程施工及运营阶段防排水措施。施工过程中严禁大型机械设备、重型运输车辆进入轨道正上方区域。

（4）桩基邻近隧道应采用人工挖孔成桩，桩基开挖阶段桩孔应采取可靠的内支撑措施。

（5）桩基础施工前应对桩基开挖位置进行准确定位，以确保桩基础与轨道边界间的围岩厚度达到安全距离。

（6）为确保高层建筑的侧向风荷载和侧向地震荷载不通过桩基础传递至隧道衬砌，桩基础设置应满足在隧道底面以下部分用钢筋混凝土填充密实，底面以上部分桩基础与护壁间用隔离材料填充，确保侧向荷载不通过桩基传递至隧道范围内的围岩。

（7）应完善地下室底层的排水设计，确保项目建成后地下室内的散水能通过排水设施排出，不向轨道区间隧道内汇集。

2. 施工方面

（1）邻近轨道区域地下室采取退台措施，并设双排抗滑桩，通过横梁相连形成整体，以控制基坑开挖时轨道侧向变形。同时，隧道侧面土石方在轨道保护结构施工完成并达到设计强度后再进行开挖，以减小开挖引起的轨道结构变形。

（2）增大退台段下部桩体锚索倾角，增加锚索与隧道的竖向净距，以减小对隧道结构安全的影响，施工时准确定位钻孔位置及钻机倾角，避免损伤前排桩身及隧道结构。

（3）针对现状基坑 Z8-C 区段（已施作桩身及第一排锚索），减小原设计锚索对轨道的影响，增设锚拉桩，在顶部设置水平锚索控制桩顶变形，且锚索距离轨道竖向 5m 以上，锚固段不在轨道结构范围内。

（4）位于轨道正上方的裙楼采用悬挑形式，悬挑结构桁架设计使用年限 100 年，建筑安全等级一级,结构重要性系数为1.1,作为关键构件,转换桁架抗震等级一级控制。悬挑区域荷载通过转换结构传递至轨道两侧,且与保护围岩和轨道保护结构脱离,严格控制悬挑部位变形,避免裙楼竖向荷载作用在轨道保护围岩上。

(5)悬挑结构施工位于轨道区间隧道上方平台的施工荷载应控制在30kPa以内,以减小施工期间对隧道结构的影响。

(6)地块建筑嵌固端位于负一层,距离轨道竖向距离较远,水平荷载不会传递至轨道结构上。同时邻近轨道区域轨道侧向回填采用柔性材料,以避免建筑水平荷载传递至轨道结构。

3.7.7 案例总结

该项目位于长江与嘉陵江两江交汇处,位于轨道1号线某区间的控制保护区范围内,与轨道主体结构最小水平净距为5.15m。因轨道1号线区间隧道现已建成,基坑开挖时,拟采用桩板式挡墙对其进行保护。该项目裙楼及部分高层塔楼位于区间隧道正上方,基坑开挖后区间隧道处于浅埋状态,拟建上部结构荷载不能直接传递到区间隧道上。建议区间隧道采用桩板式挡墙进行保护,保护结构与主体结构桩、转换梁等完全脱开,且转换梁浇筑时采用吊模施工,使其施工荷载不会传递到区间隧道上。

3.8 小结

本章针对轨道交通控制保护区范围内的房屋建筑项目设计及施工中可能对轨道交通安全产生的风险进行了详细讨论,确定了风险源的种类和等级,并提出了相应的控制保护措施。由于篇幅有限,文中仅列举了部分典型房屋建筑项目案例,更多案例可参考附录。这将为后续轨道交通控制保护区范围内房屋建筑项目的风险评价和处理提供依据。

第4章

市政建设项目典型案例

我国经济的飞速发展推动了城市化进程,也促进了市政设施的建设。近年来,市政工程建设项目逐渐增多,也影响了轨道交通的建设。本章选取了4个典型的市政建设项目案例,包括两个改扩建道桥隧工程和两个新建道桥隧工程,从工程概况、风险识别、结构安全性计算分析等8个方面详细论述了其对轨道交通控制保护区的影响程度,并结合具体的项目特点提出了相应的控制保护措施。

4.1 SZ01号项目

4.1.1 建设项目工程概况

该节点工程位于北部新区的核心区域内,是快速路金渝大道和次干道金童路(南北向)相交形成的节点,项目涉轨概况如表4.1所示。立交形式采用金童路下穿现状平交层,金渝大道标高保持不变,通过匝道和路网解决各个方向的转换问题,建设项目与轨道交通平面关系如图4.1所示。金渝大道宽70m,双向8车道,行车速度为80km/h,为城市快速路,改建段长约620m。金童路宽32m,双向4车道,行车速度为40km/h,为城市次干路。

表4.1 SZ01号项目涉轨概况一览表

项目名称	SZ01号项目
项目类型	房建□ 路桥隧☑ 铁路□ 航空□ 管线□ 枢纽□ 港口□ 其他□
项目性质	新建□ 改(扩)建☑
相关线路名称	轨道交通3号线某站—金童路区间
项目与轨道的关系概况	位于轨道的(区间☑ 车站□ 车场□ 设施设备□)控制保护区范围内
	与轨道主体结构(设施)最小水平净距为7.0m
项目施工期间(建成后)对轨道交通安全影响的主要风险因素	基坑开挖☑ 桩基开挖□ 建筑施工□ 边坡维护□ 道路施工□ 隧道开挖□ 管道施工□ 其他□

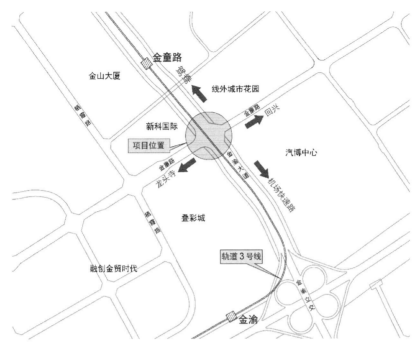

图 4.1 建设项目与轨道交通平面关系示意图

本项目不对金渝大道、金童路线位进行调整,只是在现状金渝大道上增设下穿道,并对局部路口进行优化,采用金渝大道下穿金童路,保持金渝大道的直行畅通。由于轨道3号线的存在,为避免下穿道对轨道桩基础的影响,两侧下穿道与轨道墩柱之间预留绿化带保护区。

K2+740—K2+790 为下穿金渝大道段,采用门式框架结构,长度50m,净空5m,其余下穿道两侧路堑边坡采用重力式挡墙、锚杆挡墙和桩板式挡墙作为永久支护结构进行设计,具体分布情况如图 4.2 所示。

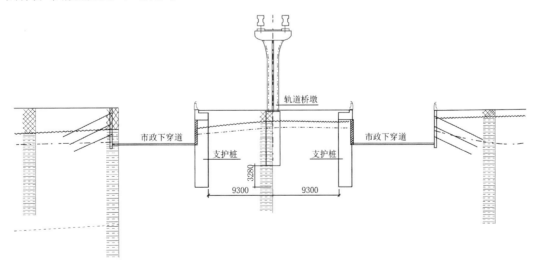

图 4.2 轨道3号线与下穿道结构断面关系图

4.1.2 轨道交通概况

本项目地块位于轨道交通3号线某站—金童路区间高架控制保护区内,轨道3号线墩柱在金渝大道中央分隔带间隔布置。

轨道3号线墩柱中线距离下穿段结构净距为7.0~12.2m;下穿设计起点至K2+609轨道墩柱两侧为重力式挡墙,挡墙高度为1.0~3.0m,开挖深度不足2.0m,墩柱中线距离挡墙净距为7.0~11.9m;K2+609—K2+689及K2+858—K2+902段轨道两侧为C型(1.25m×1.5m)桩板挡墙,开挖深度为2.0~5.6m,墩柱中线距离挡墙净距为8.6~10.5m;K2+609—K2+720及K2+830—K2+858段轨道两侧为B型(1.5m×2.0m)桩板挡墙,开挖深度为5.2~7.0m,墩柱中线距离挡墙净距为9.7~10.1m;K2+720—K2+740、K2+740—K2+790及K2+790—K2+830段轨道两侧为A型(2.0m×2.5m)桩板挡墙,开挖深度为6.8~8.5m,墩柱中线距离挡墙净距为8.2~9.5m,其中K2+740—K2+790段为金渝大道下穿金童路门式框架段,该段道路开挖深度最深约为8.5m,桩板式挡墙在轨道桥墩两侧增设横系梁以约束桥墩侧向变形。

4.1.3 工程地质概况

重庆轨道交通3号线控保区内该节点工程的工程地质概况如表4.2所示,涉及的道路和轨道岩土参数情况如表4.3和表4.4所示。

表4.2 工程地质概况表

类别	轨道交通3号线区间暗挖隧道
地形地貌	勘察区属浅切丘陵地貌区,场区及附近为城区,原始地貌已经改变;工程所在地地形起伏小,总体地势北东高南西低,地面高程309~329m,相对高差最大20m,地形坡角小于15°
地层岩性	道路沿线出露地层为第四系土层(Q_4^{ml})、侏罗系中统上沙溪庙组(J_2s)的泥岩、砂岩。土层厚度一般小于3m
地质构造	据调查,区内无断层,地质构造简单,岩体中见两组构造裂隙:L1产状为265°∠49°,结合程度差,无充填,延伸2~5m,间距1~4m;L2产状为346°∠89°,结合程度差,无充填,延伸2~4m,间距2~3.5m。层面裂隙和两组构造裂隙均未见泥化夹层分布,裂面平直,结构面较粗糙,结合程度差,属软弱性结构面。 L1:产状272°∠56°,裂面平,间距0.2~1m,张开度0~2mm,平面延长大于5.0m,结合程度差,少量泥质充填,属硬性结构面。 L2:产状192°∠80°,张开1~3mm,间距大于1m,平面延长大于5.0m,结合程度差,少量泥质充填,属硬性结构面

表4.3 道路岩土参数表

岩土名称	天然重度/(kN/m³)	变形模量E_{so}/10⁴MPa	泊松比	抗压强度/MPa		抗拉强度/kPa	地基承载力基本容许值/kPa	抗剪强度		基底摩擦系数	允许临时边坡值($H<10m$)
				天然	饱和			黏聚力/kPa	内摩擦角/(°)		
填土	20*						180*	5*	25*	0.3	1:1.25
黏性土	19.5*						160*	14*	20*	0.3	1:0.75

续表

岩土名称		天然重度/(kN/m^3)	变形模量E_{s0}/10^4 MPa	泊松比	抗压强度/MPa		抗拉强度/kPa	地基承载力基本容许值/kPa	抗剪强度		基底摩擦系数	允许临时边坡值($H<10m$)
					天然	饱和			黏聚力/kPa	内摩擦角/(°)		
泥岩	强风化	25.9						300			0.35	1:0.35
泥岩	中风化	26.1	0.23	0.35	10.37	6.63	94	700	556	27	0.4	1:0.20
砂岩	强风化	25.3						400			0.35	1:0.35
砂岩	中风化	25.5	0.46	0.21	21.78	15.28	324	1500	1110	33	0.5	1:0.10

注:"*"表示经验值。

表 4.4　轨道岩土参数表

岩性	天然重度/(kN/m^3)	抗压强度/MPa		变形模量E/MPa	弹性模量$E_{弹}$/MPa	泊松比	内摩擦角/(°)	黏聚力c/kPa	桩的极限侧阻力标准值q_{sik}/kPa	弹性抗力系数K_x/(MPa/m)	基底摩擦系数
		自然R_a	饱和R_b								
素填土	20.0*					0.42*	30*(综合)	0	25		0.20*
粉质黏土	19.9*						11*	34*	62	0.30*	0.30*
砂质泥岩(J_2xs)	25.5	15.78	9.44	1800	2100	0.39	33.5*	1182*	140(强风化)	0.40*	0.40*
砂岩(Jzxs)	24.9	39.51	29.64	3800	4500	0.16	42*	1953*	160(强风化)	0.40*	0.45*
砂质泥岩(Jzx)	25.2*	17.94	11.47	2000*	2600*	0.31*	33	1000*	140(强风化)	0.40*	0.40*
砂岩(Jzx)	24.9*	31.92	22.55	5000*	6100*	0.06	43*	2000*	160(强风化)	0.45*	0.45*

注:(1)岩体参数取值,按岩石抗拉强度、c值按0.20倍折减,φ值按0.8倍折减,变形模量按0.75倍折减,泊松比按1.0倍折减。"*"表示经验值。M30砂浆与锚固体黏结强度特征值:中风化泥岩为150kPa,中风化砂岩为300kPa。

(2)结构面抗剪强度参数

岩层层面:黏聚力取50kPa,内摩擦角取18°。

岩体裂隙面:黏聚力取50kPa,内摩擦角取18°。

(3)岩质边坡岩体破裂角

不受外倾结构面控制时,取$45°+\varphi/2$,中风化泥岩为60°,中风化砂岩为65°;受外倾结构面控制时,取$45°+\varphi/2$与外倾结构面中的较小值。

4.1.4　风险识别

将该项目对重庆轨道交通3号线的风险进行识别,如表4.5所示。

表 4.5 项目涉轨风险识别一览表

风险识别	所涉及种类
地层卸载回弹风险	基坑开挖☑ 桩基开挖☐ 暗挖隧道☐ 路堑开挖☑ 墩柱基础基坑☐ 管道沟槽开挖☐ 其他☐
隧道深浅埋状态改变风险	隧道深浅埋状态改变☐
外部加载风险	建筑结构☐ 平场回填☐ 墩柱基础☑ 其他☐
撞击风险	轨道高架区间内修建市政道路、停车场等☐
其他风险	爆破震动☐ 消防疏散☐ 改变控制保护区水文环境☐

根据该节点工程设计资料及轨道 3 号线某站金童路站轨道资料可知,金渝大道下穿金童路道路施工区域位于轨道 3 号线控制保护区内,依据《重庆市轨道交通条例》相关规定需进行风险评估。

该节点工程在轨道墩柱两侧设置重力式及桩板式挡墙结构,对原路面进行开挖,最大开挖深度约为 8.5m,将使轨道墩柱两侧围岩对墩柱的约束情况发生改变,可能导致轨道 3 号线墩柱侧向变形或倾覆破坏。因此,需计算该节点工程下穿结构施工对区间轨道墩柱的变形及内力影响,并利用计算结果对道路及结构施工提出相关建议,为该项目的设计、施工提供技术保障。

4.1.5 评估安全控制指标

根据《城市轨道交通结构检测监测技术标准》(DBJ 50/T—271—2017)、《城市轨道交通结构安全保护技术规范》(CJJ/T 202—2013)中关于轨道交通结构安全控制指标的规定及《重庆轨道交通地铁线路维修规程》(2018 修订版)第十七条轨道静态几何尺寸偏差管理值的规定,分析中采用的变形及行车安全控制指标如表 4.6 所示。

表 4.6 项目评估安全控制指标

项 目	控 制 值	
	Ⅰ～Ⅳ级围岩	Ⅴ、Ⅵ级围岩
隧道结构水平位移	≤10mm☑	≤20mm☐
隧道结构竖向位移	≤10mm☑	≤20mm☐
隧道径向收敛	≤10mm☐	≤20mm☐
隧道变形曲率半径	>15000m☐	
隧道变形相对曲率	<1/2500☐	
TBM 管片接缝张开量	≤2mm☐	
墩台沉降	≤50mm☑	
道床差异沉降	≤10mm☐	
墩台差异沉降	≤20mm☑	
桥墩墩顶顺桥方向水平位移	≤2$\sqrt{L}$ mm☐	
桥墩墩顶横桥方向水平位移	≤2$\sqrt{L}$ mm☐	
隧道结构裂缝宽度	迎水面≤0.2mm☐ 背水面≤0.3mm☐	
隧道结构强度安全系数	≥2.0☐	
震动速度	≤1.5cm/s☐	

续表

项　　目	控　制　值	
	Ⅰ～Ⅳ级围岩	Ⅴ、Ⅵ级围岩
轨道横向高差	<4mm	
轨向高差(矢度值)	<4mm	
轨间距	>-4mm,<+6mm	
道床脱空	≤5mm	

4.1.6　结构安全性计算分析

计算范围内的围岩采用 midas GTS NX SOLID45 三维实体单元计算,锚杆挡墙及下穿金童路地通道采用 SHELL63 三维壳体单元计算。为确保三维模型有足够计算精度并尽量减少计算工作量,对计算范围进行了一定的限制。沿轨道纵向取 300m,垂直于轨道横向取 160m,从地表向下取 80m,建立有限元模型如图 4.3 所示。

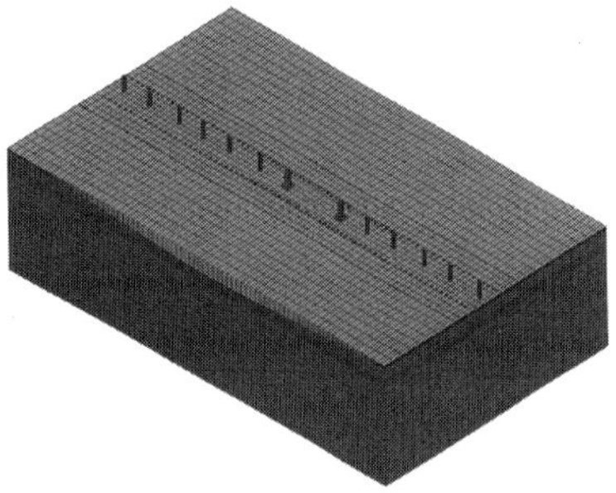

根据轨道设计资料,车站基坑的施工步骤为围护桩施工→分层开挖土体至内支撑结构底标高→加设该层内支撑。

建设项目评估计算指标与控制指标对比情况如表 4.7 所示。

图 4.3　三维有限元模型

表 4.7　评估计算指标与控制指标对比　　　　　　　　单位:mm

指　　标	计　算　值	控　制　值
墩顶沿轨道纵向侧向变形	0.869	≤1
墩顶沿轨道横向侧向变形	0.268	≤1
墩顶竖向变形	-0.728	≤1
相邻墩台沉降量之差	0.79	≤20
墩台均匀沉降量	1.563	≤50

4.1.7　轨道交通保护措施

1. 设计方面

(1)靠近轨道 3 号线高架桥的抗滑桩设计必须加强桩基护壁的厚度,有条件的可增设横撑。

(2)临空高度大于 5m 的桩板式挡墙宜在原轨道桥墩两侧设置拉梁。

(3)建议增加道路范围内的轨道墩柱防撞保护设计。

(4)人行天桥的桥墩中线距离现状轨道桥墩桩墩中线不应小于 3 倍轨道桩基直径(方桩取长边长)。

2. 施工方面

(1)为避免维护桩基施工时震动过大,对轨道 3 号线高架桥运营产生不利影响,在轨道交通控制保护区范围内的抗滑桩施工必须采用人工挖孔成桩,不得采用机械钻孔。

(2) 抗滑桩和下穿道施工时应及时将开挖岩土体运走,严格禁止在轨道高架桥墩柱附近堆载。

(3) 抗滑桩开挖和浇筑时应采取跳桩方式,应避免大范围开挖和同时浇筑。

(4) 抗滑桩开挖时应加强护壁支护,增设横撑,以免桩孔坍塌导致轨道桥墩失稳。

(5) 抗滑桩灌注的混凝土中应添加速凝剂以提高混凝土硬化速度,同时混凝土浇筑时应控制浇筑速度,需避免浇筑过快对轨道高架桥产生较大侧压。

(6) 抗滑桩挡土板应采用逆作法施工,开挖一部分土层施工一部分挡板,及时支护各桩基间的岩土体。

(7) 下穿道路路基严禁强夯施工,应选用震动较小的压路机械。

(8) 轨道两侧的下穿道须对称施工,以免引起轨道桩墩偏载。

3. 监测方面

(1) 项目施工前对每个桥墩的初始状态进行原始数据收集及监测(如桥墩初始墩底、墩顶标高、垂度、墩身裂缝情况等)。

(2) 在施工区间的每个桥墩布置变形监测措施,施工过程中及时监测每个桥墩的变形情况,如遇到异常变形应立即停止施工,找到原因并妥善处理后方可继续施工。

(3) 项目施工完成后应继续监测轨道桥墩一段时间。

(4) 采用自动化监测。

4.1.8 案例总结

该项目影响范围内为轨道交通 3 号线的高架部分,平行于轨道线路方向开挖。项目在现状金渝大道上增设下穿道,采用金渝大道下穿金童路,要注意项目基坑开挖对区间高架的位移影响。避免施工使墩柱侧边围岩对墩柱的约束情况发生改变,导致墩柱侧向变形或倾覆破坏。建议采用较强的基坑支护方式,两侧对称开挖。

4.2 SZ02 号项目

4.2.1 建设项目工程概况

该项目位于重庆市北部新区,与东侧的某立交距离约为 1km。该项目主线为城市主干路,功能以交通性和服务性为主,项目涉轨概况如表 4.8 所示。该项目按照近期方案开凿设计。立交范围均在现状道路范围内,仅新建一座下穿地通道,其他交通均在现状地面完成,建设项目与轨道交通位置关系如图 4.4 所示。目前项目主线和轨道交通 6 号线高架区间段为已建成结构,主线两大道为平交路口。

表 4.8 SZ02 号项目涉轨概况一览表

项目名称	SZ02 号项目
项目类型	房建☐ 路桥隧☑ 铁路☐ 航空☐ 管线☐ 枢纽☐ 港口☐ 其他☐

续表

项目性质	新建☑ 改(扩)建☐
相关线路名称	轨道交通 6 号线大竹林—黄桷坪高架桥区段
项目与轨道的关系概况	位于轨道的(区间☑ 车站☐ 车场☐ 设施设备☐)控制保护区范围内
	与轨道主体结构(设施)最小水平净距为 2.6m
项目施工期间(建成后)对轨道交通安全影响的主要风险因素	基坑开挖☑ 桩基开挖☐ 建筑施工☑ 边坡维护☐ 道路施工☐ 隧道开挖☐ 管道施工☐ 其他☐

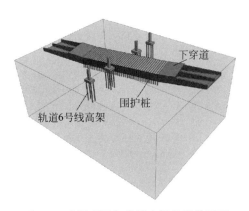

图 4.4 建设项目与轨道交通位置关系图

该项目下穿道起点桩号 K2+083,终点桩号 K2+178,全长 95m,为箱型明挖结构。下穿道两端为重力式挡墙支护的敞口段结构。

4.2.2 轨道交通概况

本项目地块位于轨道交通 6 号线大竹林—黄桷坪高架桥区段,下穿道所穿越高架桥区段为(30+48+27)m 连续梁桥(墩柱编号为 DH08~DH11),梁体采用单箱单室等高度斜腹板箱型截面,箱梁采用全预应力理论设计。高架桥墩柱高 11.5m,承台高 2.5m,其中 DH08、DH11 为五桩承台,DH09、DH10 为八桩承台,桩基采用钻孔灌注桩施工。根据施工图资料可知:DH08 桩基础长 26m,桩底高程 204.9m;DH09 桩基础长 21m,桩底高程 210.2m;DH10 桩基础长 23m,桩底高程 208.7m;DH11 桩基础长 19m,桩底高程 213.0m。

平面关系上该项目下穿道与轨道交通 6 号线为斜交状态,交角约 77°。下穿道结构两侧内边线(不包括侧板结构厚度)距轨道交通 6 号线(DH09 和 DH10)桥墩承台基础距离分别约为 3.8m 和 6.2m。该项目下穿道结构横剖情况如图 4.5 所示。该项目某大道与轨道交通 6 号线走向一致,轨道交通 6 号线在该项目某大道中央分隔带布置高架桥的桥墩与基础结构。

4.2.3 工程地质概况

重庆轨道交通 6 号线控保区内该项目的工程地质概况如表 4.9 所示,涉及的岩土参数情况如表 4.10 所示。

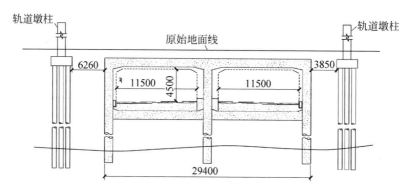

图 4.5 SZ02 号项目下穿道结构横剖图

表 4.9 工程地质概况表

地形地貌	勘察区原属构造剥蚀浅丘斜坡地貌,由于修建金州大道及轻轨 6 号线,对场地进行整平。场区大部分地段地形平缓,地形坡度小于 5°,仅场地南西侧由修建市政道路及轻轨形成填方边坡坡度 30°～35°
地层岩性	通过工程地质测绘、钻探揭示以及调查测绘发现,拟建场地内地层有第四系人工素填土(Q_4^{ml})、第四系全新统残坡积层(Q_4^{el+dl})及侏罗系中统沙溪庙组(J_2s)的砂岩、泥岩
地质构造	拟建场地位于龙王洞背斜的西翼,岩层产状平缓,经现场勘察,区内未见有断层及活动断裂带分布,地质构造简单。 据野外调查,区内岩层产状 292°∠14°,为结合程度差的硬性结构面。主要发育 2 组裂隙: 裂隙 1:38°∠75°,裂面较平直,偶见泥质充填,裂面张开 1～3mm,可见最大张开 5mm,裂隙间距 0.5～1.5m,延伸 1.0～3.0m,结构面结合程度差,为硬性结构面。 裂隙 2:235°∠68°,裂面较直,裂面张开 1～3mm,裂隙间距 0.5～1.5m,延伸 3.0～5.0m,结构面结合差,为硬性结构面

表 4.10 岩土参数表

地层代号		Q_4^{ml}	Q_4^{el+dl}	J_2s		结构面 J1、J2
岩性		素填土	粉质黏土	砂岩	泥岩	
风化程度				中等风化	中等风化	
重度/(kN/m³)		20	20	24.9	25.5	
岩石单轴极限抗压强度标准值/MPa	自然			27	12.7	
	饱和			18.5	7.8	
岩石地基承载力基本值/kPa			150	2500	900	
地基承载力特征值/kPa		100	150	5550	2340	
内摩擦角/(°)		30	12	42	33	18
黏聚力 c/kPa			24	1960	795	50
锚杆混凝土与岩石的黏结强度/MPa				0.4	0.25	
围岩	弹性模量/MPa			3880	1317	
	泊松比			0.1	0.34	
	弹性波速 V_p/(m/s)			3196～3405	3047～3399	

续表

				0.68～0.74	0.67～0.76
围岩	岩体完整性系数 K				
	弹性抗力系数/(MPa/m)			300	250
	抗拉强度/kPa			576	204
围岩与圬工的摩擦系数		0.3	0.25	0.6	0.45
岩土体静力侧压系数			0.8	0.45	0.55

4.2.4 风险识别

将该项目对重庆轨道交通6号线的风险进行识别,如表4.11所示。

表4.11 项目涉轨风险识别一览表

风 险 识 别	所 涉 及 种 类
地层卸载回弹风险	基坑开挖☑ 桩基开挖☑ 暗挖隧道☐ 路堑开挖☐ 墩柱基础基坑☐ 管道沟槽开挖☐ 其他☐
隧道深浅埋状态改变风险	隧道深浅埋状态改变☐
外部加载风险	建筑结构☐ 平场回填☐ 墩柱基础☐ 其他☐
撞击风险	轨道高架区间内修建市政道路、停车场等☐
其他风险	爆破震动☐ 消防疏散☐ 改变控制保护区水文环境☐

根据该项目下穿道设计方案,下穿道施工需要在填土层中向下开挖约10.5m,开挖宽度约29.4m。轨道交通6号线桩基础紧邻下穿道开挖边界,结构外边线距轨道交通6号线DH09承台最近距离2.6m(2.6～4.7m),距轨道交通6号线DH10承台最近距离5.0m(5.0～7.2m)。尽管该项目下穿道设计采用盖挖法施工,施工前通过采取设置围护桩和在底板增加横撑等措施减小基坑开挖对轨道交通6号线桩基础的变形影响,但由于两结构之间距离较近,并且填土层较深,所以根据工程经验无法判断下穿道设计采用的施工方法和支挡措施是否能确保施工中轨道交通6号线的安全运营。因此,需要进一步分析,模拟该项目下穿道施工对轨道交通6号线高架桥内力、变形的影响,并利用计算结果对下穿道施工方案提出相关建议,为该项目的设计、施工安全提供技术保障。

4.2.5 评估安全控制指标

根据《城市轨道交通结构检测监测技术标准》(DBJ 50/T—271—2017)、《城市轨道交通结构安全保护技术规范》(CJJ/T 202—2013)中关于轨道交通结构安全控制指标的规定及《重庆轨道交通地铁线路维修规程》(2018修订版)第十七条轨道静态几何尺寸偏差管理值的规定,分析中采用的变形及行车安全控制指标如表4.12所示。

表4.12 项目评估安全控制指标

项 目	控 制 值	
	Ⅰ～Ⅳ级围岩	Ⅴ、Ⅵ级围岩
隧道结构水平位移	≤10mm☑	≤20mm☐
隧道结构竖向位移	≤10mm☑	≤20mm☐

续表

项 目	控制值	
	Ⅰ～Ⅳ级围岩	Ⅴ、Ⅵ级围岩
隧道径向收敛	≤10mm	≤20mm
隧道变形曲率半径	>15000m	
隧道变形相对曲率	<1/2500	
TBM管片接缝张开量	≤2mm	
道床沉降	≤10mm	
道床差异沉降	≤10mm	
墩台差异沉降	≤10mm	
桥墩墩顶顺桥方向水平位移	$≤2\sqrt{L}$ mm	
桥墩墩顶横桥方向水平位移	$≤2\sqrt{L}$ mm	
隧道结构裂缝宽度	迎水面≤0.2mm	
	背水面≤0.3mm	
隧道结构强度安全系数	≥2.0	
震动速度	≤1.5cm/s	
轨道横向高差	<4mm	
轨向高差(矢度值)	<4mm	
轨间距	>−4mm,<+6mm	
道床脱空	≤5mm	

4.2.6 结构安全性计算分析

项目计算范围内的围岩采用 midas GTS NX 中的 SOLID45 三维实体单元计算,轨道交通 6 号线高架桥基础和桥墩采用 SOLID45 三维实体单元、通道施工维护桩和横撑采用 BEAM188 三维梁单元、下穿通道结构衬砌采用 SHELL63 三维壳体单元计算,具体有限元模型如图 4.6 所示。

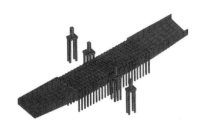

图 4.6 三维有限元模型

项目计算荷载如下:

根据轨道设计资料,车站基坑的施工步骤为围护桩施工→分层开挖土体至内支撑结构底标高→加设该层内支撑。

轨道交通 6 号线运营情况下结构自重和运营列车产生的竖向、侧向荷载取值见表 4.13。

表 4.13 高架桥墩柱荷载组合 单位:kN

组合名称	竖直荷载	顺桥向水平荷载	横桥向水平荷载
双线双跨有车(主力+纵向附加力)	5416	204	88
单线双跨有车(主力+纵向附加力)	4751	153	44
双线单跨有车(主力+纵向附加力)	5214	176	75
单线单跨有车(主力+纵向附加力)	4650	132	37

该项目下穿道影响范围内的轨道交通 6 号线高架桥为双线双跨桥梁,因此竖向荷载按照单墩 5416kN、顺桥向水平荷载按 204kN、横桥向水平荷载按 88kN 取值。

该项目运营期间,作用在通道底板上的道路车辆荷载按 30kPa 计算。

建设项目评估计算指标与控制指标对比如表 4.14 所示。

表 4.14 评估计算指标与控制指标对比　　　　　　　　单位:mm

指　　标	计　算　值	控　制　值
桩基侧向位移	8.57	≤10
承台侧向位移	8.42	≤10
墩顶侧向位移	7.15	≤10

4.2.7　轨道交通保护措施

1. 设计方面

靠近轨道交通 6 号线高架桥的维护桩设计必须增加桩孔护壁的厚度和护壁配筋,有条件的可增设横撑和地基梁。

2. 施工方面

(1) 为避免维护桩基施工时震动过大对轨道交通 6 号线高架桥运营产生不利影响,在轨道交通控制保护区范围内的维护桩施工必须采用人工挖孔成桩,不得采用机械钻孔。轨道保护红线以外的维护桩施工可以采用机械钻孔,但需要控制震动速度。

(2) 维护桩和地下通道施工时应及时将开挖岩土体运走,严格禁止在轨道高架桥墩柱附近堆载。

(3) 维护桩开挖和浇筑时应采取跳桩方式,跳桩距离应超过相邻的两个桩基距离,同时应避免大范围开挖和同时浇筑。

(4) 开挖时应及时修建底部横撑,以增加维护桩底部抗侧向变形能力。

(5) 地下通道底部为回填土层,增加地基承载能力不能采用强夯的方法,需采用对地层扰动较小的地基处理方式,以避免对轨道高架桥基础产生不利影响。

(6) 抗滑桩间的挡土板应采用逆作法施工,挡土板应随地下通道开挖及时施工,防止桩间土体因挡土板施工不及时而发生松动,降低土体对轨道高架桥桩基的有效约束。

(7) 施工时应严格按照逆作法施工程序,加大跳桩施工间距,加强防水措施并制定应急预案,确保工程安全。

3. 监测方面

该项目下穿道建设时,应委托第三方监测单位对施工过程中的轨道交通 6 号线高架桥的变形进行监控,确保下穿通道施工对轨道交通 6 号线高架桥变形的影响符合安全运营要求。

4.2.8　案例总结

该项目影响范围内为轨道交通 6 号线的高架部分,项目下穿部分与轨道交通线路为斜交状态。项目仅新增一座下穿地通道,其开挖边界紧邻轨道桩基础,要注意开挖对轨道桩基础的内力和变形的影响。需注意两结构之间距离较近且填土层较厚的不利影响。建议加强维护桩的设计,并在施工时采用人工挖空成桩,以控制施工过程中产生的震动,同时对高架桥的变形进行监测,保证运营安全。

4.3 SZ03号项目

4.3.1 建设项目工程概况

该改造工程位于重庆市沙坪坝区,北靠商业核心区,南接石碾盘、小龙坎片区,并与公园紧邻,项目涉轨概况如表4.15所示。项目用地主要为铁路站场部分、铁路与站东路间重庆八中以西区域以及铁路站场南侧少量用地。

表4.15 SZ03号项目涉轨概况一览表

项目名称	SZ03号项目
项目类型	房建□ 路桥隧□ 铁路□ 航空□ 管线□ 枢纽☑ 港口□ 其他□
项目性质	新建□ 改(扩)建☑
相关线路名称	轨道交通9号线沙坪坝站、轨道交通环线沙—天区间隧道
项目与轨道的关系概况	位于轨道的(区间□ 车站☑ 车场□ 设施设备□)控制保护区范围内 与轨道主体结构(设施)最小竖向距离为3.0m
项目施工期间(建成后)对轨道交通安全影响的主要风险因素	基坑开挖☑ 桩基开挖□ 建筑施工☑ 边坡维护□ 道路施工□ 隧道开挖☑ 管道施工□ 其他□

该项目在控制保护区内基坑最大开挖深度约为30.5m,轨道西南侧有五层地下室,最大开挖深度约为25.3m;地块东南角及西北角轨道正上方有两层地下室,最大开挖深度约为10.7m,中部轨道正上方有三层地下室,其中第三层地下室修建建筑荷载转换结构,最大开挖深度约为17.4m。两端悬臂保护段,轨道保护结构桩基与区间隧道结构净距不小于7.0m,保护结构锚索与轨道结构净距不小于5.0m,基坑开挖后轨道结构上部覆土厚度不小于12.8m;对拉保护段,轨道保护结构桩基与区间隧道结构净距分别不小于5.0m及8.0m,基坑开挖后轨道结构上部覆土厚度不小于7.3m。

4.3.2 轨道交通概况

轨道交通9号线区间隧道及地下车站两侧各50m范围内为轨道保护线区域,环线沙坪坝至天星桥区间隧道受该改造工程影响长度约为180m。建设项目与轨道交通平面关系如图4.7所示。

本项目站南路隧道全长275m,其中ZNK0+150—ZNK0+336段位于轨道交通9号线控制保护区范围内。站南路隧道于ZNK0+230.43上跨规划轨道交通9号线左线区间隧道,于ZNK0+256.85上跨规划轨道交通9号线右线区间隧道;此段9号线区间结构均为单线单洞区间隧道,爆破法施工。

站西路下穿道全部位于轨道交通9号线控制保护区范围内,此段9号线区间结构均为

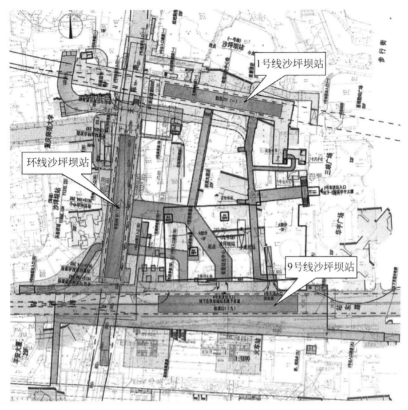

图 4.7 建设项目与轨道交通平面关系示意图

单线单洞区间隧道,钻爆法施工。

枢纽工程的超高层双塔写字楼 A 座、高铁上盖广场及部分商业裙楼和地下停车库位于轨道环线控制保护区范围内。轨道交通环线在 YK15+554.14—YK15+622.62 段下穿成渝高铁沙坪坝站。成渝环线沙坪坝站设计为暗挖车站,采用复合式衬砌,钻爆法施工。

4.3.3 工程地质概况

重庆轨道交通 9 号线控保区内该改造工程的工程地质概况如表 4.16 所示,涉及的岩土参数情况如表 4.17 所示。

表 4.16 工程地质概况表

	轨道交通 9 号线区间暗挖隧道	建 设 项 目
地形地貌	勘察区域为低丘地貌单元,整个场地较平坦,地形坡角多为 2°~13°,局部地段边坡坡角达 90°,均已支挡。勘察区最高点位于场地东南侧原铁路隧道洞口,高程约 258.50m,最低点位于场地西南侧拟建站南路起点附近,高程约为 235.80m,场地最大高差 22.70m。综上可知,场地地形地貌简单	沙坪坝火车站铁路枢纽综合改造工程位于沙坪坝既有火车站及其周边区域,属丘陵河谷侵蚀地貌,地势平坦,局部较陡。人类活动强烈,已经人工后期改造,主要为城市主干道、铁路、公路、各种工商业和民用建筑及多处地下洞室,边坡较多,高 3~8m,均采用支挡措施进行支挡,自然坡度一般为 2°~13°,地面高程 235~260m

地层岩性	测区内岩土层从新至老依次为第四系全新统人工填土、残坡积层，下伏侏罗系中统沙溪庙组粉砂岩、泥岩及砂岩
地质构造	位于沙坪坝背斜南东翼倾末端，岩层呈单斜产出，层面较平缓，产状变化大，岩层产状150°∠10°(N60°E/10°SE)。发育有2组： ① 组产状263°∠78°(N7°W/78°SW)，裂面平直，裂缝张开，宽0.2~6.5cm，间距1.5~2.8m/条，有少量岩屑充填，结合程度差，属硬性结构面； ② 组产状350°∠83°(N80°E/83°NW)，平直，裂隙宽0.3~5.4cm，间距0.7~2.1m/条，有少量岩屑充填，结合程度差，属硬性结构面。 泥岩中多见网状风化裂隙

表4.17 岩土参数表

岩性	重度/(kN/m³) 天然	重度/(kN/m³) 饱和	与锚固体黏结强度特征值/kPa	抗压强度标准值/MPa 天然	抗压强度标准值/MPa 饱和	地基承载力特征值/kPa	基底摩擦系数	水平抗力系数/(MN/m³)	临时边坡坡率
素填土	19.8*	20.5*				150*	0.3*		1:1.25
粉质黏土	19.23	20.3*				150*	0.3*		1:1.25
粉砂岩	26.0*	26.5*				300*	0.3*		1:0.50
强风化泥岩	25.5*	26.0*				250*	0.35*	25*	1:0.50
中等风化泥岩	24.95	25.19	200*	10.23	6.4	2112	0.45*	60*	1:0.35
强风化砂岩	24.5*	25.0*				300*	0.35*	30*	1:0.50
中等风化砂岩	25.25	25.45	550*	40.98	35.42	11688	0.65*	360*	1:0.35

注："*"表示经验值。

本次评估采用的岩土参数以该改造工程以及轨道交通环线天—沙区间地勘资料为基础，取各项参数较小值，并根据以往工程经验对部分岩土力学参数进行一定的折减，得到计算分析采用的岩土力学参数如表4.18所示。

表4.18 评估采用的岩土参数表

岩性	重度/(kN/m³) 天然	重度/(kN/m³) 饱和	抗压强度标准值/MPa 天然	抗压强度标准值/MPa 饱和	水平抗力系数/(MN/m³)	弹性模量/MPa	泊松比	黏聚力/MPa	内摩擦角/(°)
素填土	19.8*	20.5*	1						
粉质黏土	19.23	20.3*	1	1		4.638			
粉砂岩	26.0*	26.5*	1						
强风化泥岩	25.5*	26.0*			25*				
中等风化泥岩	24.95	25.6	10.23	6.4	60*	1120	0.33	0.324	32.4

续表

岩性	重度 /(kN/m³)		抗压强度标准值 /MPa		水平抗力系数 /(MN/m³)	弹性模量 /MPa	泊松比	黏聚力 /MPa	内摩擦角/(°)
	天然	饱和	天然	饱和					
强风化砂岩	24.5*	25.0*			30*				
中等风化砂岩	25.25	25.45	40.98	35.42	360*	3460	0.252	1.108	37.3

注:"*"表示经验值。

4.3.4 风险识别

将该项目对重庆轨道交通9号线的风险进行识别,如表4.19所示。

表4.19 项目涉轨风险识别一览表

风险识别	所涉及种类
地层卸载回弹风险	基坑开挖☑ 桩基开挖☐ 暗挖隧道☑ 路堑开挖☐ 墩柱基础基坑☐ 管道沟槽开挖☐ 其他☐
隧道深浅埋状态改变风险	隧道深浅埋状态改变☑
外部加载风险	建筑结构☑ 平场回填☐ 墩柱基础☐ 其他☐
撞击风险	轨道高架区间内修建市政道路、停车场等☐
其他风险	爆破震动☐ 消防疏散☐ 改变控制保护区水文环境☐

该项目整体位于轨道正上方,项目实施对轨道结构存在如下风险:

(1)上部建筑荷载对区间隧道顶部产生附加荷载,改变隧道的受力情况,使区间隧道结构偏于不安全。

(2)隧道紧邻基坑开挖会对先建的轨道交通区间隧道结构产生影响。

4.3.5 评估安全控制指标

根据《城市轨道交通结构检测监测技术标准》(DBJ 50/T—271—2017)、《城市轨道交通结构安全保护技术规范》(CJJ/T 202—2013)中关于轨道交通结构安全控制指标的规定及《重庆轨道交通地铁线路维修规程》(2018修订版)第十七条轨道静态几何尺寸偏差管理值的规定,分析中采用的变形及行车安全控制指标如表4.20所示。

表4.20 项目评估安全控制指标

项 目	控 制 值	
	Ⅰ~Ⅳ级围岩	Ⅴ、Ⅵ级围岩
隧道结构水平位移	≤10mm☐	≤20mm☑
隧道结构竖向位移	≤10mm☐	≤20mm☑
隧道径向收敛	≤10mm☐	≤20mm☐

续表

项 目	控 制 值	
	Ⅰ～Ⅳ级围岩	Ⅴ、Ⅵ级围岩
隧道变形曲率半径	>15000m	
隧道变形相对曲率	<1/2500	
TBM管片接缝张开量	≤2mm	
道床沉降	≤10mm	
道床差异沉降	≤10mm	
墩台差异沉降	≤10mm	
桥墩墩顶顺桥方向水平位移	≤$2\sqrt{L}$ mm	
桥墩墩顶横桥方向水平位移	≤$2\sqrt{L}$ mm	
隧道结构裂缝宽度	迎水面≤0.2mm 背水面≤0.3mm	
隧道结构强度安全系数	≥2.0	
震动速度	≤1.5cm/s	
轨道横向高差	<4mm	
轨向高差(矢度值)	<4mm	
轨间距	>-4mm、<+6mm	
道床脱空	≤5mm	

4.3.6 结构安全性计算分析

本项目结构安全性采用 midas GTS 有限元软件进行计算分析。根据控制保护区范围及沙坪坝枢纽工程与轨道交通相关设施的相对位置关系,建立计算模型如图 4.8 所示。该模型模拟了沙坪坝枢纽工程建设对轨道交通 9 号线沙坪坝站站前区间结构的影响,主要分析基坑开挖、站西站东路连接道建设、枢纽建筑结构建设(主要为高层公寓 C 座 31/−8F)及后续荷载对轨道交通结构变形及稳定性的影响。

项目计算步骤如下:

(1) 初始状态(含周边原有建筑结构荷载及地层信息);

(2) 9 号线区间隧道开挖及建设;

(3) 沙坪坝枢纽基坑开挖(下穿道及建筑基坑一并开挖);

(4) 站西站东路下穿道结构建设;

(5) 站西站东路下穿道上部回填及枢纽建筑结构基础建设;

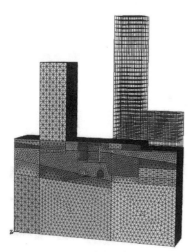

图 4.8 三维有限元模型

(6) 枢纽建筑上部结构建设及后期正常使用工况荷载。

各施工步骤轨道区间隧道结构的累计水平位移情况如图 4.9 所示。

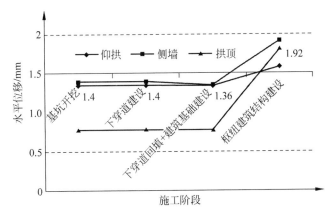

图 4.9　各施工步骤轨道区间隧道结构累计水平位移曲线

建设项目评估计算指标与控制指标对比如表 4.21 所示。

表 4.21　评估计算指标与控制指标对比　　　　　　　　　单位：mm

指　标	计　算　值	控　制　值
隧道结构水平位移	1.92	≤20
隧道结构竖向位移	10.43	≤20
隧道结构裂缝宽度	0.11	≤0.2

4.3.7　轨道交通保护措施

1. 结构工程保护措施

(1) 采用较严格的抗震构造措施及抗震等级。整体结构的抗震构造措施均提高一级，按 7 度考虑，以提高抗震能力。整体结构的抗震设防分类按乙类，抗震等级按三级考虑。

(2) 车站顶部各层荷载按最不利情况考虑。各层恒荷载按实际铺装层厚度及材料容重计算确定，各层活荷载按最不利情况考虑。

(3) 结构分析计算时，不考虑活荷载按楼层数的折减，以提高转换梁的安全储备。

(4) 对结构整体进行建模及计算分析。

(5) 建筑方案在靠近轨道、隧道时减少地下室层数。

(6) 隧道顶部建筑基础采用整体性好的墙下条形基础（基础线荷载约 1400kN/m），尽量增大基础宽度，减小基底应力。建筑基础与隧道拱顶间留出足够的岩体高度，根据现有条件，岩土厚度为 6.5~7.1m，地层为中风化砂岩。

(7) 相邻跨柱基采用桩基础（距隧道结构水平净距 1.8~11.5m）。

(8) 对高层公寓 C 栋深基坑部分，在负 6 层以下垂直线路方向室内设置丁字混凝土墙，增大负 6 层以下楼板厚度，室外用 C25 混凝土填实外墙与基坑开挖线之间的空隙，为周边岩体提供侧向约束。

(9) 建筑桩基及墙下条形基础均采用人工开挖，不得采用爆破及机械开挖。

(10) 房屋施工时加强对轨道、隧道的监控量测，及时反馈情况。

(11) 9 号线、环线隧道设计时考虑结构加强措施。

2. 基坑工程保护措施

（1）根据9号线区间隧道位置及高程，合理布置板肋式锚杆支护位置以及锚杆下倾角度。在保证边坡稳定的同时减小对区间隧道的影响，并加强9号线区间隧道洞口支护。

（2）环线区间隧道施工损坏岩层完整性，影响基坑锚杆锚固效果，建议隧道采用低扰动施工方法。

3. 监测方面

（1）项目实施前，进行轨道结构现状调查。

（2）在评估所得的轨道变形最大区域加密监测点布设。

（3）全过程信息化施工，实时注意施工各步骤与区间隧道监测数据的联动。尤其是在开挖至典型阶段时，重点分析区间隧道检测数据，分析变形发展趋势，待确定变形稳定且未超过预警值时方可继续下一个步骤的施工。

4. 区间隧道裂缝处置

项目实施到一定阶段后（隧道变形及裂缝开展稳定），对区间隧道超过0.2mm的裂缝进行封闭处理。

4.3.8 案例总结

该项目影响范围为轨道交通9号线和轨道交通环线交错区域，项目与轨道交通关系复杂，且靠近商业核心区，部分隧道及下穿道与9号线区间隧道交叉重叠，建设车站位于环线区间隧道之上。项目施工要注意隧道紧邻基坑开挖会对先建的轨道交通区间隧道结构产生影响。项目开挖区域上部建筑荷载对区间隧道顶部产生附加荷载，会影响结构的变形和稳定性，使区间隧道结构偏于不安全。建议采用严格的结构工程保护措施和基础工程保护措施，提高结构的抗震能力，保证边坡稳定及其对区间隧道的影响，并加强施工过程中的检测和裂缝处置。

4.4 SZ04号项目

4.4.1 建设项目工程概况

该隧道工程位于内环某隧道北侧，四横线分流道鹿角隧道南侧，西起A立交（不含该立交），往东穿越铜锣山，止于内环B立交（不含B立交），项目涉轨概况如表4.22所示。项目全线长约6.8km，采用主干路标准，设计车速60km/h，标准路幅为双向6车道，主要工程包括长隧道1座（该隧道长约2.6km）、互通式立交2座（C立交、D立交）。本项目C立交下穿轨道交通3号线岔路口—花溪高架区间、某站、某站及花溪—大山村高架区间控制保护区范围内，建设项目与轨道保护平面关系如图4.10所示。

表4.22 SZ04号项目涉轨概况一览表

项目名称	SZ04号项目
项目类型	房建□　路桥隧☑　铁路□　航空□ 管线□　枢纽□　港口□　其他□
项目性质	新建☑　改（扩）建□

续表

相关线路名称	轨道交通3号线岔路口—花溪高架区间、某站、某站及花溪—大山村高架区间
项目与轨道的关系概况	位于轨道的(区间☑ 车站☑ 车场□ 设施设备□)控制保护区范围内
	与轨道主体结构(设施)最小水平净距为1.1m
项目施工期间(建成后)对轨道交通安全影响的主要风险因素	基坑开挖□ 桩基开挖□ 建筑施工□ 边坡维护□ 道路施工☑ 隧道开挖☑ 管道施工□ 其他□

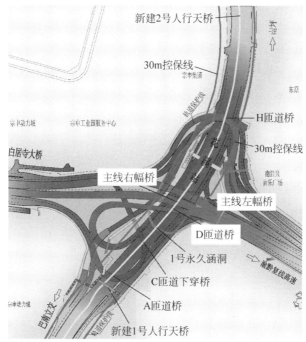

图 4.10 建设项目与轨道保护平面关系示意图

图4.10中黄色线代表轨道3号线,C立交段位于轨道交通3号线控制保护区范围内,包括C立交主线2号桥左右幅、A匝道桥、C匝道下穿桥、D匝道桥、H匝道2号桥、1号新建人行天桥、2号新建人行天桥、1号改建人行天桥、2号改建人行天桥、2号人行地通道、1号永久涵洞,支挡结构包括1号、2号、3号、4号、5号、6号、14号、16号、19号挡墙。

主线2号桥与轨道交通3号线的断面关系如图4.11所示。其中,主线2号桥左幅K3+104.327—K3+170.258段进入轨道交通3号线控制保护区,于K3+137.832处与轨道交通3号线平面交叉,主线2号桥左幅位于轨道交通3号线某站8号轴与NQ06D01号桥墩之间。2号桥左幅位于控制保护区内,一共3个桥墩,桥墩编号为4号、5号、6号,其中,5号桥墩与轨道NQ06D01号桥墩及某站8轴位置边墩距离最近,5号桥墩承台距轨道NQ06D01号桥墩承台的最小水平距离为3.0m,距离某站8轴位置边墩最小水平距离为2.5m,桥面边线距离轨道NQ06D01号桥墩最小平面距离为1.1m,桥面边线距离轨道某站桥墩最小水平距离为1.4m。

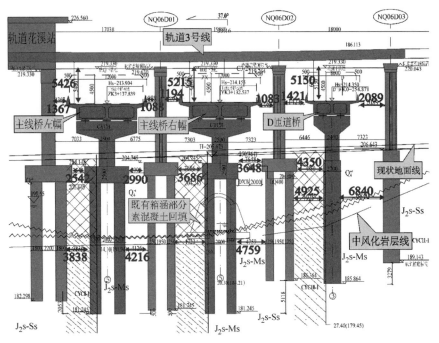

图 4.11　主线 2 号桥与轨道交通 3 号线典型断面图

主线 2 号桥右幅 K3+097.643—K3+165.971 段进入轨道交通 3 号线控制保护区,于 K3+132.732 处与轨道交通 3 号线平面交叉,主线 2 号桥右幅位于轨道交通 3 号线 NQ06D01 号桥墩与 NQ06D02 号桥墩之间。桥梁边线距轨道 NQ06D02 号桥墩最小平面距离为 1.1m,位于轨道保护线范围内的桥墩有 2 号桥右幅 4 号、5 号、6 号桥墩。主线 2 号桥右幅与轨道交通 3 号线平面关系如图 4.12 所示。

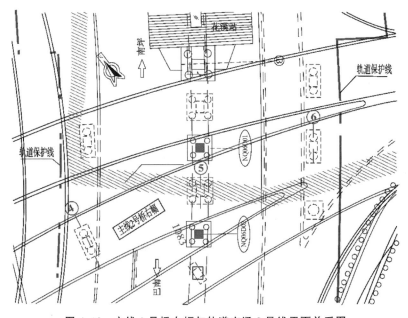

图 4.12　主线 2 号桥右幅与轨道交通 3 号线平面关系图

C匝道车行地通道 CK0+164.093—CK0+321.479 段进入轨道交通 3 号线控制保护区,于 CK0+286.544 处与轨道交通 3 号线中心线平面交叉,C匝道车行地通道与轨道相交处位于轨道交通 3 号线 NQ06D05 号桥墩与 NQ06D06 号桥墩之间。地通道主体结构边线距轨道承台最小平面距离为 7.0m,距轨道桩基最小平面距离为 8.5m,两者的关系如图 4.13 和图 4.14 所示。

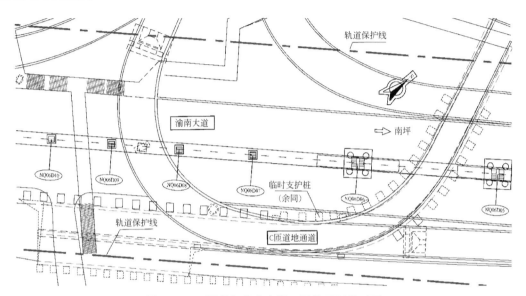

图 4.13 C匝道与轨道交通 3 号线平面关系图

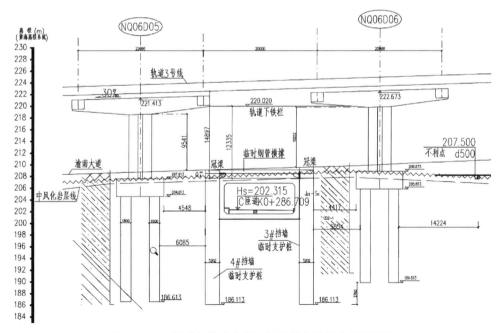

图 4.14 C匝道与轨道交通 3 号线斜交位置典型断面图

C 匝道车行地通道下穿现状轨道交通 3 号线及渝南大道，地通道开挖前，两侧设置临时桩基，施工时先施工临时桩基，待桩基达到设计强度后架设工字钢横撑，铺设钢板形成便桥，在钢便桥建设完成并通车后再进行地通道的主体施工。C 匝道临时支护构造如图 4.15 所示。

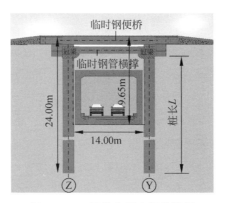

图 4.15　C 匝道临时支护构造图

1 号永久涵洞全长约 385 m，为保证现状轨道交通的安全，同时尽量减少对现状渝南大道交通的影响，在下穿轨道及渝南大道段涵洞采用暗挖结构形式，暗挖段长 47.0 m，拱形断面，毛洞宽度 5.8 m，洞高 7.0 m，采用锚喷复合衬砌进行支护，其余段则采用支护＋放坡的形式进行开挖，箱形断面。

暗挖段下穿轨道交通 3 号线 NQ06D04 与 NQ06D05 号桥墩之间，涵洞主体与轨道桩基的最小平面距离约为 9.7 m。两者的平面关系如图 4.16 所示。

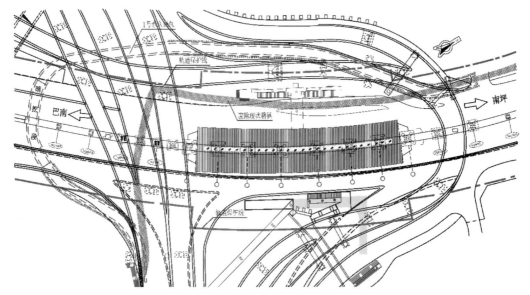

图 4.16　1 号永久涵洞与轨道交通 3 号线平面关系图

1 号永久涵洞下穿轨道处剖面关系如图 4.17 所示。

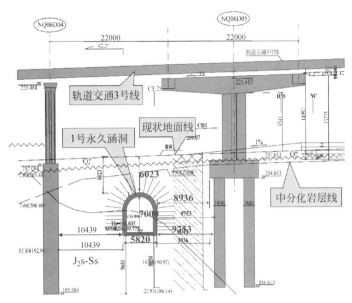

图 4.17　1 号永久涵洞下穿轨道交通 3 号线位置典型断面图

4.4.2　轨道交通概况

重庆轨道交通 3 号线采用跨座式单轨交通制式,本项目中与之交会的站点为某站以及某站前后高架区间,站台类型为高架侧式,实景如图 4.18 所示。本次 B 立交侵入某站控制保护区范围内的轨道墩桩轴号为 NQ06D01～NQ06D19,NQ05D82～NQ05D84,以及某站全部 0～8 号轴,轨道桥墩跨径为 18～19m,桥墩之间结构间距为 16.2～17.2m,结构净空均大于 13.2m。

图 4.18　轨道交通 3 号线某站附近高架桥实景照片

本项目位于轨道保护线范围内的 NQ06D01～NQ06D19 号墩桩中,其中 NQ06D05、NQ06D06 为四桩承台基础,桩基直径为 1.8m,承台尺寸为 8.3m×8.3m;NQ06D16、NQ06D17 也为四桩承台基础,桩基直径为 1.25m,承台尺寸为 5.6m×5.6m;其余均为独桩基础,桩基为 2.5m×2.5m 方桩基础。某站台全部采用四桩承台基础,桩基尺寸均为

1.6m,承台尺寸为7.7m×7.7m。NQ05D82～NQ05D84均采用四桩承台基础,桩基直径为1.5m,承台尺寸为6.25m×6.25m。

4.4.3 工程地质概况

场地内岩层产状270°～285°∠52°～60°,其优势产状约280°∠57°,层间结构面结合程度差,属软弱结构面。

岩体中主要发育两组裂隙,裂隙J1:倾向85°～105°,倾角20°～35°,其优势产状约95°∠23°,裂隙面平直,宽度1～3mm,局部有泥质、岩屑碎石或方解石充填,裂隙间距1～4m,延伸一般5～8m;结构面发育程度好,结合程度差,属硬性结构面。

裂隙J2:倾向180°～205°,倾角65°～80°,其优势产状约195°∠70°,裂隙面较粗糙,宽1～3mm,局部有泥质、岩屑碎石或方解石充填,裂隙间距2～6m,延伸3～5m,结合程度差,属硬性结构面。

通过地质钻探、地面地质调查和搜集前人成果及相关地质资料发现,场地内出露地层由新到老主要为第四系全新统(Q_4)土层、侏罗系中统沙溪庙组(J_2s)沉积岩层、侏罗系中统新田沟组(J_2x)沉积岩层、侏罗系下统自流井组($J_{1-2}z$)沉积岩层、侏罗系下统珍珠冲组(J_1z)沉积岩层。各层岩土参数如表4.23所示。

表4.23 岩土参数表

地层岩性	重度/(kN/m³)	岩石抗压强度标准值/MPa		抗拉强度/kPa	变形模量/MPa	弹性模量/MPa	泊松比	地基承载力基本容许值/kPa
		自然	饱和					
素填土	21							120
粉质黏土	19.5							140
泥岩	24.6	7.7	4.9	140	1760	1870	0.29	500
砂岩	23.7	23.4	16.9	460	4940	5540	0.24	1700

本项目沿轨道交通3号线岔路口—花溪—大山村区间高架布置,该区域岩土力学参数主要以该隧道工程(K0+600—K7+564)工程地质勘察报告为主,并结合《重庆轨道交通3号线南延伸段炒油场～大山村高架区间岩土工程详细勘察报告》《重庆轨道交通3号线南延伸段炒油场～大山村区间岩土工程详细勘察报告》《该隧道工程南温泉立交轨道专篇工程地质说明》取地勘参数最不利值,且考虑到现场施工对周边岩土体的影响,充分考虑基岩倾斜等地质因素,对弹性模量按0.8进行折减,得到本报告该段计算分析采用的岩土力学参数,见表4.24。

表4.24 评估采用的岩土参数表

岩性	重度/(kN/m³)	抗压强度标准值/MPa		水平抗力系数/(MN/m³)	弹性模量/MPa	泊松比	内摩擦角/(°)	黏聚力/MPa
		天然	饱和					
素填土	20.5						25	5
粉质黏土	19.5						9.1	16.3

续表

岩性	重度 /(kN/m³)	抗压强度标准值 /MPa		水平抗力系数 /(MN/m³)	弹性模量 /MPa	泊松比	内摩擦角 /(°)	黏聚力 /MPa
		天然	饱和					
泥岩	25.3	7.7	4.9	60	1504×0.8= 1203.2	0.29	29	420
砂岩	25.3	23.4	16.9	220	4066×0.8= 3252.8	0.24	35.1	1040
层面							14	30
裂隙							18	50

4.4.4 风险识别及等级划分

将该项目对重庆轨道交通 3 号线的风险进行识别,如表 4.25 所示。

表 4.25 项目涉轨风险识别一览表

风险识别	所涉及种类
地层卸载回弹风险	基坑开挖☑ 桩基开挖☑ 暗挖隧道☑ 路堑开挖☑ 墩柱基础基坑□ 管道沟槽开挖☑ 其他□
隧道深浅埋状态改变风险	隧道深浅埋状态改变□
外部加载风险	建筑结构□ 平场回填☑ 墩柱基础☑ 其他□
撞击风险	轨道高架区间内修建市政道路、停车场等☑
其他风险	爆破震动□ 消防疏散□ 改变控制保护区水文环境□

该项目整体位于轨道正上方,项目实施对轨道结构存在如下风险:

1. 地层卸载回弹引起轨道结构变形风险

桥墩的开挖易造成邻近轨道墩产生水平位移及竖向位移,引起结构不均匀沉降。

2. 桥墩加载引起轨道结构变形风险

建设项目在控制保护区内修建墩柱结构,向周围地层施加桥梁附加荷载,导致地层压缩沉降,带动轨道结构产生一定程度的变形。

3. 基坑开挖引起轨道结构变形风险

基坑开挖造成轨道桥墩土体应力的重新分布,会引起相邻结构物的水平位移及竖向沉降。

4. 暗挖隧道结构内力改变风险

建设项目基坑开挖过程中,将高架墩柱变为偏压状态,引起桥墩内力改变。

5. 施工期及运营期的风险

5 座上跨桥施工时桥面施工难度较大,施工风险高,机具及模板工程距离轨道结构近,施工事故容易导致轨道连锁事故。高架运营期间车辆超高及交通事故都可能影响轨道结构的安全。

根据《城市轨道交通结构检测监测技术标准》(DBJ 50/T—271—2017)、《城市轨道交通结构安全保护技术规范》(CJJ/T 202—2013),以基坑开挖为外部作业类型划分建设项目对轨道结构影响风险等级。

针对以上分析的19个风险点对外部作业影响风险等级进行判定，如表4.26所示。

表4.26 各风险点外部作业影响风险等级归纳表

拟建项目	接近程度	影响分区	影响风险等级
C立交主线上跨桥	非常接近	强烈影响区	特级
A匝道	接近	显著影响区	一级
B匝道	较接近	一般影响区	三级
C匝道	接近	强烈影响区	特级
D匝道	非常接近	强烈影响区	特级
E匝道	不接近	一般影响区	四级
G匝道	较接近	一般影响区	三级
H匝道	非常接近	强烈影响区	特级
L匝道	较接近	一般影响区	三级
新建1号人行天桥	较接近	显著影响区	二级
新建2号人行天桥	较接近	显著影响区	二级
新建2号人行地通道	非常接近	强烈影响区	特级
改建1号人行天桥	非常接近	强烈影响区	特级
改建2号人行天桥	非常接近	强烈影响区	特级
新建3号、4号桩板式挡墙	接近	强烈影响区	特级
1号永久涵洞	接近	一般影响区	二级
管网工程	不接近	一般影响区	二级
K2+130—K2+260段	非常接近	一般影响区	二级

4.4.5 评估安全控制指标

根据《城市轨道交通结构检测监测技术标准》(DBJ 50/T—271—2017)、《城市轨道交通结构安全保护技术规范》(CJJ/T 202—2013)中关于轨道交通结构安全控制指标的规定及《重庆轨道交通地铁线路维修规程》(2018修订版)第十七条轨道静态几何尺寸偏差管理值的规定，本次分析采用的变形及行车安全控制指标如表4.27所示。

表4.27 项目评估安全控制指标

项 目	控 制 值	
	Ⅰ～Ⅳ级围岩	Ⅴ、Ⅵ级围岩
隧道结构水平位移	≤10mm	≤20mm
隧道结构竖向位移	≤10mm	≤20mm
隧道径向收敛	≤10mm	≤20mm
隧道变形曲率半径	>15000m	
隧道变形相对曲率	<1/2500	
TBM管片接缝张开量	≤2mm	
道床沉降	≤10mm	
道床差异沉降	≤10mm	
墩台差异沉降	≤10mm	
桥墩墩顶顺桥方向水平位移	≤$2\sqrt{L}$ mm	
桥墩墩顶横桥方向水平位移	≤$2\sqrt{L}$ mm	

续表

项 目	控 制 值	
	Ⅰ～Ⅳ级围岩	Ⅴ、Ⅵ级围岩
隧道结构裂缝宽度	迎水面≤0.2mm 背水面≤0.3mm	
隧道结构强度安全系数	≥2.0	
震动速度	≤1.5cm/s	
轨道横向高差	<4mm	
轨向高差(矢度值)	<4mm	
轨间距	>－4mm,<＋6mm	
道床脱空	≤5mm	

4.4.6 结构安全性计算分析

项目利用 midas GTS NX 软件建立计算项目三维地层结构的有限元模型,如图 4.19～图 4.21 所示。计算各条拟建匝道施工、运营引起的高架结构的变形,评价拟建项目实施对轨道结构的安全影响。

图 4.19 三维有限元模型 1(A、C、D、E 匝道对轨道交通 3 号线高架区间的影响)

图 4.20 三维有限元模型 2(8 号轴主线 2 号桥、D 匝道桥、C 匝道地通道及新建 1 号永久箱涵对轨道交通 3 号线高架区间的影响)

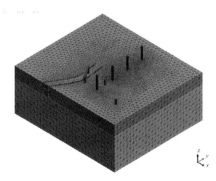

图 4.21 三维有限元模型 3(9H 匝道、1 号永久涵洞明挖对轨道 3 号线高架区间的影响)

单轨交通轨道梁桥结构设计应根据其结构特性,按表 4.28 所列荷载,就其可能出现的最不利组合情况进行计算。

表 4.28 轨道梁桥荷载分类表

主力	恒载	结构自重
		附属设备和附属建筑自重
		预加应力
		混凝土收缩及徐变影响
		基础变位的影响
	活载	列车竖向静活载
		列车竖向动力作用
		列车离心力
		列车横向摇摆力
		人群荷载
附加力		列车制动力或牵引力
		风荷载
		温度影响力
		流水压力
特殊荷载		车挡的影响力
		汽车的撞击力
		地震作用
		施工临时荷载

注:(1) 如杆件的主要用途为承受某种附加力,则在计算此杆件时该附加力应按主力计;
(2) 流水压力不与制动力或牵引力组合;
(3) 对于计算中要求考虑的其他荷载,可根据其性质,分别列入上述三类荷载中;
(4) 列车横向摇摆力不与离心力组合;
(5) 地震作用与其他荷载的组合应按照现行国家标准《铁路工程抗震设计规范》(GB 50111—2006)的规定执行。

根据不同的荷载组合,应将材料基本允许应力和地基允许承载力乘以不同的提高系数,见表 4.29。对预应力混凝土结构中的强度和抗裂性计算应采用不同的安全系数。

表 4.29 荷载组合及提高系数

序 号	荷 载 组 合	提高系数
(1)	恒载+列车竖向静活载+列车竖向动力作用+列车横向摇摆力或离心力	1.00
(2)	(1)+温度影响力	1.15
(3)	(1)+风荷载	1.15
(4)	(1)+温度影响力+风荷载	1.25
(5)	(1)+列车制动力或牵引力	1.20(1.00)
(6)	(1)+车挡的影响	1.70
(7)	(1)+汽车或船只撞击力	1.70
(8)	(1)+列车竖向静活载+人群荷载	1.70
(9)	轨道梁运输、架设工况荷载组合	1.25
(10)	恒载+雪荷载	1.15
(11)	恒载+列车竖向静活载+列车竖向动力作用+地震力+温度影响力	1.70

动荷载(单轨车辆设计荷载):八节编组,按轴重 $P=110\text{kN}$ 考虑,车辆轴距见图 4.22 (长度单位为 m)。

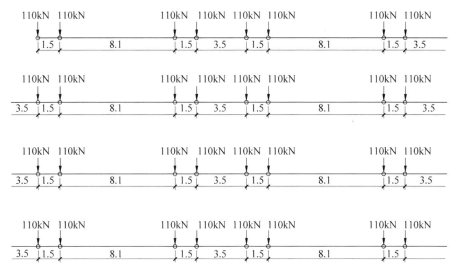

图 4.22 跨座式单轨车辆设计荷载图示

轨道梁设计按照单线行驶列车竖向荷载布置;轨道梁桥下部结构设计应按列车作用于每一条线路考虑,荷载不作折减;高架车站复线加载时,取一线停车、另一线行车状态。

建设项目评估计算指标与控制标准对比如下:

A、C、D、E 匝道施工时,墩柱横向位移最大为 0.0319mm,纵向位移最大为 0.0299mm,竖向位移最大为 0.034mm。由桥墩横向水平位移差引起的轨道梁端最大水平折角为 0.00011%。计算结果均满足城市轨道交通结构安全控制指标:桥墩位移≤10mm,横桥向水平折角≤0.2%。

主线 2 号桥、A 匝道 5 号桥台、C 匝道地通道、D 匝道桥、新建 1 号永久箱涵施工时,墩柱横向位移最大值为 0.0658mm,纵向位移最大值为 -0.1277mm;墩柱竖向位移最大值为 0.1197mm。由桥墩横向水平位移差引起的轨道梁端最大水平折角为 0.00031%。计算结果均满足城市轨道交通结构安全控制指标:桥墩位移≤10mm,横桥向水平折角≤0.2%。

H 匝道、1 号永久涵洞明挖施工时,墩柱横向水平位移最大值为 0.2437mm;墩柱纵向水平位移最大值为 0.2073mm;墩柱竖向位移最大值为 0.0072mm。由桥墩横向水平位移差引起的轨道梁端最大水平折角为 0.00056%。计算结果均满足城市轨道交通结构安全控制指标:桥墩位移≤10mm,横桥向水平折角≤0.2%。

4.4.7 轨道交通保护措施

该项目应采取以下轨道交通保护措施:

(1) 对于 1 号永久涵洞暗挖法加强设计,减小开挖进尺,尽快封闭初支及二衬,施工锚杆时严格控制锚杆长度及钻孔深度,同时保证涵洞开挖过程中围岩的稳定性。

(2) 轨道交通控制保护区范围内的桩基础,加强桩基护壁的厚度设计。桩板式挡墙设计使用年限应与轨道结构设计使用年限一致,按 100 年考虑。

(3) 对施工方案应进行安全专项专家审查,施工前做好合理有效的应急预案措施,确保每一步现状结构物与地通道施工的安全。

（4）墩台、挡墙基础施工采取人工跳槽（跳桩）开挖，以减小对轨道的影响。

（5）主线桥、匝道桥施工时，在控制保护区范围内的桩基采用人工挖孔，尽量远离轨道桩基。地通道基坑采用桩板式挡墙支护，人工挖孔，跳桩开挖，相邻排桩跳挖的最小施工间距不小于4.5m。

（6）挖出的土方及时运出，远离孔口，不得堆放在孔口及墩柱周边30m范围内。由于开挖孔口位置紧邻现状城市主干道路，交通流量大，需避免机动车辆通行对井壁安全造成影响。

（7）建设项目高架桥位于控制保护区内的上部梁体现浇施工，注意对轨道梁的防撞和对列车运营的影响，做好相关保护措施。

（8）人行天桥钢箱梁吊装时做好吊装放样，严禁出现吊装失控撞击轨道结构的事件发生，吊装施工应在轨道停运时段进行作业。

（9）施工期间采用钢护筒等对轨道桥墩进行保护，桥面结构的施工考虑模板的安全架设及使用，防撞栏杆进行专项施工设计及论证，防止突发交通事故对轨道桥墩造成影响。

（10）对轨道下的桥梁设计限高门架，增加限速要求，在立交两侧所有能进入立交区域的进道口全部设置限高门，提前限制超高车辆进入立交区域，防止超高对轨道造成损坏。立交区域增设防护罩，保证运营车道对轨道影响最小；增强桥梁的防撞设施，在轨道保护线范围内的桥梁采用最高等级防撞护栏。

（11）严格按规范及设计图纸要求做好各储水池及管道的闭水试验，合格率需达到100%。场区内布置完善排水体系，严禁散排，避免雨污水下渗对轨道地下结构造成不利影响。

4.4.8 案例总结

该项目影响范围为轨道交通3号线花溪站及其前后高架部分，含多条车行人行高架桥下穿轨道高架区间。项目与轨道高架区间和车站的墩柱距离很近，关系复杂，风险较高。建议加强涵洞暗挖设计，严格控制锚杆长度和钻孔深度，并做好轨道结构的防撞保护措施。

4.5 小结

本章详细介绍了重庆市内典型的新建、改扩建道桥隧项目案例的工程概况、地质条件及其与轨道交通的关系，分析了道桥隧项目的风险源，并确定了相应的风险等级，最后结合数值分析结果提出了建设项目的控制保护措施，为后续相关市政建设项目的设计和施工提供了依据。更多案例可参考附录。

第5章

轨道建设项目典型案例

"十四五"期间,重庆市轨道交通成网计划加快实施,轨道换乘车站、换乘通道逐渐增多,新建轨道工程项目与既有轨道交通控制保护区相互影响日趋严重。为进一步加强轨道交通控制保护区管理,确保轨道交通结构和运营安全,本章精选了两个轨道建设项目的典型案例,从工程概况、风险识别、结构安全性计算分析等8个方面详细论述了新建轨道车站和其区间线路对既有轨道交通线路安全的潜在影响,并提出了相应的控制保护措施。

5.1 GD01号项目

5.1.1 建设项目工程概况

GD01号项目为拟建环线某站,位于某路下方,沿道路呈东西向布置,该项目涉轨概况如表5.1所示。受影响轨道结构为既有轨道交通5、6号线某站,5号线、6号线在该站与环线某站实现三线换乘。5、6号线某站位于环线某站上方,呈南北向布置,双线平行换乘;拟建环线某站与5、6号线十字换乘,5、6号线已经开通运营。环线某站起始里程为YDK15+101.213,终点里程为YDK15+346.614,采用侧式站台,线间距为5.3m,总长245.4m,车站主体开挖最大净宽为20m,最大净高为17.3m,小里程端埋深约为28m,大里程端埋深约为26m。车站YDK15+174.834—YDK15+305.744段位于5、6号线某车站正下方,其中A区(YDK15+101.213—YDK15+174.843、YDK15+305.744—YDK15+346.614)为单拱双层结构,B区(YDK15+174.834—YDK15+228.784、YDK15+258.244—YDK15+305.744)为连拱单层结构,C区(YDK15+228.784—YDK15+305.744)为明挖掏槽段。环线车站设2座风道及地面风亭,与5、6号线公用已建成的8个出入口。环线车站主体结构情况如图5.1~图5.3所示。

表5.1 GD01号项目涉轨概况一览表

项目名称	GD01号项目
项目类型	轨道☑ 路桥隧☐ 铁路☐ 航空☐ 管线☐ 枢纽☐ 港口☐ 其他☐

续表

项目性质	新建☑ 改(扩)建☐
相关线路名称	5、6号线冉家坝站
项目与轨道的关系概况	位于轨道的(区间☐ 车站☑ 车场☐ 设施设备☐)控制保护区范围内
项目施工期间(建成后)对轨道交通安全影响的主要风险因素	基坑开挖☐ 桩基开挖☐ 建筑施工☐ 边坡维护☐ 道路施工☐ 隧道开挖☑ 管道施工☐ 其他☐

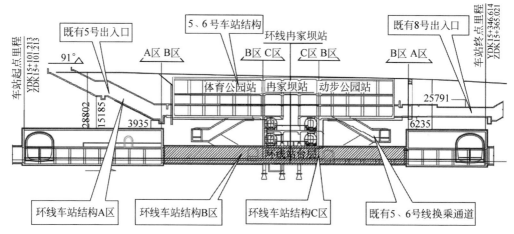

图 5.1 环线车站主体结构立面布置图

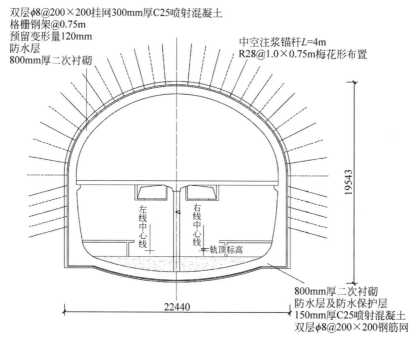

图 5.2 环线车站主体结构 A 区和 B 区隧道断面图

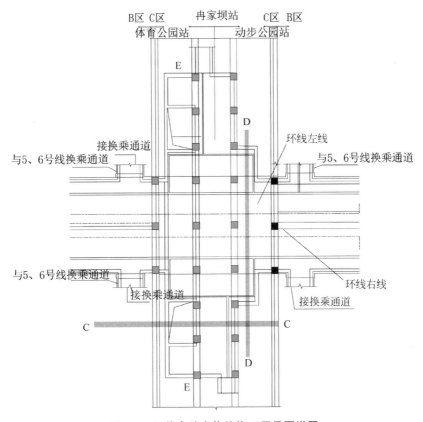

图 5.3 环线车站主体结构 C 区平面详图

5、6 号线某车站建设时为环线在该站预留换乘节点,换乘节点区域采用桩基础将上部结构荷载传递到环线底板以下的基岩。环线车站主体结构施工时利用施工通道进入小里程端单拱大断面站厅层,从小里程端区间隧道进入车站站台层,施工完单拱断面后进入下穿 5、6 号线站厅层的车站连拱断面,最后从连拱断面进入预留节点区域。

5.1.2 轨道交通概况

轨道某车站为 5、6 号线共建车站,线路呈南北向布置,形成南北向平行换乘,与东西走向的环线某站相交,环线轨面埋深 41.0m,5、6 号线位于环线上方。5、6 号线车站采用单岛四线同台平行换乘、与在建环线车站十字换乘,为地下三层单岛四线车站。地下二层两线间距为 21.0m,有效站台宽度为 18.0m;地下三层两线间距为 21m,有效站台宽度为 18.0m,有效站台长度为 120m;车站主体长度为 226.3m,宽度为 29.1m,覆土最厚处 12.8m,设 8 个地面出入口和两组风亭,5、6 号线车站同期建设完成,地下四层预留环线车站节点。本站为地下三层局部四层(与环线换乘节点)(未包含地下两层后开发物业用房)岛式明挖车站。5、6 号线该站与环线十字相交处预留换乘节点。环线交叉段(即环线该站 C 区)采用明挖掏槽的施工方式,5、6 号线在先期实施中采用截面尺寸 1.5m×1.5m 的方形嵌岩桩将主体车站结构荷载传递至下卧岩层,从而保证环线施工及建成后既有该站结构安全及正常运营。5、6 号线与环线换乘节点处,地下三层站台结构底板下缘 3m 范围内已完成部分基坑掏槽施工,且施作了板肋式锚杆挡墙作为临时支护,作为环线结构的预留施工空间。

5、6号线该站与环线换乘节点立面布置情况如图5.4所示。

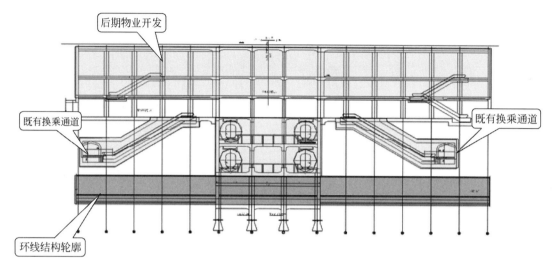

图5.4 既有该站主体结构立面布置图

5.1.3 工程地质概况

GD01号项目宏观地貌为构造剥蚀浅丘区,地势起伏不大。原始地形为斜坡沟谷地形,由于场地内多项工程项目正在建设,原始地形遭到破坏,目前呈台阶状地形,地面高程282～301m,相对高差约19m,地形坡度3°～40°。

勘察区位于沙坪坝背斜轴部近北倾末端,岩层呈单斜产出,岩层倾向80°,岩层倾角4°,区内无断层,地质构造简单。

根据邻近工地的地质测绘调查,基岩裂隙发育程度为较发育,岩体呈层状结构。主要发育2组构造裂隙:

(1)J1裂隙:倾向0°～20°,倾角60°～82°,优势产状10°∠70°间距0.5～3m,裂隙部分张开1～2mm,延伸2～3m,偶有方解石充填,层间结合差,为硬性结构面。

(2)J2裂隙:倾向140°,倾角75°～90°,优势产状140°∠85°间距0.3～2m,裂面平直,裂面张开1～3mm,延伸长度5～8m,偶有方解石充填,层间结合程度差,为硬性结构面。

勘察区出露的地层由上而下依次可分为第四系全新统填土层(Q_4^{ml})、残坡积层(Q_4^{el+dl})和侏罗系中统沙溪庙组(J_2s)沉积岩层。

经对场区实地调查和钻探揭示,未发现崩塌、滑坡、断层、泥石流等不良地质现象及地质灾害。经工程地质调查、访问,本次勘察范围内未见埋藏的河道、沟浜、墓穴、孤石等对工程不利的埋藏物。

拟建车站工程场地地震抗震设防烈度为6度,场地地震动峰值加速度0.05g。拟建隧道围岩为中等风化基岩,剪切波速>800m/s,场地类别为Ⅰ类,设计特征周期为0.20s,属建筑抗震有利地段。该项目岩土力学参数建议值如表5.2所示。

表 5.2 环线该站岩土力学参数建议值

岩性	砂岩		砂质泥岩		素填土	粉质黏土	结构面
	强风化	中风化	强风化	中风化			
重度/(kN/m³)	23*	25	23.5*	26			
自然抗压强度/MPa		41.9		13.4			
饱和抗压强度/MPa		31.5		8.3			
黏聚力 c/kPa		2355		903		30.1	50
内摩擦角 φ/(°)	30*	43.0	30*	33.8		13.7	18
抗拉强度/kPa		680		204			
弹性模量/MPa	600*	5131	500*	1389			
变形模量/MPa	450*	4356	350*	1054			
泊松比 μ		0.1		0.35			
完整性系数 K		0.75		0.72~0.79			
地基承载力基本值/kPa	450*	2500	350*	1000	120*	220*	
基床系数(弹性反力系数)/(MPa/m)		500		250			
岩土体与锚固体黏结强度/MPa	0.1	0.5	0.08	0.2			
围岩与圬工的摩擦系数	0.4	0.55	0.35	0.45			
岩体静力侧压系数		0.15*		0.56*			
岩体水平抗力系数/(MN/m³)		240		80			
基底摩擦系数		0.6		0.4			
水平抗力系数的比例系数/(MN/m⁴)						20*	20*

注：*表示经验值。

5.1.4 风险识别

环线该站建设对既有该站结构的影响风险源主要有：

(1) 环线该站 A 区主体结构为单拱大断面,断面跨度 22.4m,采用暗挖法施工。其中 A1 区与既有 5 号出入口平面位置关系较近,最小垂直净距约为 3.9m,A1 区起点里程至 YDK15+151.834 段(隧道长度约为 50.6m)采用弱爆破的方式开挖,其余段均为非爆开挖。爆破施工产生较大的震动,若震速控制不当,较易对既有 5 号出入口及其他结构产生震动破坏,且较易破坏围岩。A1 区非爆开挖段与 5 号出入口结构竖向距离较近,开挖过程中较易造成出入口结构下沉,如下沉位移值较大,会导致衬砌结构发生破坏。

(2) A2 区断面类型与 A1 区一致,平面位置上与既有 8 号出入口存在交叉,且最小垂直净距约为 6.2m。A2 区隧道结构为非爆开挖,施工过程中较易造成既有 8 号出入口结构发生下沉,如下沉位移值较大,会导致衬砌结构发生破坏。

(3) 环线该站 B 区主体结构为连拱断面,平面位置上与既有 5、6 号线换乘联络通道基本重合,其拱顶与通道底板最小垂直净距约为 0.4m。B 区隧道断面采用机械开挖,由于与既有通道竖向距离较近,故开挖前须施作超前大管棚。施作过程中,如对施工精度控制不够,较易对既有地板结构造成损伤破坏；且连拱断面开挖过程中,如未及时封闭支护,换乘通道较易发生下沉,如下沉位移值较大,会导致其衬砌结构发生破坏。

(4) 环线该站 C 区采用盖挖法施工,先开挖基坑施作围护结构,再进行主体结构的施作。开挖过程中,严格采取跳槽开挖的方式,且严格按照开挖一段支护一段的原则进行,若施工精度控制不当,较易对既有 5、6 号线主体结构底板及桩基础造成损伤及破坏。C 区最大开挖高度约为11.9 m,开挖造成岩体卸载使得桩基会发生一定的竖向及水平位移,如位移值较大,容易对桩基结构造成破坏,甚至破坏主体结构。

5.1.5 评估安全控制指标

根据《重庆市轨道交通第三方监测管理办法》(渝文审〔2014〕16号),参照深圳地铁《城市轨道交通安全保护第三方监测控制指标》以及《城市轨道交通工程监测技术规范》(GB 50911—2013),评估安全控制指标如下:

(1) 暗挖隧道结构水平位移值≤20 mm;

(2) 暗挖隧道结构拱顶下沉值≤20 mm,且环线B区下穿换乘通道段拱顶下沉值≤15 mm;

(3) 既有5、6号线主体结构及附属通道构筑物底板竖向位移值≤10 mm;

(4) 环线C区下穿既有该站段,桩基结构水平位移值≤10 mm,桩基结构竖向位移值≤10 mm。

5.1.6 结构安全性计算分析

1. 环线主体结构A1区

计算采用midas GTS有限元软件。根据环线主体结构A1区与既有车站结构的相互位置关系,选取A1区一个最不利断面进行计算分析。A1区主体结构与既有5号出入口平面距离及竖向距离最小位置处剖取断面如图5.5所示。

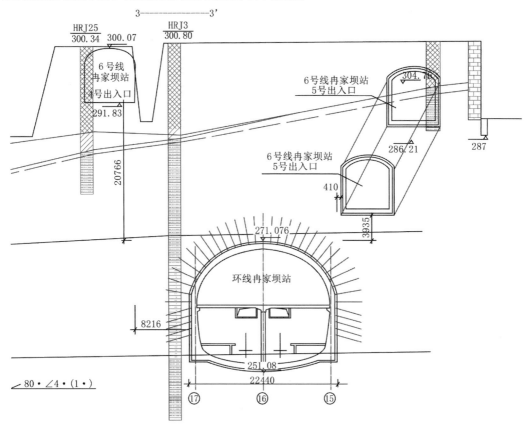

图5.5 A1区主体结构对既有车站结构最不利影响计算断面图

该断面位置处,主体 A1 区隧道结构采用机械开挖,施工方法为双侧壁导坑法。本次计算偏于安全考虑,模拟全断面开挖,模型围岩采用弹塑性各向同性体材料模拟,锚杆采用全长黏结式杆材料模拟,衬砌采用全长黏结式直梁材料模拟,有限元计算模型如图 5.6 所示。该断面开挖对既有出入口结构的主要影响是由于岩体卸载导致结构的竖向位移,应控制该断面既有结构的竖向位移不超过限值,使得影响范围内的既有车站结构的竖向位移均在安全范围以内。

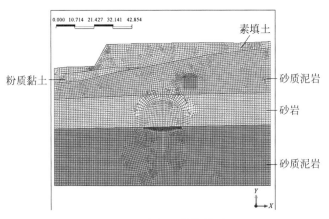

图 5.6　有限元计算模型

有限元模型计算荷载包括:①结构自重;②地表超载,按 100kPa 计。由计算模型得到的结果如表 5.3 所示。

表 5.3　A1 区单拱大断面隧道施工引起的既有 5 号出入口位移计算结果

施 工 步 骤	最大水平位移/mm	最大竖向位移/mm
5 号出入口自身施工	0.65	−2.9
环线 A1 区隧道施工	−0.32	−4.5

从表 5.3 中可以看出,环线 A1 区隧道的施工引起既有该站 5 号出入口最大水平位移由 0.65mm 减小为 −0.32mm,最大竖向位移由 −2.9mm 增大为 −4.5mm。据此推论,环线隧道结构的开挖使得既有 5 号出入口隧道结构所受岩体侧压力降低,即来自环线隧道一侧的岩体侧压力减小,故水平位移值有所减小;而环线隧道位于既有 5 号出入口的下方,故开挖后使得既有隧道结构向下的竖向位移值增大。

2. 环线主体结构 A2 区

A2 区(大里程端)车站长度为 40.9m,位于既有该站东侧,其断面类型同 A1 区,与已建 8 号出入口平面位置相互交叉,其拱顶与 8 号出入口结构底缘最小垂直净距约为 6.2m。取该竖向净距最小位置处作为计算断面,如图 5.7 所示。

同 A1 区隧道结构断面类型及施工方式一致,该断面位置处,主体 A2 区隧道结构采用机械开挖,施工方法为双侧壁导坑法。本次计算偏于安全考虑,模拟全断面开挖,具体建模情况如图 5.8 所示。

有限元模型计算荷载包括:①结构自重;②地表超载,按 100kPa 计。计算模型得到的结果如表 5.4 所示。

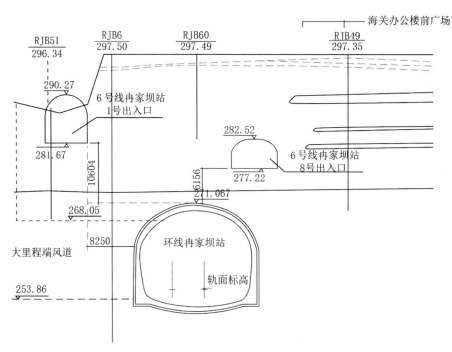

图 5.7　A2 区主体结构对既有车站结构最不利影响计算断面图

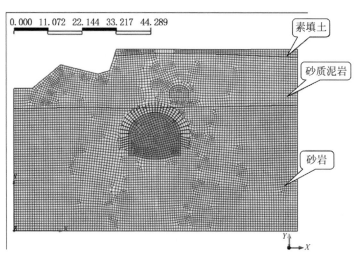

图 5.8　有限元计算模型

表 5.4　A2 区单拱大断面隧道施工引起的既有 8 号出入口位移计算结果

施工步骤	最大水平位移/mm	最大竖向位移/mm
8 号出入口自身施工	0.68	−2.4
环线 A2 区隧道施工	−1.2	−6.7

从表 5.4 中可以看出,环线 A2 区隧道的施工引起既有该站 8 号出入口最大水平位移由 0.68mm 变为 −1.2mm,最大竖向位移由 −2.4mm 变为 −6.7mm。据此推论,环线隧道

结构的开挖使得既有 8 号出入口隧道结构所受岩体侧压力降低,即来自环线隧道一侧的岩体侧压力减小,故水平位移向着该方向增大;而环线隧道结构位于既有 8 号出入口的下方,故开挖后使得既有隧道结构向下的竖向位移值增大。

3. 环线主体结构 B 区

环线主体结构 B 区平面位置上处于既有该站东西两侧。其中 B1 区(小里程端)车站长度为 54.0m,位于冉家坝西侧,与既有 1、2 号换乘联络通道平面位置大致平行。B1 区隧道结构基本位于既有联络通道正下方,拱顶与通道结构底缘最小垂直净距约为 0.4m;已建 4 个换乘联络通道关于环线车站中心里程对称布置,故 B2 区隧道结构与 3、4 号联络通道的平面及竖向位置关系基本相同。根据环线主体结构 B 区与既有换乘通道的相互位置关系,选取最不利断面进行计算分析。B 区主体结构与既有换乘通道竖向距离最小位置处剖取断面如图 5.9 所示。

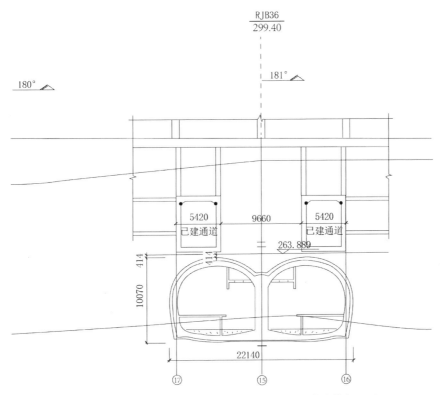

图 5.9 B 区主体结构对既有车站结构最不利影响计算断面图

主体 B 区结构采用连拱隧道断面,机械开挖,最大开挖宽度约为 22.14m,最大开挖高度约为 10.1m。拱顶与既有 5、6 号线换乘联络通道底板最小垂直净距仅为 0.4m,为保证既有结构的安全,断面开挖前利用车站 A 区单拱断面端墙工作面打设 0°超前管棚,超前管棚完成后再采用中洞法并利用加设临时支撑的方式进行施工。本次计算偏于安全考虑,模拟中洞法开挖施工顺序,不考虑临时支撑的作用,具体建模情况如图 5.10 所示。

有限元模型计算荷载包括:①结构自重;②地表超载,按 100kPa 计。计算模型得到的结果如表 5.5 所示。

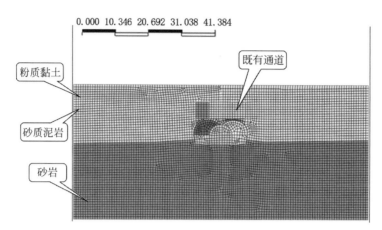

图 5.10 有限元计算模型

表 5.5 B 区连拱断面隧道施工引起的既有换乘通道位移计算结果　　单位：mm

施 工 步 骤	最大水平位移	底板最大竖向位移
换乘通道自身施工	0.16	0.25
B 区隧道开挖中导洞	0.22	−2.2
B 区隧道开挖上台阶	0.25	−3.7
B 区隧道开挖下台阶	0.26	−3.7

从表 5.5 中可以看出,环线 B 区隧道的施工引起既有换乘联络通道最大水平位移由 0.16mm 增大为 0.26mm,最大竖向位移由 0.25mm 增大为−3.7mm。据此推论,B 区连拱隧道的施工所引起的既有换乘通道水平位移值变化幅度较小,因其位于换乘通道正下方且基本对称布置,故连拱隧道的施工对既有换乘通道水平方向位移影响较小；B 区连拱隧道拱顶与既有换乘通道结构底板竖向距离较近,开挖前先施作超前大管棚增加拱顶岩体刚度,使得换乘通道结构底板不会发生较大的竖向位移变化,故影响可控。

4. 环线主体结构 C 区

环线主体结构 C 区平面位置上与既有该站成十字交叉关系,位于既有该站站台层正下方,5、6 号线修建时为环线该站预留了换乘节点,换乘节点区域采用桩基础将上部结构荷载传递到环线底板以下的基岩。环线 C 区采用明挖掏槽法进行主体结构基坑开挖,采用分部、跳槽的方法进行(沿连拱断面中洞走向分别向左右两侧分段跳槽开挖),且严格避让和保护既有该站结构桩基。C 区基坑采用板肋式锚杆挡墙进行支护,5、6 号线该站施工时沿既有底板下方已部分预留 3m 高的挡墙,新建挡墙与预留挡墙顺接施工直至基坑底部。C 区主体结构采用顺作法施工,结构顶板利用现状该站结构底板。

根据环线主体结构 C 区与既有该站各自的结构特点和施工方式,本次选取 1—1 断面进行计算分析。计算断面如图 5.11 所示。

环线 C 区主体结构基坑采用分段跳槽开挖,开挖完成一段,立即采用锚杆式挡墙进行支护。第一次开挖高度不大于 3m,后续每次开挖高度不大于 1.5m,待站台层开挖且支护完成后再进行过轨通道的基坑施工。本次计算分析对 C 区基坑施工全过程进行模拟,模型围岩采用弹塑性各向同性体材料模拟,锚杆采用全长黏结式杆材料模拟,既有结构及挡墙采

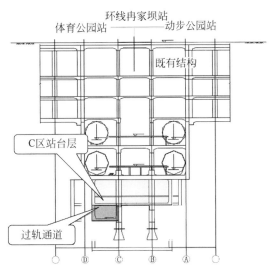

图 5.11　C 区主体结构对既有车站结构影响计算 1—1 断面图

用全长黏结式直梁材料模拟。该基坑开挖对既有该站结构的主要影响是由于岩体卸载导致结构的竖向位移及桩基的水平位移,控制既有结构的竖向位移不超过限值,且保证桩基的位移及内力变化均在安全范围以内是计算重点。具体建模情况如图 5.12 所示。

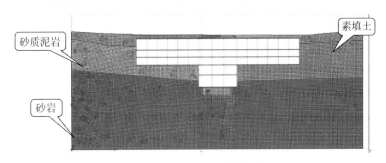

图 5.12　有限元计算模型

有限元模型计算荷载包括:①结构自重;②地表超载,按 20kPa 计;③轨道荷载,按 70kPa 计。计算模型得到的结果如表 5.6 和表 5.7 所示。

表 5.6　C 区主体结构基坑施工引起的既有桩基础位移计算结果　　单位:mm

施工步骤	最大水平位移	最大竖向位移
C 区站台层基坑施工	0.85	0.93
C 区过轨通道基坑施工	0.84	1.2

从表 5.6 中可以看出,环线 C 区基槽开挖施工引起既有车站结构桩基最大水平位移由 0.85mm 变为 0.84mm,最大竖向位移由 0.93mm 增大为 1.2mm。据此推论,C 区基槽的施工所引起的既有桩基础水平位移值变化幅度较小,因桩基两侧岩体采用分段跳槽开挖,且开挖一段立刻支护完成一段,故结果位移值较小;随着 C 区岩体的开挖卸载,桩基发生一定的向上竖向位移,由于桩基嵌岩深度位于 C 区基槽底板以下约 10m 位置处,故位移值也较小。

表 5.7　C 区主体结构基坑施工引起的既有桩基础内力计算结果

施 工 步 骤	最大弯矩值/(kN·m)
初始状态	1180
C 区站台层基坑施工	1258
C 区过轨通道基坑施工	1143

从表 5.7 中可以看出,环线 C 区基槽开挖施工引起既有车站结构桩基弯矩变化幅度较小,因既有桩基嵌岩深度位于 C 区基槽底板结构以下约 10m,且桩基两侧岩体基本对称开挖,故内力变化值较小。

5.1.7　轨道交通保护措施

(1) 环线该站 A1 区单拱大断面隧道的施工部分采用弱爆破的方式开挖,即车站起点里程至 YDK15+151.834 段,采取以下保护措施:

① 采用多段微差爆破技术等措施减少爆破震动危害。

② 爆破最大震速大部分出现在掏槽眼,减少掏槽眼每段的装药量能够降低震动速度。

③ 必要时可以考虑沿开挖轮廓线周边设置减震孔,深度同炮眼深度,以降低爆破震速。

④ 建议采用高精度数码电子雷管。高精度数码电子雷管与普通爆破雷管相比震动速度降低 50% 左右,可较大幅度提高施工效率。

(2) 环线该站 B 区下穿既有 1~4 号换乘联络通道,且拱顶与通道结构底板最小净距约为 0.4m,距离较近,施工风险较大,建议加强超前支护,并严格控制开挖进尺,以保证既有结构安全。应采取以下保护措施:

① 环线该站 C 区下穿既有 5、6 号线主体结构,其基槽施工应严格按照设计施工顺序进行分段、跳槽开挖,且每次开挖高度不得大于 1.5m,开挖一段即刻支护完成一段。由于 C 区刚好位于既有站台结构下方,因此宜在轨道交通非运营时段进行施工,减小对轨道交通运营产生的风险。

② 施工阶段应加强防排水措施,避免坑(洞)内长时间积水,造成既有轨道相关设施、围岩结构参数及边界条件发生变化。

③ 施工前做好合理有效应急预案以及现场应急准备工作,确保将施工风险降至可控范围内。施工期间应委托满足资质要求的第三方监测单位对 5、6 号线相关结构设施进行实时监测,监测结果应定期向轨道公司反馈,发生监测预警或报警应及时通知轨道公司相关部门协同处理。

5.1.8　案例总结

本项目为轨道交通环线暗挖站下穿既有 5、6 号线的明挖车站,二者距离很近,关系密切。该项目在爆破施工时易产生较大的震动,若震速控制不当,较易对结构产生震动破坏,且较易破坏围岩强度。建议在 5、6 号线某站修建时为环线某站预留换乘节点,换乘节点区域采用桩基础将上部结构荷载传递到环线底板以下的基岩,采用弱爆破的方式开挖,并严格控制开挖进尺,将建设项目实施对轨道交通结构的影响控制在安全指标范围内。

5.2 GD02 号项目

5.2.1 建设项目工程概况

GD02 号项目为一车站,该车站位于南岸区某公交枢纽站西南侧,车站大里程端伸入山体,位于某立交正线下方,采用盖挖半逆作法施工,车站小里程端为高架结构,项目涉轨概况如表 5.8 所示。车站大里程端西南侧为轨道交通 3 号线某区间,北侧为加油站及小区。车站为半地下半高架岛式车站,拟建轨道项目与既有轨道平面布置情况如图 5.13 所示。环线某区间右线的设计总长度为 1613.4m,左线隧道设计总长度为 1616.2m,全线均采用钻爆法施工。

表 5.8 GD02 号项目涉轨概况一览表

项目名称	GD02 号项目
项目类型	轨道☑ 路桥隧☐ 铁路☐ 航空☐ 管线☐ 枢纽☐ 港口☐ 其他☐
项目性质	新建☑ 改(扩)建☐
相关线路名称	轨道交通 3 号线四公里站、四公里—南坪区间高架
项目与轨道的关系概况	位于轨道的(区间☑ 车站☐ 车场☐ 设施设备☐)控制保护区范围内 与轨道主体结构(设施)最小水平净距为 0m
项目施工期间(建成后)对轨道交通安全影响的主要风险因素	基坑开挖☑ 桩基开挖☑ 建筑施工☐ 边坡维护☐ 道路施工☐ 隧道开挖☑ 管道施工☐ 其他☐

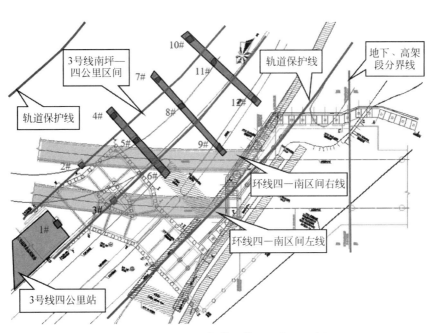

图 5.13 建设项目与轨道保护平面关系示意图

在轨道交通 3 号线控制保护区范围内的区间里程为 YDK35+770—YDK35+850,新建环线区间隧道左右线间距约为 15.6m,为单洞单线隧道,按浅埋隧道进行设计,隧道断面类型分为 A 型、A1 型和 B 型断面 3 种,均采用台阶法施工。

环线某站与 3 号线某站通过站厅换乘通道连接,其基坑开挖深度为 4.6~20.2m。由于环线车站大里程端场地周边狭窄,不具放坡条件,车站主体及换乘通道采用垂直开挖,形成 Z 形不规则基坑:主体边坡最高约 20.2m(D—F 段),换乘通道最深约 14.0m(F—G 段),为土岩混合边坡。基坑周边采用桩锚支护、桩+内支撑等支护形式,剖面图如图 5.14 所示。其中,对于轨道 3 号线的 3 号桥墩"孤岛"区域,为保证其土压力平衡及桥墩的水平位移不受基坑开挖的影响,在"孤岛"区域及其三个角边浇筑局部结构板,以增强该区域的稳定性。

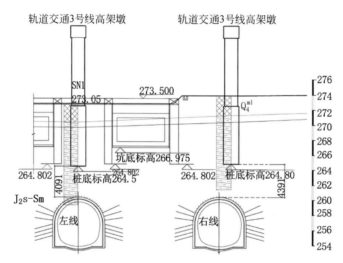

图 5.14 拟建环线车站、区间隧道与 3 号线区间典型剖面图

5.2.2 轨道交通概况

轨道交通 3 号线某站为轻轨中转站,位于某立交南北高架桥的西侧绿化带上,全长 120m。车站南侧为海峡路,向西通往鹅公岩大桥,向东通往向家坡,交通繁忙。地面道路等级为城市主干道 I 级,桥下净空不小于 5.2m。主要承重结构为四层框架体系,墩柱间距为 16m、16.7m。车站主体分为五层:一层~三层(站厅层,站台下夹层);四层(站台层);五层(局部有地下电缆夹层)。车站为现浇混凝土结构,基础采用人工挖孔灌注桩。受拟建项目影响的 3 号线四公里站桥墩为大里程端车站与区间高架分界处的桥墩,其断面尺寸为 2.6m×3.2m。

轨道交通 3 号线四公里—南坪区间高架起于南岸区四公里立交,沿南坪南路向前延伸,止于南坪旧车交易市场,全长 820.563m,设计轨顶标高为 282.876~290.225m。本区间高架共设置 38 个桥墩(Q04D01~Q04D38),含 27 个 T 形桥墩(标准墩),Q04D05~Q04D10 为两柱门式墩,Q04D01 为左右线分离的独柱墩及倒 L 形。墩柱高度在 2~11.6m 之间,轨道梁跨径范围 19~24m。受影响的区间高架起讫里程为 SK3+594.204—SK3+3+674.207,受影响的轨道桥墩为 Q04D01~Q04D04,墩柱基础为方桩,桥墩尺寸为 2.1m×2.1m 和 2.1m×2.4m 两种。

5.2.3 工程地质概况

重庆轨道交通3号线控保区内轨道3号线四公里—南坪区间高架、轨道环线四公里站及四公里—南湖路区间的工程地质概况如表5.9所示,涉及的岩土参数情况如表5.10所示。

表5.9 工程地质概况

地形地貌	原始地貌宏观上属于构造剥蚀丘陵区,地形波状起伏,呈现沟丘相间分布的地貌特征,经人类后期工程活动,场地现状原始地形已经破坏;在场地西侧存在一岩质边坡,该范围的地形总体坡角40°~55°,现状地面高程246.70~274.00m,高差27.3m;场地东侧的原始沟谷被回填,现状地形总体较平缓,地形总体坡角3°~5°,现状地面高程243.40~250.10m,高差6.70m
地层岩性	出露的地层由上而下依次可分为第四系全新统填土层(Q_4^{ml})、残坡积层(Q_4^{el+dl})和侏罗系中统沙溪庙组(J_2s)
地质构造	场地位于南温泉背斜西翼,岩层倾向280°~290°,倾角50°~60°,层间结合较差,尤其在砂岩与砂质泥岩交界处往往存在薄层状泥化现象,属软弱结构面,沿线未发现断层通过。 J1:86°~105°∠30°~43°,优势产状95°∠38°,延伸3~5m,一般闭合至微张,裂面较平直,间距0.5~2.0m,一般无充填,结合差,属硬性结构面。 J2:170°~220°∠50°~60°,优势产状190°∠60°,延伸5~8m,间距0.5~1.5m,一般闭合至微张,裂面较平直,一般无充填,局部偶见钙质或黏性土充填,结合差,属硬性结构面,该组裂隙偶有倒转反向现象

表5.10 评估采用的岩土参数

岩 性	重度/(kN/m³)	抗压强度标准值/MPa 天然	抗压强度标准值/MPa 饱和	水平抗力系数/(MN/m³)	弹性模量/压缩模量/MPa	泊松比	黏聚力/kPa	内摩擦角/(°)
素填土	20			10			28	28
粉质黏土	19			15			18	12
强风化砂岩	23						250	28
中风化砂岩	24.8	34.0	24.9	240	2775	0.13	1398	41
强风化砂质泥岩	23.5							
中风化砂质泥岩	25.6	9.6	5.7	120	797	0.38	444	32
层面							25	12
裂隙							35	15

评估计算采用的岩土物理力学参数综合了轨道交通3号线四公里—南坪区间高架、轨道环线四公里站及四公里—南湖路区间的地勘资料,取各项参数的最不利值,考虑到区间隧道开挖对围岩的不利影响及工程经验,对其岩土参数中的弹性模量按0.75进行折减,得出评估计算分析所采用的岩土力学参数。

5.2.4 风险识别及等级划分

将该项目对重庆轨道交通 3 号线的风险进行识别,如表 5.11 所示。

表 5.11 项目涉轨风险识别一览表

风险识别	所涉及种类
地层卸载回弹风险	基坑开挖☑ 桩基开挖☑ 暗挖隧道☑ 路堑开挖□ 墩柱基础基坑□ 管道沟槽开挖□ 其他□
隧道深浅埋状态改变风险	隧道深浅埋状态改变□
外部加载风险	建筑结构□ 平场回填□ 墩柱基础□ 其他□
撞击风险	轨道高架区间内修建市政道路、停车场等□
其他风险	爆破震动□ 消防疏散□ 改变控制保护区水文环境□

该项目整体位于轨道正上方,项目实施对轨道结构存在如下风险:

1. 地层卸载回弹引起轨道结构变形风险

建设项目(环线车站及换乘通道)基坑开挖造成围岩应力大量释放,引起地层回弹变形,改变原轨道桥墩嵌固条件,带动轨道结构(3 号线车站及区间高架墩柱)产生不同程度的变形。

2. 轨道桩基下方开挖隧道引起轨道结构变形风险

建设项目(环线区间隧道)在控制保护区内 3 号线高架车站及区间墩柱下方暗挖,直接影响轨道基础周边围岩情况,导致地层变形,带动轨道结构产生一定程度的变形。

根据《城市轨道交通结构检测监测技术标准》(DBJ 50/T—271—2017)、《城市轨道交通结构安全保护技术规范》(CJJ/T 202—2013),以基坑开挖和暗挖隧道为外部作业类型列举建设项目对轨道结构影响最大风险等级判定如表 5.12 所示。

表 5.12 建设项目对轨道结构影响最大风险等级判定

风险位置	施工方法	外部作业与轨道结构净距(L)/m		基坑开挖深度(h_1)/m	接近程度判定	工程影响区判定	影响等级判定
		水平 L_1	竖向 L_2				
高架 3 号墩	钻爆法 ($b_3=7.22$)	0	4.09		$L_1<5m$ $L_2<5m$ 非常接近	$L_1<b_3$ $L_2<b_3$ 强烈影响区	特级
高架 9 号墩	明挖车站	8.17	12.67	约 20.9	$5m<L_1<10m$ 接近	$L_1<h_1$ 强烈影响区	特级

5.2.5 评估安全控制指标

根据《城市轨道交通结构检测监测技术标准》(DBJ 50/T—271—2017)、《城市轨道交通结构安全保护技术规范》(CJJ/T 202—2013)中关于轨道交通结构安全控制指标的规定及《重庆轨道交通地铁线路维修规程》(2018 修订版)第十七条轨道静态几何尺寸偏差管理值的规定,采用的变形及行车安全控制指标如表 5.13 所示。

表 5.13 项目评估安全控制指标表

项 目	控 制 值	
	Ⅰ～Ⅳ级围岩	Ⅴ、Ⅵ级围岩
隧道结构水平位移	≤10mm ☑	≤20mm ☐
隧道结构竖向位移	≤10mm ☑	≤20mm ☐
隧道径向收敛	≤10mm ☐	≤20mm ☐
隧道变形曲率半径	>15000m ☐	
隧道变形相对曲率	<1/2500 ☐	
TBM管片接缝张开量	≤2mm ☐	
道床沉降	≤10mm ☐	
道床差异沉降	≤10mm ☐	
墩台差异沉降	≤10mm ☑	
桥墩墩顶顺桥方向水平位移	≤$2\sqrt{L}$ mm ☑	
桥墩墩顶横桥方向水平位移	≤$2\sqrt{L}$ mm ☑	
轨道梁端水平折角	≤2‰ ☑	
隧道结构裂缝宽度	迎水面≤0.2mm ☐ 背水面≤0.3mm ☐	
隧道结构强度安全系数	≥2.0 ☑	
震动速度	≤1.5cm/s ☐	
轨道横向高差	<4mm ☐	
轨向高差(矢度值)	<4mm ☐	
轨间距	>−4mm,<+6mm ☐	
道床脱空	≤5mm ☐	

5.2.6 结构安全性计算分析

利用midas GTS NX软件,建立计算项目三维、二维地层结构及荷载结构法有限元模型如图5.15和图5.16所示。计算拟建项目基坑开挖、区间隧道开挖引起的轨道高架墩柱结构变形及内力变化情况,根据各项安全控制指标,评估轨道高架结构及拟建区间隧道自身安全性。

项目计算荷载如下:

(1) 3号线桥墩荷载;

(2) 路面车辆及行人荷载,按15kPa计;

(3) 岩体开挖产生的围岩释放荷载。

3号线桥墩荷载计算:

盖梁线荷载=112.5kN/m

轨道梁集中恒载=498.94kN

列车竖向集中活载=(622.6+177.9)kN=800.5kN

列车纵向水平集中活载=93.4kN

列车横向水平集中活载=27.5kN

建设项目评估计算指标与控制指标对比如表5.14所示。

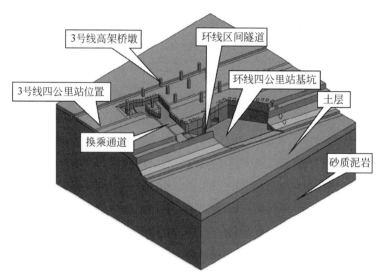

图 5.15 三维有限元模型

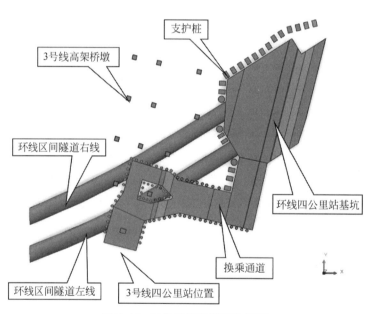

图 5.16 三维有限元模型俯视图

表 5.14 评估计算指标与控制指标对比表

指 标	计 算 值	控 制 值
隧道结构水平位移	2.7mm	≤10mm
隧道结构竖向位移	8.9mm	≤10mm
桥墩墩顶顺桥方向水平位移	1.4mm	≤$2\sqrt{L}$ mm(10mm)
桥墩墩顶横桥方向水平位移	1.3mm	≤$2\sqrt{L}$ mm(10mm)
轨道梁端水平折角	1.3mm/20m=0.065‰	2‰(40mm)

续表

指　　标	计　算　值	控　制　值
墩台差异沉降	0.7mm	≤10mm
隧道结构强度安全系数	5.56	≥2.0

5.2.7　轨道交通保护措施

1. 设计方面

(1) 拟建环线隧道设计充分考虑上方3号线高架车站及区间荷载,除桩基下方岩体受冲切力外,同时考虑隧道喷射混凝土与钢拱架共同受力,使隧道初支能够满足承载力要求,从而保证拟建环线区间隧道期间满足上部3号线高架结构对下部承载力的要求。

(2) 对位于换乘通道中间的3号桥墩,保留其周边原岩体,同时对支护桩加固(即对3号桥墩周围冠梁及拉梁整体浇筑成板,以增强整体刚度),以减小基坑开挖引起的岩土体侧向变形。平面示意图如图5.17所示。

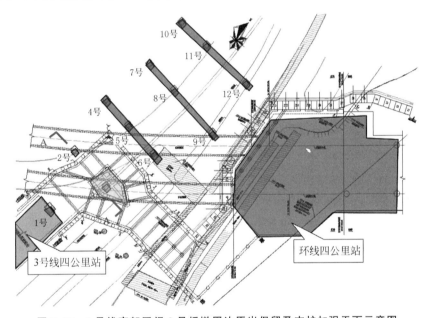

图5.17　3号线高架区间3号桥墩周边原岩保留及支护加强平面示意图

(3) 进行轨道保护体周围防排水专项设计,避免水体向轨道结构周边围岩下渗。

2. 施工方面

(1) 施工现场临时料堆、土石方尽量远离轨道区间隧道,并及时清运,做好场地临时防排水设施,施工便道选择在深埋区间上方。

(2) 控制保护区内基坑采用机械配合人工开挖。

(3) 优化施工步骤。为最大限度控制区间高架变形,同时兼顾工期要求,按如下步骤施工:①环线主体结构及换乘通道的基坑支护桩及冠梁施工;②车站基坑开挖及环线区间左线(距车站 30m 以上)、右线(距车站 40m 以上)施工;③环线某站主体结构的施工;④环线某区间隧道左、右线剩余部分的贯通;⑤换乘通道侧的基坑开挖。拟建轨道环线项目与轨道交通 3 号线总平面关系如图 5.18 所示。

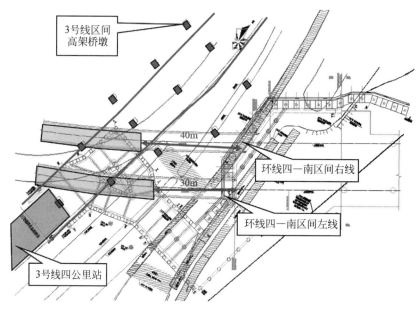

图 5.18 拟建轨道环线项目与轨道交通 3 号线总平面关系示意图

(4)加强施工监测,编制专项轨道结构变形超标应急预案。

(5)3 号桥墩周围基坑应分层对称开挖,且分层开挖深度不宜超过 2m。

(6)施工过程中严格控制锚索入射角度,确保与桥墩间的距离不小于 3m,以避免对既有桥墩结构产生影响。

3. 监测方面

(1)项目实施前,进行轨道结构现状调查。

(2)在评估所得的轨道变形最大区域加密布设监测点。

(3)全过程信息化施工,实时注意施工各步骤与区间隧道监测数据的联动。尤其是在开挖至典型阶段时,重点分析区间隧道检测数据,分析变形发展趋势,待确定变形稳定且未超过预警值时方可继续下一个步骤的施工。

5.2.8 案例总结

该项目为在高架车站及区间结构正下方及一侧进行隧道暗挖和基坑开挖,对高架下部结构周边地层存在应力释放,导致卸载回弹及桩基变形进而引起上部结构变形及内力变化风险。建议采取在原轨道桥墩周边保留原岩、设置加固结构等强支撑、基坑开挖采用抗滑桩锚体系、施工开挖步骤调整等措施优化设计及施工方案,将建设项目实施对轨道交通结构的影响控制在安全指标范围内。

5.3　小结

"十三五"期间,重庆市加速构建"一张网、多模式、全覆盖"轨道交通网络,支撑重庆主城空间发展。轨道交通引领城市发展,这与轨道交通控制保护区的安全管理密不可分。本章的轨道建设项目案例汇总分析了评估新建轨道车站以及新建轨道区间线路对既有轨道线路影响的方法,为轨道交通建设工程的安全评估提供了参考。更多案例可参考附录。

第6章

管线建设项目典型案例

我国城镇化的不断发展,使得市政工程项目改造工作的规模越来越大,复杂程度越来越高。地下管线是市政工程项目重要组成部分,管线建设项目的施工可能会对轨道交通控制保护区产生一定的影响。本章精选了三个典型的管线建设项目案例,包括新建、改扩建电缆隧道工程和排水管线迁改工程,从工程概况、风险识别、结构安全性计算分析等8个方面详细论述了管线建设项目对轨道交通控制保护区的影响,并提出了相应的控制保护措施。

6.1 GX01号项目

6.1.1 建设项目工程概况

该工程位于重庆市渝中区,为新建输电线路工程,项目涉轨概况如表6.1所示。该工程东起较场口转盘,向西延伸至某看守所北面,电力隧道整体呈东西走向,工程计划采用钻爆法暗挖施工。

表6.1 GX01号项目涉轨概况一览表

项目名称	GX01号项目
项目类型	房建□ 路桥隧□ 铁路□ 航空□ 管线☑ 枢纽□ 港口□ 其他□
项目性质	新建☑ 改(扩)建□
相关线路名称	1号线A站区域、10号线A站区域、1号线B站区域、1号线(较场口—A站)区间
项目与轨道的关系概况	位于轨道的(区间☑ 车站☑ 车场□ 设施设备□)控制保护区范围内
项目施工期间(建成后)对轨道交通安全影响的主要风险因素	基坑开挖□ 桩基开挖□ 建筑施工□ 边坡维护□ 道路施工□ 隧道开挖☑ 管道施工☑ 其他□

该工程路径选择受城市市政管网、轨道交通、高层建筑及人防设施的限制,隧道沿现有的公路(含规划道路)及街巷下方修建,避开密集建筑群及主要公共建筑设施。项目起于一

个变电站，途经凯旋路、新华路、和平路、中山一路、中山一支路及兴隆街，最后接石板坡变电站全线地下暗挖，主隧道总长2330m，风孔及工作井设置在道路边的人行道及花坛等处。整个路径西起A站，东至B站，地面标高293.0～207.0m，隧道埋深10.3～40.9m，统一向东排水，设置5处集水井收集进水后用泵抽排至地面城市雨水管网。该项目平面布置情况如图6.1所示。

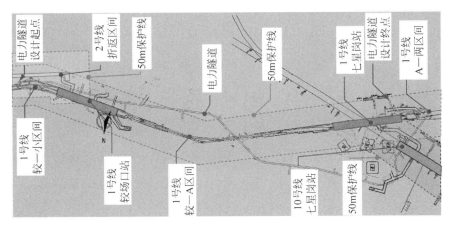

图6.1 电力隧道平面布置图

6.1.2 轨道交通概况

本次设计段(K0+562.0—K2+108.71)(后简称电力隧道)长1546.7m，设置工作、通风竖井12处，集水井8处。与轨道交通1号线交叉3次，2次处于轨道上，1次处于轨道下；与10号线交叉1次，在轨道上通过；与轨道出口通道交叉2次，与1号线人行通道交叉5次，与10号线规划人行通道交叉2次，与电缆隧道交叉1次，与人防通道交叉1次。主隧道为暗挖施工段，主要穿过中风化砂质泥岩和砂岩，围岩级别Ⅳ级。

该项目所影响的轨道交通设施(自电力隧道设计起点至终点)主要包含：2号线折返区间隧道及风井、1号线(较场口—小什字)区间、1号线B站主体及附属结构、1号线(较场口—A)区间、10号线A站主体及附属结构、1号线(A—两路口)区间、1号线A站主体及附属结构。

电力隧道主洞均采用圆拱直墙断面，内净空宽度为2.4m，净高为3.5m。电力隧道为钢筋混凝土结构，超前支护采用φ42小导管，初期支护采用钢拱架加挂网喷射混凝土，二次衬砌采用300mm厚C40钢筋混凝土。详细尺寸及参数如图6.2和图6.3所示。

鉴于电力隧道影响区域较大，分1、2、3区分别进行描述，如图6.4所示。其中1区为1号线A站区域和10号线A站区域；2区为1号线(A—较场口)区间区域；3区为1号线B站区域。平面布置情况如图6.4所示，三维模型示意图如图6.5所示。

6.1.3 工程地质概况

重庆轨道交通1号线控制保护区内该工程的地质概况如表6.2所示。

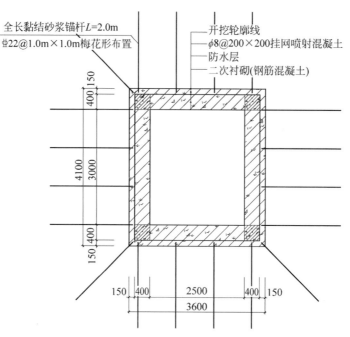

图 6.2　拟建电力隧道工作/通风井横断面设计图

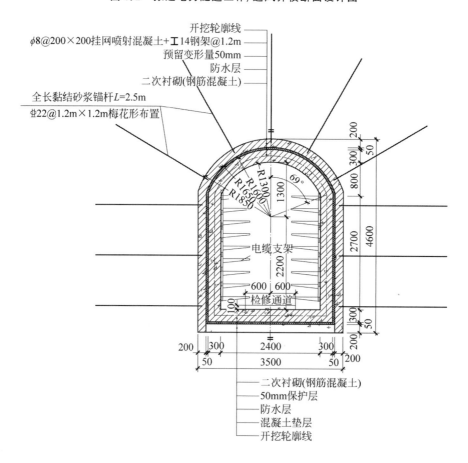

图 6.3　拟建电力隧道横断面设计图

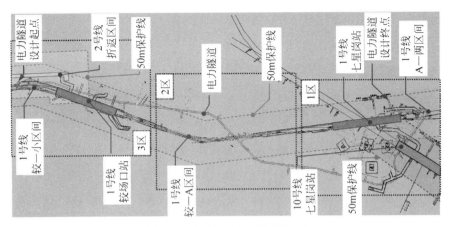

图 6.4 电力隧道平面布置总图

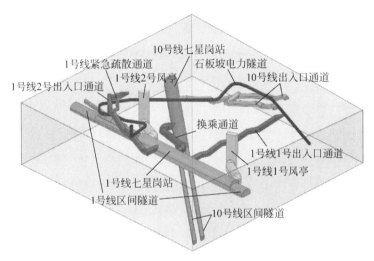

图 6.5 1 号线 A 站区域三维模型

表 6.2 工程地质概况表

地形地貌	拟建场地属于构造剥蚀丘陵地貌区,线路沿脊状山丘行进,地形呈缓坡状,随着线路的前进方向总体地势逐步升高。隧道总体沿东北向展布,总体地势北高东低,现地面一般高程 245.00~280.00m,最高点高程为 293.16m,最低点高程为 206.51m,相对高差 86.65m 左右
地层岩性	场地地层结构为:覆盖层主要为第四系人工填土,局部有少量坡残积粉质黏土,下伏侏罗系中统沙溪庙组岩石
地质构造	J1:倾向 340°,倾角 74°~83°,裂隙面平直闭合,无充填物,深度上有一定延伸,延伸 3~10m,间距 1~3m,为硬性结构面,结合一般。 J2:倾向 130°,倾角 73°~85°,间距 3~5m,裂隙面平直,延伸 5~8m。与上述第一组为共轭"X"形裂隙。为硬性结构面,结合一般

1. 地勘中岩土参数建议值

根据野外鉴别和室内岩石试验成果,并结合当地地区经验,参数取值建议如下:

1）人工填土物理力学参数取值建议

根据工程地质手册，结合地区经验，人工填土物理力学参数取值如下：

人工填土天然重度 $\gamma=20\text{kN/m}^3$

人工填土综合内摩擦角 $\varphi=30°$

人工填土压缩模量 $E_s=10\text{MPa}$

2）粉质黏土物理力学参数取值建议

根据地区经验，粉质黏土物理力学指标取值如下：天然重度 γ 取 20.0kN/m^3，饱和重度 γ_{sat} 取 20.5kN/m^3，天然抗剪强度指标 $\varphi=12.9°$，$c=30.25\text{kPa}$。

岩体物理力学性质参数建议值如表6.3所示。

表6.3 岩体物理力学性质参数建议值一览表

类别	天然重度 γ /(kN/m³)	抗压强度标准值/MPa		岩体抗剪强度指标标准值		岩体抗拉强度标准值/kPa	弹性模量/MPa	岩体水平弹性抗力系数/(MN/m³)
		天然	饱和	黏聚力/kPa	内摩擦角/(°)			
砂质泥岩	25.35	11.7	7.7	720	30.15	276	1468.34	80
砂岩	24.08	26.8	20.0	2235	34.02	880	4795.79	180

其他物理力学参数：

中等风化砂质泥岩岩质边坡破裂角取 $45°+\varphi/2=60.0°$，中等风化砂岩岩质边坡破裂角取 $45°+\varphi/2=62.0°$。

水泥砂浆与中风化砂质泥岩黏结强度取350kPa，水泥砂浆与中风化砂岩黏结强度取450kPa。

2. 轨道交通1号线A站、B站岩土参数建议值

综合地勘报告，A站和B站岩土物理力学性质参数建议值如表6.4～表6.6所示。

表6.4 1号线A站岩土参数建议值

岩土名称		中风化砂质泥岩	中风化砂质泥岩（Ⅰ区）	中风化砂岩	人工填土
重度/(kN/m³)		25.6	25.6	25	20
地基承载力标准值/kPa		1800	1500	2000	
岩石抗压强度标准值/MPa	天然	21.8	12.5	30.7	
	饱和	14.1	7.7	22.0	
变形模量 E_0/MPa		2279.2	1126.3	2822.4	
弹性模量 E_e/MPa		2846.9	1402.8	3360.7	
泊松比 μ		0.38	0.38	0.13	
岩体抗拉强度 σ_t/kPa		348	168	500	
黏聚力 c/kPa		1080	480	1920	
内摩擦角 φ/(°)		35	32	42	30
基床系数（弹性抗力系数）/(MPa/m)		300	300	500	
砂浆与岩石的黏结强度/kPa		350	350	450	
基底摩擦系数		0.50	0.50	0.55	

表 6.5 1 号线 B 站岩土参数建议值（一）

岩性	风化程度	重度 /(kN/m³)	岩石单轴极限抗压强度标准值/MPa		地基承载力特征值 /kPa	岩土体抗剪强度		锚杆混凝土与岩土的黏结强度特征值/kPa
			自然	饱和		内摩擦角 φ /(°)	黏聚力 c /kPa	
素填土		18.5				30	0	
砂岩	中等风化	25.3	42.0	31.8	11095	40.4	2175	500
软砂岩			0.74	0.36	300			
砂质泥岩	强风化	24.5			350			
	中等风化	26.0	18.7	11.9	4165	33.0	1200	300

表 6.6 1 号线 B 站岩土参数建议值（二）

岩性	围岩						围岩与坑工的摩擦系数	车站、通道和明挖段允许放坡率
	变形模量/MPa	泊松比 μ	弹性波速 V_p /(m/s)	完整性系数 K	弹性抗力系数 /(MPa/m)	抗拉强度 /kPa		
素填土							0.3	1：1
砂岩							0.6	1：0.2～1：0.4
软砂岩								
砂质泥岩							0.35	1：0.75
	2500	0.37	2612～2777	0.65～0.67	200	324	0.50	1：0.5

本次评估采用的岩土参数以原轨道交通 1 号线地勘资料以及项目地勘资料为基础，取各项参数较小值，并根据以往工程经验对部分岩土力学参数进行一定的折减，得到本次计算分析采用的岩土力学参数，详见表 6.7。

表 6.7 评估采用的岩土参数表

岩土名称	重度 /(kN/m³)	单轴饱和抗压强度标准值 /MPa	黏聚力 c/kPa	内摩擦角 φ/(°)	变形/弹性模量 /MPa	泊松比 μ
杂填土	19.5		0	25	40	0.45
粉质黏土	19.8		20*	10*	40	0.45
砂岩	25.0	22.0	1000	34	1400	0.21
泥岩	25.6	7.7	240	30	700	0.38
混凝土 C20	25.0				25500	0.20
混凝土 C25	25.0				28000	0.20
混凝土 C30	25.0				30000	0.20
混凝土 C40	25.0				32500	0.20
锚杆钢筋	78.5				206000	0.30

注：*代表经验值。

6.1.4 风险识别

以1号线A站区域为例,风险识别如下:

1. 1号线A站主体

电力隧道上跨1号线A站主体,平面位置为车站主体西端,电力隧道建设对车站主体原有围岩造成扰动,可能会影响车站主体的结构安全与运营安全。

2. 1号线A站2号出入口及3号紧急疏散通道

电力隧道终端上跨1号线A站2号出入口深埋段,向西与2号出入口平行走向,并在2出入口浅埋段下穿3号紧急疏散通道与出入口通道,同时在A5剖面处存在电力竖井。该段关系复杂且与轨道结构距离较近,电力隧道建设可能会影响2号出入口通道及3号紧急疏散通道的结构安全与运营安全。

3. 1号线(A—两路口)区间

电力隧道在与1号线A站2号出入口平行走向的同时位于1号线A—两路口区间上方,并在下穿2号出入口通道后向东北方向转折上跨1号线A—两路口区间结构,该段可能会影响紧急疏散通道的结构安全与运营安全。

4. 1号线A站2号风井

电力隧道在1号线A站2号风井段与风井走向相同,标高处于风井中部,隧道开挖会释放风井侧壁围岩水平应力,造成风井侧壁压力重分布,可能引起风井结构位移及裂缝过大产生失稳。

5. 1号线A站1号出入口及1号风井

电力隧道平面布置处于1号线A站1号出入口及1号风道控制保护区范围外,因此上述两个轨道结构设施并非本次论证风险源。其中1号出入口出口段与电力隧道平面的最小结构距离为10.2~11.1m,处于保护线边缘,该段最深部见A9—A9剖面,电力隧道处于中风化砂岩岩层,隧道顶与出入口底板竖向距离达11.4m,经分析认为该出入口可不作为风险源考虑,但该段电力隧道紧邻控制保护区,不应采用爆破开挖方式建设电力隧道。

6.1.5 评估安全控制指标

(1) 依据重庆市轨道交通(集团)有限公司编制的《重庆轨道交通1号线地铁线路修理规则(试行)》(2011.03)第八十二条保养标准确定对轨道线路的静态几何尺寸容差值,详见表6.8。

表6.8 线路轨道静态几何尺寸容许偏差值   单位:mm

项 目	维修验收			经常保养			临时修补		
	120km/h≥v>100km/h 正线	100km/h 以下正线	车场线	120km/h≥v>100km/h 正线	100km/h 以下正线	车场线	120km/h≥v>100km/h 正线	100km/h 以下正线	车场线
轨距	+6 -2	+6 -2	+6 -2	+7 -4	+8 -4	+9 -4	+8 -4	+9 -4	+10 -4

续表

项 目		维修验收			经常保养			临时修补		
		120km/h≥v＞100km/h正线	100km/h以下正线	车场线	120km/h≥v＞100km/h正线	100km/h以下正线	车场线	120km/h≥v＞100km/h正线	100km/h以下正线	车场线
水平		4	4	5	6	6	8	9	10	11
高低		4	4	5	6	6	8	9	10	11
轨向(直线)		4	4	5	6	6	8	9	10	11
三角坑(扭曲)	缓和曲线	4	4	5	5	6	7	6	7	8
	直线和圆曲线	4	4	5	6	6	8	8	9	10

注:(1) 试车线的维修以正线计;
(2) 轨距偏差不含曲线上按规定设置的轨距加宽值,但最大轨距(含加宽和偏差)不得超过1456mm;
(3) 轨向偏差和高低偏差为10m弦测量的最大矢度值;
(4) 三角坑偏差不含曲线超高顺坡造成的扭曲量,检查三角坑时基长为6.3m,但在延长18m的距离内无超过表列数据的三角坑。

同时参考《重庆市轨道交通控制保护区建设第三方监测管理暂行办法》和深圳《地铁运营安全保护区和建设规划控制区第三方监测控制指标》,控制指标如下:

① 车站结构设施绝对沉降量及水平位移量≤10mm;
② 隧道结构绝对沉降量及水平位移量≤10mm;
③ 轨道道床整体位移,竖向≤±4mm,水平≤±4mm,两轨道横向高差变化值≤±4mm;
④ 隧道纵向不均匀变形＜1/5000;
⑤ 爆破震速＜1.5cm/s。

(2) 10号线A站东侧出入口隧道建设拱脚水平相对净空变化≤0.20%～0.70%,拱顶相对下沉≤0.03%～0.07%。(控制指标为《铁路隧道设计规范》中Ⅳ级围岩对应单线隧道初期支护极限相对位移,详细参见表6.9)

表6.9 《铁路隧道设计规范》中单线隧道初期支护极限相对位移表

围岩级别	隧道埋深 h/m		
	$h \leq 50$	$50 < h \leq 300$	$300 < h \leq 500$
拱脚水平相对净空变化			
Ⅱ			0.20%～0.60%
Ⅲ	0.10%～0.50%	0.40%～0.70%	0.60%～1.50%
Ⅳ	0.20%～0.70%	0.50%～2.60%	2.40%～3.50%
Ⅴ	0.30%～1.00%	0.80%～3.50%	3.00%～5.00%

续表

围岩级别	隧道埋深 h/m		
	$h \leqslant 50$	$50 < h \leqslant 300$	$300 < h \leqslant 500$
	拱顶相对下沉		
Ⅱ		0.01%～0.05%	0.04%～0.08%
Ⅲ	0.01%～0.04%	0.03%～0.11%	0.10%～0.25%
Ⅳ	0.03%～0.07%	0.06%～0.15%	0.10%～0.60%
Ⅴ	0.06%～0.12%	0.10%～0.60%	0.50%～1.20%

(3) 10号线A站东侧出入口隧道建设应无贯通塑性区。

(4) 10号线A站东侧风井,基坑支护结构最大水平位移不超过 $0.18\%H$ 与30mm中较小值,坑外地表最大沉降不超过 $0.15\%H$ 与50mm中较小值,坑底隆起不超过35mm。详细参见表6.10和表6.11。

表6.10 《上海市基坑工程技术规范》基坑变形设计控制标准参考值

基坑环境保护等级	围护结构最大侧移	坑外地表最大沉降
一级	$0.18\%H$	$0.15\%H$
二级	$0.30\%H$	$0.25\%H$
三级	$0.70\%H$	$0.55\%H$

注:H 为基坑开挖深度,m。

表6.11 《深圳市深基坑支护技术规范》中支护结构顶部最大水平位移控制参考值

基坑支护安全等级	排桩、地下连续墙加内支撑支护	排桩、地下连续墙加锚杆支护、双排桩、复合土钉墙	坡率法、土钉墙或复合土钉墙、水泥土挡墙、悬臂式排桩、钢板桩等
一级	$0.002H$ 与 30mm 的较小值	$0.003H$ 与 40mm 的较小值	
二级	$0.004H$ 与 50mm 的较小值	$0.006H$ 与 60mm 的较小值	$0.01H$ 与 80mm 的较小值
三级		$0.01H$ 与 80mm 的较小值	$0.02H$ 与 100mm 的较小值

注:H 为基坑开挖深度,mm。

(5) 电力隧道、竖井建设过程中控制保护区内建、构筑物应满足变形控制标准:平均沉降量 $\leqslant$ 50mm,相邻柱基沉降差 $\leqslant 0.002l$(l 为相邻柱基中心距),整体倾斜率应小于2.5‰。

6.1.6 结构安全性计算分析

以1号线A站区域为例分析计算结构安全性:

1. 三维计算——电力隧道建设对1号线A站及其附属结构影响的计算分析

计算采用ANSYS有限元软件。根据电力隧道与1号线A站区域轨道相关设施结构的相对位置关系,建立三维数值模型如图6.6所示,模拟隧道与基坑开挖和支护,岩土屈服条件采用Drucker-Prager屈服准则。

计算荷载:施加重力场 9.8m/s^2。

整理得到1号线车站、区间隧道及附属结构拱顶和仰拱最大竖向位移以及边墙侧向位

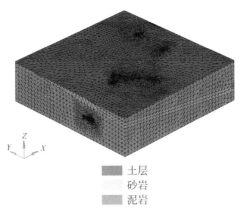

■ 土层
砂岩
■ 泥岩

图 6.6　有限元模型

移如表 6.12 所示。

表 6.12　计算结果统计表　　　　　　　　　　　单位：mm

序号	分析对象		拱顶最大竖向位移	仰拱最大竖向位移	边墙最大侧向位移
1	1 号线 A 站	车站主体	0.09	0.07	0.02
2		2 号出入口	0.16	0.11	0.06
3		3 号紧急疏散通道	0.06	0.09	0.01
4		2 号风井	—	—	0.05
5	1 号线 A—两区间隧道	左线	0.13	0.10	0.02
6		右线	0.12	0.08	0.01
7	电力隧道		0.6	0.6	0.12

2. A4 剖面——电力隧道建设对 1 号线 A 站主体、2 号出入口结构的影响

计算采用 midas GTS 有限元软件。根据轨道保护影响范围及电力隧道与轨道交通相关设施的相对位置关系，建立计算模型如图 6.7 所示，模型尺寸为 142m×92m。该模型模拟了电力隧道建设对轨道交通 1 号线 A 站主体及 2 号出入口深埋段隧道结构的影响，主要分析电力隧道建设对轨道交通结构变形及稳定性的影响，计算结果如表 6.13 所示。

表 6.13　A4 剖面计算结果统计表

考察对象			最大水平位移/mm	最大竖向位移/mm	围岩塑性应变/mm
1 号线	A 站主体结构	拱顶	0.07	0.28	0.00
		侧墙	0.09	0.21	0.00
		仰拱	0.03	0.06	0.00
	A 站 2 号出入口	拱顶	−0.06	0.15	0.00
		侧墙	−0.08	0.23	0.00
		底板	−0.02	0.17	0.00
拟建电力隧道		拱顶	0.10	−0.96	0.00
		侧墙	0.90	0.27	0.00
		底板	−0.20	2.16	0.00

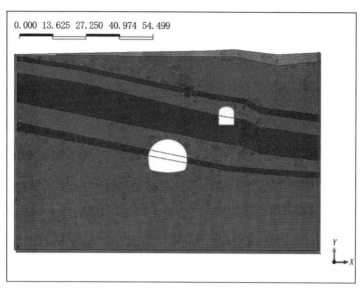

图 6.7　电力隧道建设计算模型（A4 剖面）

3. A5 剖面——电力隧道、竖井建设对 1 号线 A—两区间、A 站 2 号出入口结构的影响

计算采用 midas GTS 有限元软件。根据轨道保护影响范围及电力隧道、竖井与轨道交通相关设施的相对位置关系建立计算模型如图 6.8 所示，模型尺寸为 95m×77m。该模型模拟了电力隧道、竖井建设对轨道交通 1 号线 A—两区间、A 站 2 号出入口通道隧道结构的影响，主要分析电力隧道、竖井建设对轨道交通结构变形及稳定性的影响，计算结果如表 6.14 所示。

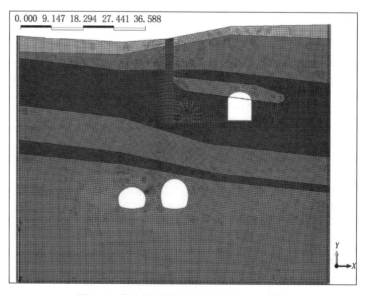

图 6.8　电力隧道建设计算模型（A5 剖面）

表 6.14 A5 剖面计算结果统计表

考察对象			最大水平位移/mm	最大竖向位移/mm	围岩塑性应变
1号线	A站2号出入口（暗挖段）	拱顶	−0.18	0.45	0.00
		侧墙	−0.13	0.51	0.00
		底板	−0.03	0.35	0.00
	A—两区间左线	拱顶	−0.02	0.97	0.00
		侧墙	−0.22	0.71	0.00
		仰拱	−0.06	0.38	0.00
	A—两区间右线	拱顶	0.24	0.71	0.00
		侧墙	0.30	0.63	0.00
		仰拱	0.13	0.33	0.00
拟建电力隧道	隧道	拱顶	−0.36	−0.32	0.00
		侧墙	−0.30	1.28	0.00
		底板	0.23	2.65	0.00
	竖井	侧墙（左）	−0.19	1.60	0.00
		侧墙（右）	0.42	1.27	0.00
		底板	0.34	2.48	0.00

4. A7 剖面——电力隧道建设对 1 号线 A—两区间、A 站 2 号出入口浅埋段、3 号紧急疏散竖井结构的影响

计算采用 midas GTS 有限元软件。根据轨道保护影响范围及电力隧道与轨道交通相关设施的相对位置关系建立计算模型如图 6.9 所示,模型尺寸为 95m×76m。该模型模拟了电力隧道建设对轨道交通 1 号线 A—两区间、A 站 2 号出入口浅埋段、3 号紧急疏散竖井结构的影响,主要分析电力隧道建设对轨道交通结构变形及稳定性的影响,计算结果如表 6.15 所示。

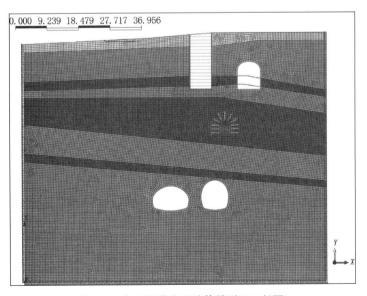

图 6.9 电力隧道建设计算模型（A7 剖面）

表 6.15 A7 剖面计算结果统计表

考察对象		最大水平位移/mm	最大竖向位移/mm	围岩塑性应变
1号线	A站2号出入口（暗挖段） 拱顶	−0.02	−0.08	0.00
	A站2号出入口（暗挖段） 侧墙	−0.02	−0.20	0.00
	A站2号出入口（暗挖段） 底板	−0.06	−0.07	0.00
	A站3号紧急疏散竖井 侧墙（左）	0.04	0.00	0.00
	A站3号紧急疏散竖井 侧墙（右）	0.02	−0.21	0.00
	A站3号紧急疏散竖井 底板	0.07	−0.09	0.00
	A—两区间左线 拱顶	0.08	0.36	0.00
	A—两区间左线 侧墙	0.17	0.25	0.00
	A—两区间左线 仰拱	0.03	0.12	0.00
	A—两区间右线 拱顶	0.15	0.06	0.00
	A—两区间右线 侧墙	0.09	0.15	0.00
	A—两区间右线 仰拱	0.07	0.04	0.00
拟建电力隧道	拱顶	−0.01	−1.04	0.00
	侧墙	0.21	0.33	0.00
	底板	0.11	2.06	0.00

5. A8 剖面——电力隧道建设对 1 号线 A 站 2 号风井结构的影响

计算采用 midas GTS 有限元软件。根据轨道保护影响范围及电力隧道与轨道交通相关设施的相对位置关系建立计算模型如图 6.10 所示，模型尺寸为 98m×83m。该模型模拟了电力隧道建设对轨道交通 1 号线 A 站 2 号风井结构的影响，主要分析电力隧道建设对轨道交通结构变形及稳定性的影响，计算结果如表 6.16 所示。

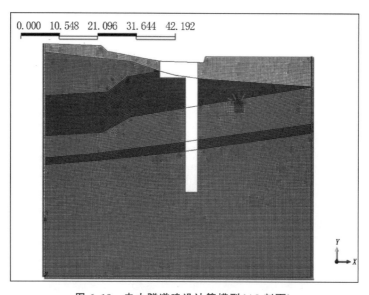

图 6.10 电力隧道建设计算模型（A8 剖面）

表 6.16　A8 剖面计算结果统计表

考察对象			最大水平位移/mm	最大竖向位移/mm	围岩塑性应变
1号线	A站2号风井	侧墙（左）	0.12	0.10	0.00
		侧墙（右）	0.13	0.19	0.00
		底板	0.09	0.10	0.00
拟建电力隧道		拱顶	−0.06	−0.55	0.00
		侧墙	−0.84	0.73	0.00
		底板	0.38	1.88	0.00

6.1.7　轨道交通保护措施

采取的轨道交通保护措施如下：

（1）电力隧道宜全线禁止爆破，控制保护区范围内的电力隧道应采用机械开挖的方式进行隧道建设，且二衬应紧跟初支施作，控制保护区范围内严禁爆破施工。

（2）控制保护区范围外，宜采用机械开挖施工方式并二衬紧跟初支施作，电力隧道设计里程 K0+979.2—K1+150.8 与 K1+289.0—K1+547.7 段，若条件限制无法机械开挖，则采用控制爆破施工，并提出以下建议：

① 采用多段微差爆破技术等措施减少爆破震动危害；
② 爆破最大震速大部分出现在掏槽眼，减少掏槽眼每段的装药量能够降低震动速度；
③ 必要时可以考虑沿开挖轮廓线周边设置减震孔，深度同炮眼深度，以降低爆破震速；
④ 建议采用高精度数码电子雷管。

（3）电力隧道、竖井施工及使用阶段加强防排水措施，避免坑（洞）内长时间积水造成轨道相关设施围岩结构参数及边界条件发生变化。

（4）对于电力隧道正穿轨道结构的区段（如下穿1号线 A 站2号出入口、下穿1号线 A—两区间、上跨1号较—A 区间等部位），宜在轨道交通非运营时段进行施工及监测，减小对轨道交通运营产生的风险。

（5）施工前做好合理有效应急预案以及现场应急准备工作，确保将施工风险降至可控范围内。

（6）施工期间应委托满足资质要求的第三方监测单位对控制保护区范围内1、2号线相关结构设施进行实时监测，监测结果应定期向轨道公司反馈，发生监测预警或报警应及时通知轨道公司相关部门协同处理。

6.1.8　案例总结

该工程为新建输电线路工程，电力隧道影响区域较大，包括多个线路区域以及站点，工程计划采用钻爆法暗挖施工。电力隧道建设对车站主体原有围岩造成扰动，影响紧急疏散通道的结构安全与运营安全，造成风井结构位移及裂缝过大产生失稳。本项目电力隧道采用暗挖施工，线路长，影响的轨道交通结构范围广。电力隧道建设宜全线禁止爆破，应采用机械开挖的方式进行，并对正穿隧道结构的区段进行检测，减小对轨道交通运营的风险。

6.2 GX02号项目

6.2.1 建设项目工程概况

该项目位于重庆市两江新区,为管线工程,项目涉轨概况如表6.17所示。根据现状管线物探资料,地块范围内有3根现状雨水管涵(断面分别为 $D2000$、$D1500$、$B \times H = 2000m \times 1800m$)以及1根 $D800$ 现状污水干管且埋深较深(位于车库底板下方),项目平面布置情况如图6.11所示。将地块红线范围内的排水主干管进行迁改及保护设计。

表6.17 GX02号项目涉轨概况一览表

项目名称	GX02号项目
项目类型	房建☐ 路桥隧☐ 铁路☐ 航空☐ 管线☑ 枢纽☐ 港口☐ 其他☐
项目性质	新建☐ 改(扩)建☑
相关线路名称	轨道3号线、3号线出入段、26号线C站至D站区间
项目与轨道的关系概况	位于轨道的(区间☑ 车站☑ 车场☐ 设施设备☐)控制保护区范围内
项目施工期间(建成后)对轨道交通安全影响的主要风险因素	基坑开挖☐ 桩基开挖☐ 建筑施工☐ 边坡维护☐ 道路施工☐ 隧道开挖☐ 管道施工☑ 其他☐

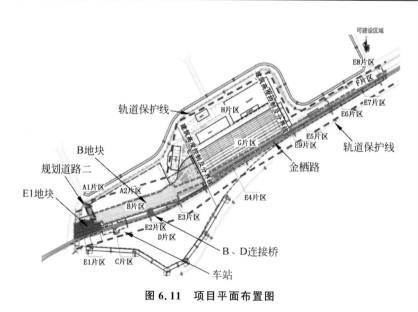

图6.11 项目平面布置图

6.2.2 轨道交通概况

本次项目中涉及轨道的为 $D2800$ 雨水管、$D800$ 污水管、$D1000$ 雨水管、$D3000$ 雨水管。轨道交通3号线自西向东穿过项目用地。还建 $D2800$ 雨水管于桩号 YDK20+917.048

处下穿轨道3号线,下穿处管底内标高263.1m,轨道3号线正线隧道洞底标高273.5m,高差约为7.5m。还建D2800雨水管于桩号L32K0+93.859处下穿轨道3号线出入段,下穿处管底内标高263.6m,轨道3号线出入段轨顶标高282.4m,高差约为15.6m,其位置关系如图6.12所示。

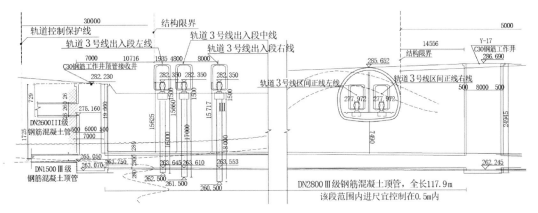

图6.12 还建D2800雨水管与轨道3号线和轨道3号线出入段竖向位置关系

由还建D800污水管与轨道3号线的竖向位置关系可以看出,还建D800污水管靠近轨道3号线地面段,管底内标高272.2m,轨道3号线轨顶标高279.4m,高差约为7.2m,工作井内径2.5m,其位置关系如图6.13所示。

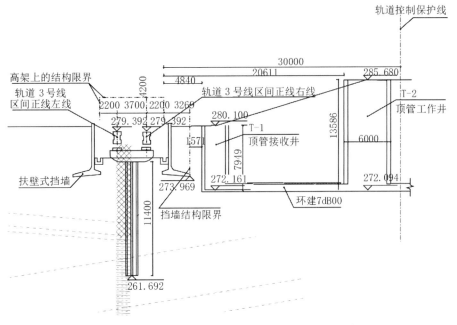

图6.13 还建D800污水管与轨道3号线竖向位置关系

由还建D1000雨水管与轨道3号线的平面位置关系可以看出,还建D1000雨水管呈南北走向,逐渐远离轨道3号线。在轨道交通控制保护区,距离轨道3号线结构边线最近处雨水井Y-10-4约为22.1m,最远处为雨水井Y-10-3,距离轨道结构边线约27.3m,其位置关系如图 6.14 所示。

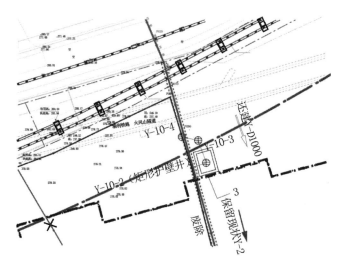

图 6.14　还建 $D1000$ 雨水管与轨道 3 号线平面位置关系

由还建 $D3000$ 雨水管与轨道 26 号线的竖向位置关系可以看出，还建 $D3000$ 雨水管于桩号 AK42+480.334 处上跨轨道 26 号线左线隧道段，$D3000$ 雨水管底内标高 260.6m，轨道 26 号线左线轨顶标高 200.5m，最小垂直距离约为 52.8m；还建 $D3000$ 雨水管于桩号 AK42+490.300 处上跨轨道 26 号线右线隧道段，$D3000$ 雨水管底内标高 260.5m，轨道 26 号线右线轨顶标高 200.5m，最小垂直距离约为 52.6m，其位置关系如图 6.15 所示。

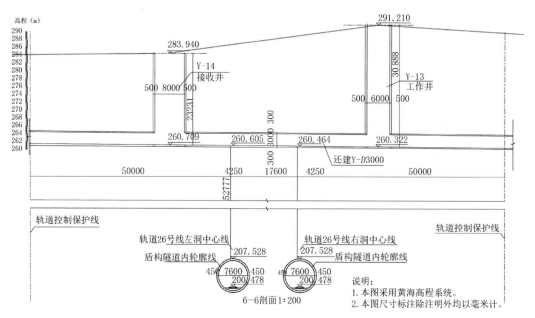

图 6.15　还建 $D3000$ 雨水管与轨道 26 号线竖向位置关系

本次设计范围内涉及的轨道线路主要有轨道 3 号线及其出入段。重庆市轨道 3 号线为跨座式单轨线路。3 号线二期工程龙头寺—江北机场段全长 18.9km，设童家院子、金渝、经开园、鸳鸯、翠云南、翠云北、凉井、回兴（原桐岩）、双龙（原两路站）、碧津、江北机场共 11 个车站。除 A 站为地面站、B 站为地下站外,其余均为高架车站。

重庆轨道 26 号线为城轨快线,现处于远期规划阶段。轨道 26 号线规划从白市驿到江北机场,与本项目相关的区间为 C 站至 D 站区间。该区间全长 4.1km,为地下隧道段,轨面设计高程为 190~220m,与现状地面有较大高差距离。

6.2.3 工程地质概况

该项目的工程地质概况如表 6.18 所示,岩土体设计参数建议值如表 6.19 所示。

表 6.18 工程地质概况表

地形地貌	拟建场地属构造剥蚀丘陵地貌,场内最低点海拔高程 277.9m,最高点海拔高程 286.5m,相对高约 8.6m。现状地形变化小,地形较平缓,地形坡度 5°~8°。在场地南侧邻近轨道线轨行区;在南侧距离拟建场地 33.0~50.0m 处有渝利铁路火风山隧道通过,隧道顶标高为 241.0~248.3m,底标高为 239.0~239.9m
地层岩性	根据地表调查及钻孔揭露,场区钻探深度范围内地层主要为第四系全新统人工填土(Q_4^{ml})、粉质黏土(Q_4^{el+dl})及侏罗系中统沙溪庙组(J_2s)
地质构造	场地区域地质构造位于龙王洞背斜北西翼,岩层呈单斜产出。岩层产状 310°∠8°,未见断裂构造,在场地基岩露头上调查有 2 组裂隙。分述如下: 裂隙①:产状 75°∠57°,可见竖向延伸长 3~4m,张开度 1.00~3.00mm,泥质充填,间距 0.50~1.50m,结合程度很差,属软弱结构面。 裂隙②:产状 17°∠75°,延伸长 4~5m,张开度大于 3.00mm,泥化(皮)附面充填,间距 0.50~1.00m,结合程度很差,属软弱结构面。 岩层结构面局部层间发育裂隙,见泥质充填,为结合很差的软弱结构面

拟建场地属于构造剥蚀浅丘地貌。岩层呈单斜产出,地质构造简单。场地内地层为第四系全新统的人工填土、粉质黏土及侏罗系中统沙溪庙组砂质泥岩、砂岩。地下水贫乏,水文地质条件简单。场地内无建筑物,场地现状稳定性较好。拟建场地内及其周边无河道、沟浜、墓穴、防空洞、孤石等对工程不利的埋藏物以及无滑坡、泥石流、危岩、崩塌等不良地质作用及地质灾害。场地地基稳定,岩质地基稳定。对拟建场地内环境边坡进行有效处理后,适宜本工程建设。

表 6.19 岩土体设计参数建议值

岩性	天然重度 γ/(kN/m³)	抗压强度/MPa 自然 R_a	抗压强度/MPa 饱和 R_b	变形模量 $E_\text{变}$/MPa	弹性模量 $E_\text{弹}$/MPa	泊松比 μ	内摩擦角 φ/(°)	黏聚力 c/kPa	桩的极限侧阻力标准值 q_{sik}/kPa	弹性抗力系数 K_x/(MPa/m)
素填土	20.0					0.42	30(综合)		25	
粉质黏土	20.0						10.9	29.0	62	30
砂质泥岩	25.2	18.2	11.6	2000	2600	0.36	33	1000	140(强风化)	300
砂岩	24.9	44	33.1	4100	4800	0.1	42	1900	160(强风化)	500

对地勘岩体弹性模量、黏聚力、内摩擦角进行折减,系数为0.8,对中风化岩各参数乘以系数0.3作为强风化岩计算参数,如表6.20所示,根据该系数进行计算模拟。

表6.20 岩土力学参数

材料性质	天然重度 /(kN/m³)	弹性模量 /GPa	泊松比 μ	黏聚力 /MPa	内摩擦角 /(°)	抗拉强度 /kPa	抗压强度 /MPa
填土层	20.0	0.02	0.42	—	30	—	—
中风化泥岩	25.2	2.080	0.36	0.800	23.2	128	11.6
强风化泥岩	25.2	0.624	0.36	0.240	23.2	38.4	3.48
中风化砂岩	24.9	3.840	0.10	1.520	33.6	470	33.1
强风化砂岩	24.9	1.152	0.10	0.456	10.08	141	9.93
混凝土C30	25	30	0.2	—	—	1430	14.3

6.2.4 风险识别及等级划分

项目实施对轨道结构存在如下风险:

1. 工作井及顶管开挖

本项目$D2800$雨水顶管下穿轨道3号线正线,其工作井Y-17距离轨道结构边线约14.6m,且工作井大部分位于土层及强风化层,工作井断面较大,工作井开挖会引起轨道基础所在岩土体围岩应力发生变化,使岩土体向开挖方向偏移,导致轨道相关结构发生位移,影响结构安全;顶管位于轨道正线桩基之间,顶管断面2.8m,毛洞直径约3.4m,开挖断面较大,顶管开挖会引起轨道桩基围岩应力发生变化,对桩基承载力有一定影响,会引起桩顶变形,对轨道结构安全造成一定影响。

2. 轨道、隧道沉降

本项目$D2800$雨水顶管下穿3号线出入段隧道段,顶管位于明挖隧道正下方,顶管断面直径2.8m,毛洞直径约3.4m,开挖断面较大,顶管开挖会引起轨道、隧道结构部分沉降,对轨道结构安全造成一定影响。

3. 挡墙及桩基变形

本项目$D800$污水顶管工作井距离轨道3号线敞口段挡墙较近,该处土体加厚,工作井开挖会引起轨道一侧扶壁式挡墙发生位移变化,若挡墙支护能力减小,会造成边坡失稳,对轨道结构不利;且挡墙工作井开挖时会引起轨道桩基产生位移,对轨道结构安全造成一定影响。

4. 雨水管施工风险

本项目$D1000$雨水管位于轨道保护范围线内,雨水井深2.1m,雨水井及雨水管施工对轨道、隧道结构有较小影响。

5. 管道渗水

本项目$D3000$雨水顶管位于远期规划轨道26号线正上方,若雨水顶管防水措施不足,管道渗水进入轨道围岩范围,会对轨道后期施工造成一定影响。

依据《城市轨道交通结构检测监测技术标准》(DBJ150/T—271—2017)附录A.0.2-1、A.0.2-2、A.0.2-3对工程影响分区进行判定。各风险点外部作业对轨道影响等级情况如

表 6.21～表 6.25 所示。

根据规范,项目对轨道交通各风险点外部作业风险等级为特级及一级时须进行安全评估。

表 6.21　风险点一外部作业对轨道影响等级表　　　　单位:m

外部作业开挖方式	轨道结构	受影响结构	拟建结构与隧道结构净距(u、v)		结构底板深度 h_2	接近程度判定	工程影响区判定	影响等级判定
浅埋掘进机法	跨坐式结构	基础	水平 u	3.95	16.78	<5m 非常接近	<$0.7h_2$ 强烈影响区	特级
			竖向 v	0.00				

表 6.22　风险点二外部作业对轨道影响等级表　　　　单位:m

外部作业开挖方式	轨道结构开挖方式	基坑开挖深度 H	拟建结构与隧道结构净距(u、v)		结构底板深度 h_2	接近程度判定	工程影响区判定	影响等级判定
浅埋掘进机法	明挖法土质边坡	9.67	水平 u	0	23.00	<$1.0H$ 非常接近	<$0.7h_2$ 强烈影响区	特级
			竖向 v	7.49				

表 6.23　风险点三外部作业对轨道影响等级表　　　　单位:m

外部作业开挖方式	轨道结构	受影响结构	拟建结构与隧道结构净距(u、v)		明挖结构底板深度 h_1	接近程度判定	工程影响区判定	影响等级判定
明挖法土质边坡	跨坐式结构	基础	水平 u	1.57	7.95	<5m 非常接近	<$1.0h_1$ 强烈影响	特级
			竖向 v	0				

表 6.24　风险点四外部作业对轨道影响等级表　　　　单位:m

外部作业开挖方式	轨道结构	受影响结构	拟建结构与隧道结构净距(u、v)		明挖结构底板深度 h_1	接近程度判定	工程影响区判定	影响等级判定
明挖法土质边坡	跨坐式结构	基础	水平 u	25.13	2.14	>15m 不接近	$1.5h_1$~$2.5h_1$ 一般影响区	四级
			竖向 v	0				

表 6.25　风险点五外部作业对轨道影响等级表　　　　单位:m

外部作业开挖方式	轨道结构开挖方式	隧道毛洞跨度 W	拟建结构与隧道结构净距(u、v)		结构底板深度 h_2	接近程度判定	工程影响区判定	影响等级判定
浅埋掘进机法	钻爆法 Ⅳ级	8.50	水平 u	0.00	25.00	$v>2.5W$ $u>2.0W$ 不接近	$1.0h_2$~$2.0h_2$ 一般影响区	四级
			竖向 v	52.58				

6.2.5　评估安全控制指标

《城市轨道交通结构安全保护技术规范》(CJJ/T 202—2013)对轨道交通结构安全控制指标值的要求见表 6.26。《城市轨道交通结构检测监测技术标准》(DBJ50/T—271—2017)

对轨道交通结构监测建议值的要求见表6.27。《铁路隧道设计规范》(TB 10003—2016)对钢筋混凝土结构的强度安全系数的要求见表6.28。

表6.26 城市轨道交通结构安全控制指标值

安全控制指标	预警值	控制值	安全控制指标	预警值	控制值
隧道水平位移/mm	<10	<20	轨道横向高差/mm	<2	<4
隧道竖向位移/mm	<10	<20	轨向高差(矢度值)/mm	<2	<4
隧道径向收敛/mm	<10	<20	轨间距/mm	>−2 <+3	>−4 <+6
隧道变形曲率半径/m	—	>15000	道床脱空量/mm	≤3	≤5
隧道变形相对曲率	—	<1/2500	震动速度/cm/s	—	≤2.5
盾构管片接缝张开量/mm	<1	<2	结构裂缝宽度/mm	迎水面<0.1 背水面<0.15	迎水面<0.2 背水面<0.3
隧道结构外壁附加荷载/kPa	—	<20			

表6.27 城市轨道交通结构监测项目控制建议值

城市轨道交通结构监测项目	控制值	
	Ⅰ~Ⅳ级围岩	Ⅴ、Ⅵ级围岩
隧道结构水平位移	≤10mm	≤20mm
隧道结构竖向位移	≤10mm	≤20mm
隧道径向收缩	≤10mm	≤20mm
TBM管片接缝张开量	≤2mm	
道床沉降	≤10mm	
道床差异沉降	≤10mm	
墩台差异沉降	≤10mm	
桥墩墩顶顺桥方向水平位移	≤2$\sqrt{L}$ mm	
桥墩墩顶横桥方向水平位移	≤2$\sqrt{L}$ mm	
隧道结构裂缝宽度	迎水面≤0.2mm 背水面≤0.3mm	
震动速度	≤1.5cm/s	

表6.28 钢筋混凝土结构的强度安全系数

荷载		主要荷载	主要荷载+附加荷载
破坏原因	钢筋达到计算强度,或混凝土达到抗压或抗剪极限强度	2.0	1.7
	混凝土达到抗拉极限强度	2.4	2.0

1. 结构安全控制指标

(1)轨道结构水平位移≤10mm。

(2)轨道结构竖向位移≤10mm。

2. 裂缝宽度

结构裂缝宽度≤0.2mm。

3. 结构安全系数

钢筋混凝土结构安全系数≥2.0。

6.2.6 结构安全性计算分析

本项目采用大型通用有限元软件 midas GTS NX 进行计算,利用单元激活-钝化技术模拟岩土体开挖、支护及浇筑过程,岩土屈服条件采用摩尔-库仑准则判断。计算并分析本项目管线施工对现状轨道交通 3 号线正线龙头寺—D 站区间隧道、区间高架及现在轨道 3 号线童家院子出入段线路基段的影响,通过有限元分析结果,对轨道的结构安全进行评价。

项目计算荷载如下:

根据轨道设计资料,车站基坑的施工步骤为围护桩施工→分层开挖土体至内支撑结构底标高→加设该层内支撑。

轨道区间墩顶荷载取设计标准组合,具体数值如表 6.29 所示。

表 6.29 轨道结构荷载表　　　　　　　　　　　　　　　　　　　单位:kN

竖　向	顺桥向	横桥向
2500	200	150

根据《给水排水管道工程施工及验收规范》(GB 50268—2008)及《给水排水工程顶管技术规程》(CECS 246:2008)推荐的顶力计算公式估计顶管工作井后背墙荷载,计算情况如表 6.30 所示。

表 6.30 顶管工作井后背墙荷载

顶进力 $F_0 = F_z + NF$	14648.98kN	C50 混凝土 σ_c	50.00MPa
侧壁摩阻力 $F_z = \pi D_1 L f_k$	14622.01kN	加压面积 A	0.16m²
管道内径 D_0	2.8m	安全系数	3.00
管道厚度 t_0	0.16m	顶管机迎面阻力 $NF = \pi(D_g - t)tR$	26.96kN
管道外径 D_1	3.44m	顶管机外径 D_g	3.44m
顶管长度 L	123m	刃口厚度 t	0.005m
平均摩阻力 f_k	11kN/m²	挤压阻力 R	500kN/m²
管道许用顶力 $[F_r] = \dfrac{\sigma_c A}{S}$	2.67×10³kN		

后背墙尺寸取 3m×3m,均布荷载取 1630kN/m²,计算中直接加载至工作井壁。顶进中管壁摩阻力 11kN/m² 均布作用于岩壁。

下面以风险点一为例进行计算分析:

(1) 采用二维有限元计算风险点一,根据剖面图中项目与轨道的关系建立平面有限元模型,如图 6.16 所示。

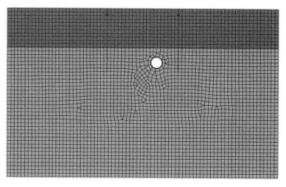

图 6.16 有限元模型

轨道结构在重要施工步骤影响下产生的变形如表 6.31 所示。

表 6.31 位移统计表　　　　　　　　　　　　　单位:mm

阶　　段	方　　向	桩基最大位移	桩顶最大位移差
毛洞开挖阶段	X 向	0.05	0.05
	Y 向	−0.04	0.04
顶管顶进阶段	X 向	−0.13	0.01
	Y 向	0.08	0.01

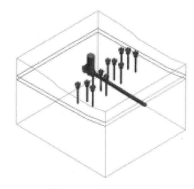

图 6.17 有限元模型

根据轨道桩基位移分析可知,因本项目施工引起轨道桩顶处最大位移差为 0.05mm,施工阶段引起轨道基础最大位移为 0.13mm,位移较小,满足相应控制标准,可以判断顶管在轨道两侧桩基顶进的过程中对轨道桩基的影响较小,影响可控。

(2) 采用三维有限元计算风险点一,根据剖面图中项目与轨道的关系建立平面有限元模型,如图 6.17 所示。

轨道结构在重要施工步骤影响下产生的变形如表 6.32 所示。

表 6.32 位移统计表　　　　　　　　　　　　　单位:mm

阶　　段	方　　向	桩顶最大位移(累计值)
工作井开挖阶段	X(轨道横向)	−5.10
	Y(轨道纵向)	−2.52
	Z(轨道竖向)	−0.58
顶管开挖阶段	X(轨道横向)	−5.03
	Y(轨道纵向)	−2.57
	Z(轨道竖向)	−0.61

从表中结果可以看出,在本项目施工过程中,工作井施工比顶管施工对轨道的影响大,

原因为工作井处土体较厚、井口较大等,而顶管开挖过程对两侧轨道的桩基影响较小。

根据轨道桩基位移分析可知,因本项目施工引起轨道桩顶处最大侧向位移为5.1mm,施工阶段引起轨道最大沉降位移为0.61mm,位移较小,满足相应控制标准,影响可控。

6.2.7 轨道交通保护措施

1. 设计方面

(1) 工作井护壁宜适当加厚,并提高混凝土强度。由于工作井直径较大,开挖过程中应及时进行护壁支护,每次开挖深度不宜大于1m。

(2) 直径较大的工作井宜增加内支撑,以确保工作井的安全。

(3) 顶管施工前需制定详细的施工方案,应按要求严格控制顶进尺寸,并及时跟进管片。开挖时须遵循"先挖后顶,随挖随顶"的原则,并且建议:开挖面与顶管间距尺寸在强风化岩层及土体中不应大于0.5m,在中风化岩石中不应大于1m。

2. 施工方面

(1) 基坑开挖后应尽快封闭,为避免水体下渗导致围岩强度降低,应进一步优化工程施工及运营阶段防排水措施。

(2) 加强注浆减摩措施,控制顶进速度,加强地面沉降监测,采用信息法施工。

(3) 顶进过程中应不断对工具管的高程方向、转动进行测量,"勤测勤纠",根据测量反馈结果调整及纠偏千斤顶,使工具管改变方向,从而实现顶进方向的控制,确保管道按设计轴线顶进。

(4) 轨道保护红线范围内的施工应采用非爆破施工方法,并控制施工机械的震动波速;保护范围以外的施工若采用爆破施工时应严格控制震动波速,传递至轨道相关结构的震速应小于1.5cm/s,以免对轨道结构产生较大影响。

(5) 机械施工地点及施工生活区的布置应远离轨道结构,严禁在轨道交通控制保护区及项目周边进行弃渣堆载,开挖的土石方应合理并及时运离,避免堆载引起的荷载变化对轨道、隧道产生不利影响。

(6) 施工单位应做好针对如交通事故、隧道塌方、人身伤害等各种突发事故的应急预案,保证在发生工程或其他险情的情况下按步骤快速、合理地进行处理。

3. 监测及检测

(1) 施工期间,施工单位应对顶管井地面处及周围变形进行监测,保证施工过程中的安全。

(2) 工程施工前后,建议委托检测单位提交工程影响范围内轨道车站、附属结构及区间隧道的检测资料。

(3) 施工期间,业主应委托具有相关资质的第三方机构对轨道结构进行监测,监测控制值如表6.33所示。

表 6.33 变形监测控制值   单位：mm

轨道线路	轨道形式	监测位置	监测项目	预警值	控制值
出入段线	地面段	结构顶	水平位移	6	10
			竖向位移		
正线线	隧道段	隧道仰拱	竖向位移		
		道床	竖向位移		
	敞口段	结构顶	水平位移		
			竖向位移		
		挡墙顶	水平位移		
			竖向位移		

（4）工程竣工后应对隧道结构进行检测，并对工程施工产生的裂缝进行封闭，保证轨道、隧道能正常使用。

6.2.8 案例总结

该项目为管线工程，地块范围内有3根现状雨水管涵以及1根现状污水干管且埋深较深，主要位于轨道3号线以及3号线出入段的控制保护区范围内。项目施工会引起轨道桩基围岩应力发生变化，引起轨道隧道结构部分沉降，造成边坡失稳以及管道渗水进入轨道围岩范围。该项目影响范围内轨道交通构筑物复杂，包括停车场出入段线高架、路基、正线区间隧道，结构类型多。建议采用顶管下穿轨道交通结构，以减小对轨道交通结构安全及运营的影响，顶管施工时采用非爆破开挖，以减小对轨道交通结构的影响。

6.3 GX03号项目

6.3.1 建设项目工程概况

该工程属于国网重庆市电力公司市区供电分公司"十三五"电网规划项目之一，拟建站址位于渝中区，供电范围主要为十八梯民俗文化街，同时兼顾周边部分负荷。

根据系统接入推荐方案，本工程线路部分拟利用闲置的110 kV大新二线新建一回电缆线路接入十八梯变电站，形成大溪沟—十八梯电缆线路；新建顺城街站—十八梯站110 kV双回电缆线路。

本工程含以下子项：

（1）顺城街—十八梯变110 kV电缆线路工程（电力基建部分，即A—B段），本段全线位于轨道18号线控制保护区范围内；

（2）大溪沟—十八梯站110 kV电缆隧道工程（联建部分，即B—D段），D点位于轨道2号线折返线及轨道1号线控制保护区范围内，B—C段位于轨道18号线控制保护区范围内；项目涉轨概况见表6.34。

表 6.34　GX03 号项目涉轨概况一览表

项目名称	GX03 号项目
项目类型	房建□　路桥隧□　铁路□　航空□ 管线☑　枢纽□　港口□　其他□
项目性质	新建□　改(扩)建☑
相关线路名称	轨道 18 号线、轨道 2 号线、轨道 1 号线
项目与轨道的关系概况	位于轨道的(区间☑　车站☑　车场□　设施设备□)控制保护区范围内
项目施工期间(建成后)对轨道交通安全影响的主要风险因素	基坑开挖□　桩基开挖□　建筑施工□　边坡维护□ 道路施工□　隧道开挖☑　管道施工☑　其他□

6.3.2　轨道交通概况

1. 本项目与轨道 2 号线的相对关系

13—13 剖面：本项目环道附属结构 2—1 号风机房处电缆隧道与 2 号线 A 站折返区间最小水平距离为 46.8m，隧道顶板(高程 203.0m)与折返区间基底(高程 230.9m)最小竖向距离为 27.9m。剖面图见图 6.18。

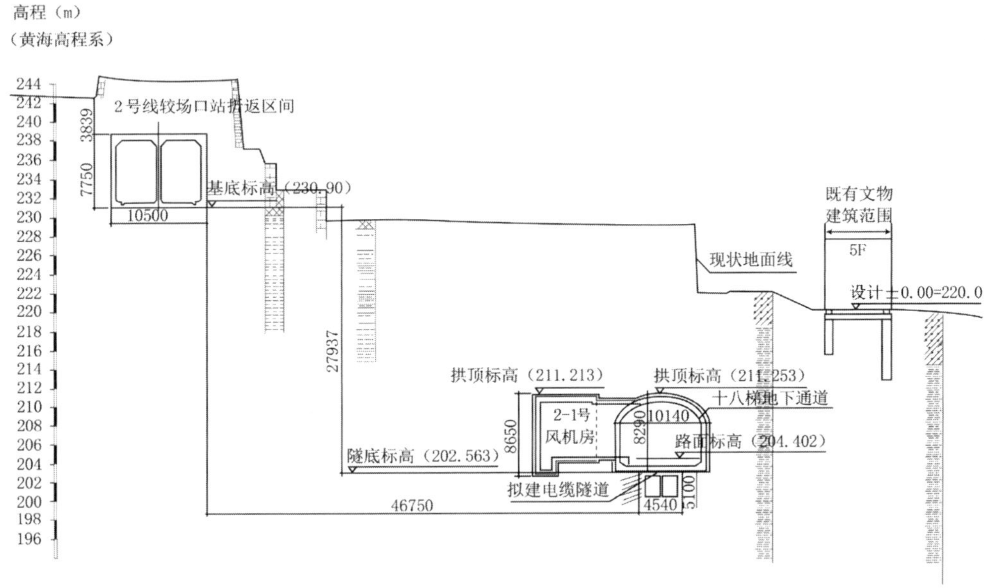

图 6.18　剖面图 13—13

14—14 剖面：本项目地下道路与 2 号线 A 站折返区间隧道结构最小水平距离为 19.1m，电缆隧道顶板(高程 208.9m)与折返区间基底(高程 230.9m)最小竖向距离为 22.0m。剖面图见图 6.19。

15—15 剖面：本项目地下道路与 2 号线 A 站折返区间隧道结构最小水平距离为 21.7m，电缆隧道顶板(高程 208.6m)与折返区间基底(高程 230.9m)最小竖向距离为 22.3m。剖面图见图 6.20。

2. 本项目与轨道 1 号线的相对关系

本项目位于轨道 1 号线小—较区间南侧，解放碑环道出口连接道段电缆隧道(路段：

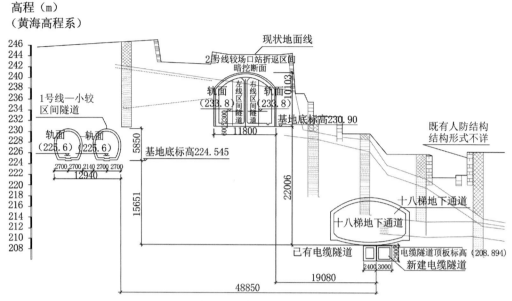

图 6.19 剖面图 14—14

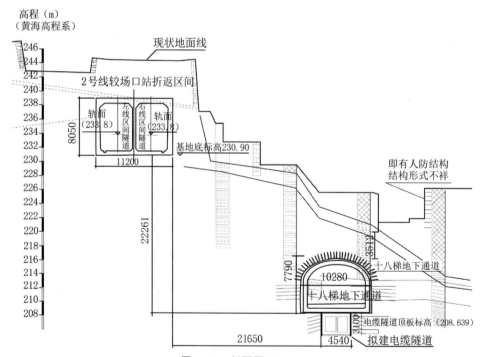

图 6.20 剖面图 15—15

K0+329.842—K0+336.951)位于轨道保护线范围内,围岩等级为Ⅴ级,暗挖法施工,机械开挖。轨道区间隧道为暗挖法施工,区间结构宽度为5.4m,高度为5.9m。

14—14剖面:本项目地下道路与1号线小—较区间隧道结构最小水平距离为48.9m,电缆隧道顶板(高程208.9m)与轨道区间基底(高程224.5m)最小竖向距离为15.7m。剖面见图6.19。

3. 本项目与轨道交通 18 号线的相对关系

本项目与轨道交通 18 号线相对关系较为复杂,下面以 1—1 剖面为例进行说明。1—1 剖面处设置电缆竖井一座,位于 K2+009.728 处,与轨道左线隧道中心线水平距离为 13.1m;竖井底标高为 192.9m,轨面高程 160.4m,与轨面竖向距离为 32.5m。剖面图见图 6.21。

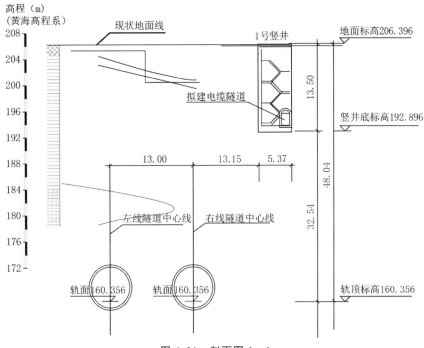

图 6.21 剖面图 1—1

6.3.3 工程地质概况

该工程的工程地质概况如表 6.35 及表 6.36 所示。

表 6.35 工程地质概况

地形地貌	拟建场地属构造剥蚀浅丘地貌,由于场地地处城市中心区,人类活动频繁,原始地形遭到破坏。现地面标高 198~213m,相对高差约 15m。地形宏观坡角一般为 2°~10°,局部因施工回填堆积为临时土坡或人类活动形成的陡坎
地层岩性	本线路工程沿线范围内场地地层由新到老为:第四系全新统人工填土层(Q_4^{ml})、侏罗系中统沙溪庙组(J_2s)岩层,岩性可划分为砂质泥岩及砂岩,相变现象发育,局部有胶结程度较差的软质砂岩分布
地质构造	裂隙 1(L1):产状 345°∠58°,裂隙面闭合,裂隙间距 0.3~0.5m,延伸长度一般 1~2m;岩屑充填,结合较差,属软弱结构面。 裂隙 2(L2):产状 57°∠66°,微张开,宽度一般 0.2~1cm,裂隙面粗糙,钙泥质及风化碎屑充填,裂隙间距 0.5~0.9m,延伸长度一般 1.5~3m,局部为粉质黏土及植物根系充填,结合很差,属软弱结构面。 裂隙 3(L3):产状 127°∠72°,微张开,宽度一般 0.4~2cm,裂隙面呈舒缓波状,裂隙水平延伸 10~12m,垂直延伸 3~6m,裂隙频率 0.3~0.5 条/m,未充填,结合一般,属硬性结构面

表 6.36 十八梯片区道路等相关配套设施建设工程项目岩土体物理力学参数建议值表

岩土参数	处理后填土		粉质黏土		砂质泥岩		砂岩		粉砂岩		泥岩	
	天然	饱和	天然	饱和	强风化	中风化	强风化	中风化	强风化	中风化	强风化	中风化
重度/(kN/m³)	20*	21*	19.9*	20.9*	24*	25.5*	24.5*	25*	24*	25.2*	24*	25.5*
黏聚力/kPa	5*	3*	22	14		470		1542				350
内摩擦角/(°)	27*	25*	13	10		32		40				30
抗拉强度/kPa								720				180
单轴抗压强度/MPa 天然												
单轴抗压强度/MPa 饱和												
地基承载力特征值/kPa	以现场原位测试为准		150*(天然)		250*	2653	300*	10338	100*	150*	200*	2548
岩土体与锚固体极限黏结强度标准值/kPa						500		1200				360
岩土与挡墙基底摩擦系数	0.25*		0.23*		0.3	0.5	0.4	0.6	0.2*	0.3*	0.3	0.4
土的水平抗力系数比例系数/(MN/m⁴)	10*		12*									
岩体水平抗力系数/(MN/m³)						60		300				40
弹性模量 E_e/MPa								3400				640
泊松比								0.4				0.1
其他	(1) 岩石层面：黏聚力 30kPa，内摩擦角 15°。 (2) 岩石裂隙面：黏聚力 50kPa，内摩擦角 18°。 (3) 岩土界面：黏聚力 18kPa，内摩擦角 10°											

注：* 表示经验值。

由于岩体并非完全致密的整体，并且待本项目施工完成后，轨道围岩完整性受到影响，因此考虑对岩体弹性模量乘以系数 0.7，黏聚力乘以系数 0.5，摩擦角乘以系数 0.7。选用的岩土力学参数如表 6.37 所示。

表 6.37 选用的岩土力学参数

材料性质	天然重度 /(kN/m³)	弹性模量 /GPa	泊松比	黏聚力 /MPa	摩擦角 /(°)	抗拉强度 /kPa
土层	20	0.01	0.4	0.01	18.9	—
中风化砂岩	25	3.4	0.4	0.771	28	720
中风化泥岩	25.5	0.64	0.1	0.175	21	180
混凝土	25	30.0	0.2	—	—	1430

6.3.4 风险识别及等级划分

根据轨道资料,项目区域 18 号线区间隧道、车站及部分附属设施采用暗挖,部分附属设施为明挖,项目区域 2 号线区间隧道为明挖隧道。项目实施对轨道结构存在如下风险:

(1) 风险点一

电力隧道沿解放西路进行敷设,与轨道 18 号线大致呈平面平行的关系,电力隧道结构底与轨道结构竖向距离最小约为 19.9m。本项目电力隧道开挖断面宽度约为 2.4m,高度约为 3.2m,隧道施工对轨道围岩可能会产生影响。

(2) 风险点二

5—5 断面中新建电力竖井与轨道 18 号线区间盾构隧道的距离最小,电力竖井开挖深度约为 30.0m,井底与轨道的竖向距离约为 15.9m,水平距离约为 2.1m,电力竖井截面尺寸为 3.9m×3.7m。竖井开挖可能对围岩产生一定扰动,影响轨道安全。

(3) 风险点三

电力隧道位于十八梯站车站上方,与下方车站主体结构竖向高差约为 5.7m,电力隧道开挖可能对围岩产生一定扰动。另外,轨道车站断面较大,距离本项目较近,轨道施工对本项目影响较大,须通过定量计算,判断轨道对本项目影响的大小。

(4) 风险点四

2 号线折返区间隧道为暗挖结构,本项目地下道路与 2 号线较场口站折返区间隧道结构最小水平距离为 16.7m,电缆隧道顶板(高程 208.9m)与折返区间基底(高程 230.9m)最小竖向距离为 22.0m,轨道位于本项目斜上方,隧道开挖可能引起轨道与隧道之间岩体夹层下滑。

(5) 风险点五

1 号线小—较轨道区间隧道围岩等级为 Ⅴ 级,暗挖法施工,机械开挖,本项目电缆隧道与轨道区间隧道结构最小水平距离为 46.5m,电缆隧道顶板(高程 208.9m)与区间隧道基底(高程 224.5m)最小竖向距离为 15.7m。隧道开挖可能引起轨道与隧道之间岩体夹层下滑。

依据《城市轨道交通结构检测监测技术标准》(DBJ 150/T—271—2017)中的附录 A.0.2-1、A.0.2-2、A.0.2-3 对工程影响分区进行判定。各风险点外部作业对轨道影响等级情况如表 6.38~表 6.53 所示。

1. 项目对轨道 18 号线影响（表 6.38～表 6.49）

表 6.38　电缆隧道竖井在轨道区间隧道斜上方（剖面 1—1）　　　单位：m

外部作业	轨道结构开挖方式	隧道结构外径 D	拟建结构与隧道结构净距（u、v）		桩基直径 d	接近程度判定	工程影响区判定	影响等级判定
桩基础	掘进机法	6.60	水平 u	13.51	5.37	＞3.0D 不接近	max(2.5d,3m)～7.0d 显著影响区	三级
			竖向 v	27.03				

表 6.39　电缆隧道在轨道区间隧道正上方（剖面 2—2）　　　单位：m

外部作业开挖方式	轨道结构开挖方式	隧道结构外径 D	拟建结构与隧道结构净距（u、v）		外部作业隧道毛洞跨度 b_3	接近程度判定	工程影响区判定	影响等级判定
深埋钻爆法Ⅳ级	掘进机法	6.60	水平 u	0.00	2.50	＞3.0D 不接近	2.0b_3＜u＜3.0b_3 2.0b_3＜v＜3.0b_3 一般影响区	四级
			竖向 v	24.41				

表 6.40　电缆隧道竖井在轨道区间隧道斜上方（剖面 3—3）　　　单位：m

外部作业	轨道结构开挖方式	隧道结构外径 D	拟建结构与隧道结构净距（u、v）		桩基直径 d	接近程度判定	工程影响区判定	影响等级判定
桩基础	掘进机法	6.60	水平 u	4.59	3.90	＜2.0D 非常接近	max(2.5d,3m)～7.0d 显著影响区	特级
			竖向 v	12.55				

表 6.41　电缆隧道在轨道区间隧道上方（剖面 4—4）　　　单位：m

外部作业开挖方式	轨道结构开挖方式	隧道结构外径 D	拟建结构与隧道结构净距（u、v）		外部作业隧道毛洞跨度 b_3	接近程度判定	工程影响区判定	影响等级判定
深埋钻爆法Ⅳ级	掘进机法	6.60	水平 u	1.68	2.50	2.0D～2.5D 接近	2.0b_3＜u＜3.0b_3 2.0b_3＜v＜3.0b_3 一般影响区	二级
			竖向 v	14.38				

表 6.42　电缆隧道竖井在轨道区间隧道斜上方（剖面 5—5）　　　单位：m

外部作业	轨道结构开挖方式	隧道结构外径 D	拟建结构与隧道结构净距（u、v）		桩基直径 d	接近程度判定	工程影响区判定	影响等级判定
桩基础	掘进机法	6.60	水平 u	2.12	3.90	2.0D 内 非常接近	max(2.5d,3m)～7.0d 显著影响区	特级
			竖向 v	10.42				

表 6.43 电缆隧道竖井在轨道区间隧道斜上方（剖面 5A—5A）　　　　单位：m

外部作业	轨道结构开挖方式	隧道结构外径 D	拟建结构与隧道结构净距（u、v）		桩基直径 d	接近程度判定	工程影响区判定	影响等级判定
桩基础	掘进机法	6.6	水平 u	0.00	3.40	$2.0D \sim 2.5D$ 接近	$\max(2.5d, 3m) \sim 7.0d$ 显著影响区	一级
			竖向 v	15.31				

表 6.44 电缆隧道在轨道区间隧道上方（剖面 5B—5B）　　　　单位：m

外部作业开挖方式	轨道结构开挖方式	隧道结构外径 D	拟建结构与隧道结构净距（u、v）		外部作业隧道毛洞跨度 b_3	接近程度判定	工程影响区判定	影响等级判定
深埋钻爆法Ⅳ级	掘进机法	6.60	水平 u	0	2.50	$2.0D \sim 2.5D$ 接近	$2.0b_3 < u < 3.0b_3$ $2.0b_3 < v < 3.0b_3$ 一般影响区	二级
			竖向 v	13.85				

表 6.45 电缆隧道在轨道 1 号风亭组通道结构正上方（剖面 6—6）　　　　单位：m

外部作业开挖方式	轨道结构开挖方式	隧道毛洞跨度 W	拟建结构与隧道结构净距（u、v）		外部作业隧道毛洞跨度 b_3	接近程度判定	工程影响区判定	影响等级判定
深埋钻爆法Ⅳ级	钻爆法Ⅳ级	22.4	水平 u	0.00	2.5	$u<1.0W$ $v<1.5W$ 非常接近	$2.0b_3 < u < 3.0b_3$ $2.0b_3 < v < 3.0b_3$ 显著影响区	特级
			竖向 v	5.68				

表 6.46 电缆隧道在轨道车站主体结构正上方（剖面 7—7）　　　　单位：m

外部作业开挖方式	轨道结构开挖方式	隧道毛洞跨度 W	拟建结构与隧道结构净距（u、v）		外部作业隧道毛洞跨度 b_3	接近程度判定	工程影响区判定	影响等级判定
深埋钻爆法Ⅳ级	钻爆法Ⅳ级	22.40	水平 u	0.00	2.50	$u<1.0W$ $v<1.5W$ 非常接近	$2.0b_3 < u < 3.0b_3$ $2.0b_3 < v < 3.0b_3$ 一般影响区	一级
			竖向 v	8.62				

表 6.47 电缆隧道在轨道车站主体结构正上方（剖面 8—8）　　　　单位：m

外部作业开挖方式	轨道结构开挖方式	隧道毛洞跨度 W	拟建结构与隧道结构净距（u、v）		外部作业隧道毛洞跨度 b_3	接近程度判定	工程影响区判定	影响等级判定
深埋钻爆法Ⅳ级	钻爆法Ⅳ级	6.50	水平 u	0	2.50	$u<1.0W$ $v<1.5W$ 非常接近	$2.0b_3 < u < 3.0b_3$ $2.0b_3 < v < 3.0b_3$ 一般影响区	一级
			竖向 v	8.93				

表 6.48　电缆隧道在轨道车站主体结构正上方（剖面 9—9）　　　　单位：m

外部作业开挖方式	轨道结构开挖方式	隧道毛洞跨度 W	拟建结构与隧道结构净距（u、v）		外部作业隧道毛洞跨度 b_3	接近程度判定	工程影响区判定	影响等级判定
深埋钻爆法Ⅳ级	钻爆法Ⅳ级	22.40	水平 u	0.00	2.50	$u<1.0W$ $v<1.5W$ 非常接近	$2.0b_3<u<3.0b_3$ $2.0b_3<v<3.0b_3$ 一般影响区	一级
			竖向 v	9.05				

表 6.49　电缆隧道在轨道出入口结构斜上方（剖面 10—10）　　　　单位：m

外部作业开挖方式	轨道结构开挖方式	隧道毛洞跨度 W	拟建结构与隧道结构净距（u、v）		明挖结构底板深度 h_1	接近程度判定	工程影响区判定	影响等级判定
明挖法岩质边坡	钻爆法Ⅳ级	7.70	水平 u	8.84	19.47	$1.5W<u<2.0W$ $2.0W<v<2.5W$ 较接近	$0.7h_1\sim1.0h_1$ 显著影响区	二级
			竖向 v	19.13				

2. 项目对轨道 2 号线的影响（表 6.50～表 6.52）

表 6.50　电缆隧道在轨道 2 号线较场口站折返区间结构侧下方（剖面 13—13）　单位：m

外部作业开挖方式	轨道结构开挖方式	基坑开挖深度 H	拟建结构与隧道结构净距（u、v）		外部作业隧道毛洞跨度 b_3	接近程度判定	工程影响区判定	影响等级判定
深埋钻爆法Ⅴ级	明挖法土质边坡	13.44	水平 u	46.75	4.54	$>2.5H$ 不接近	$2.0b_3<u<3.0b_3$ $6.5b_3<v<9.5b_3$ 一般影响区	四级
			竖向 v	27.94				

表 6.51　电缆隧道在轨道 2 号线较场口站折返区间结构侧下方（剖面 14—14）　单位：m

外部作业开挖方式	轨道结构开挖方式	隧道毛洞跨度 W	拟建结构与隧道结构净距（u、v）		外部作业隧道毛洞跨度 b_3	接近程度判定	工程影响区判定	影响等级判定
深埋钻爆法Ⅴ级	钻爆法Ⅴ级	11.80	水平 u	19.08	3.00	$u<1.5W$ $v<2.5W$ 非常接近	$2.0b_3<u<3.0b_3$ $6.5b_3<v<9.5b_3$ 一般影响区	一级
			竖向 v	22.01				

表 6.52　电缆隧道在轨道 2 号线较场口站折返区间结构侧下方（剖面 15—15）　单位：m

外部作业开挖方式	轨道结构开挖方式	基坑开挖深度 H	拟建结构与隧道结构净距（u、v）		外部作业隧道毛洞跨度 b_3	接近程度判定	工程影响区判定	影响等级判定
深埋钻爆法Ⅴ级	明挖法土质边坡	13.43	水平 u	21.65	4.54	$1.5H\sim2.5H$ 较接近	$2.0b_3<u<3.0b_3$ $6.5b_3<v<9.5b_3$ 一般影响区	三级
			竖向 v	22.26				

3. 项目对轨道1号线的影响（表6.53）

表6.53 电缆隧道在轨道1号线较一小区间隧道结构侧下方（剖面14—14） 单位：m

外部作业开挖方式	轨道结构开挖方式	隧道毛洞跨度 W	拟建结构与隧道结构净距（u、v）		外部作业隧道毛洞跨度 b_3	接近程度判定	工程影响区判定	影响等级判定
深埋钻爆法Ⅴ级	钻爆法Ⅴ级	11.80	水平 u	48.85	3.00	$v>3.5W$ $u>2.5W$ 不接近	$2.0b_3<u<3.0b_3$ $6.5b_3<v<9.5b_3$ 一般影响区	四级
			竖向 v	15.66				

依据《城市轨道交通结构安全保护技术规范》，当外部作业影响等级为特级、一级时，应对城市轨道交通结构进行安全评估。因此，需针对建设项目对轨道交通结构的影响进行安全评估。

6.3.5 评估安全控制指标

《城市轨道交通结构安全保护技术规范》（CJJ/T 202—2013）对轨道交通结构安全控制指标值的要求见表6.54。《城市轨道交通结构检测监测技术标准》（DBJ 50/T—271—2017）对轨道交通结构监测建议值的要求见表6.55。《铁路隧道设计规范》（TB 10003—2016）对钢筋混凝土结构的强度安全系数的要求见表6.56。

表6.54 城市轨道交通结构安全控制指标值

安全控制指标	预警值	控制值	安全控制指标	预警值	控制值
隧道水平位移	<10mm	<20mm	轨道横向高差	<2mm	<4mm
隧道竖向位移	<10mm	<20mm	轨向高差（矢度值）	<2mm	<4mm
隧道径向收敛	<10mm	<20mm	轨间距	>−2mm <+3mm	>−4mm <+6mm
隧道变形曲率半径	—	>15000m	道床脱空量	≤3mm	≤5mm
隧道变形相对曲率	—	<1/2500	震动速度	—	≤2.5cm/s
盾构管片接缝张开量	<1mm	<2mm	结构裂缝宽度	迎水面 <0.1mm 背水面 <0.15mm	迎水面 <0.2mm 背水面 <0.3mm
隧道结构外壁附加荷载	—	<20kPa			

表6.55 城市轨道交通结构监测项目控制建议值

城市轨道交通监测项目	控制值	
	Ⅰ~Ⅳ级围岩	Ⅴ、Ⅵ级围岩
隧道结构水平位移	≤10mm	≤20mm
隧道结构竖向位移	≤10mm	≤20mm
隧道径向收缩	≤10mm	≤20mm
TBM管片接缝张开量	≤2mm	
道床沉降	≤10mm	
道床差异沉降	≤10mm	

续表

城市轨道交通监测项目	控制值	
	Ⅰ～Ⅳ级围岩	Ⅴ、Ⅵ级围岩
墩台差异沉降	≤10mm	
桥墩墩顶顺桥方向水平位移	$\leq 2\sqrt{L}$ mm	
桥墩墩顶横桥方向水平位移	$\leq 2\sqrt{L}$ mm	
隧道结构裂缝宽度	迎水面≤0.2mm 背水面≤0.3mm	
震动速度	≤1.5cm/s	

表 6.56 钢筋混凝土结构的强度安全系数

	荷载组合	主要荷载	主要荷载+附加荷载
破坏原因	钢筋达到计算强度或混凝土达到抗压或抗剪极限强度	2.0	1.7
	混凝土达到抗拉极限强度	2.4	2.0

6.3.6 结构安全性计算分析

对轨道 18 号线区间隧道影响进行计算分析（以 1—1 剖面为例）：对拟建电缆隧道竖井对 18 号线某区间盾构隧道的影响采用二维有限模型分析计算，为降低计算成本并保证计算精度，对分析范围进行一定限制。根据相对位置关系并进行适当简化，得到计算模型如图 6.22 所示。

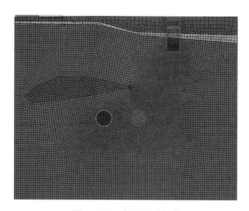

图 6.22 有限元模型

采用有限元软件 midas GTS NX 进行计算，利用单元生死技术模拟隧道开挖及支护过程，岩土屈服条件采用摩尔-库仑屈服准则判断。

计算步骤：

（1）初始地应力施加；

（2）电力隧道竖井施工完成阶段；

（3）轨道盾构区间施工完成阶段。

计算荷载：

(1) 自重荷载；

(2) 施工荷载(围岩开挖释放的荷载)。

电力隧道竖井在施工完成阶段的观测统计表见表 6.57。

表 6.57　观测统计表(一)　　　　　　　　　　　单位：mm

施 工 阶 段	位 移	
	水平位移	竖向位移
电力隧道竖井施工完成阶段	−0.737	0.358
轨道盾构区间施工完成阶段	−0.039	−0.105

通过计算可知，电力隧道竖井在施工完成阶段水平位移约为−0.737mm，竖向位移约为 0.358mm；轨道盾构区间施工完成阶段电力隧道竖井水平位移约为−0.039mm，竖向位移约为−0.105mm。因此轨道施工对本项目电力隧道影响较小。

电力隧道竖井运营阶段及轨道、隧道施工完成阶段的观测统计表见表 6.58。

表 6.58　观测统计表(二)　　　　　　　　　　　单位：mm

应力提取位置	施 工 阶 段		应力增量
	初始阶段	完成阶段	
轨道盾构洞顶位置	840	830	1.2%
电力井结构底位置	97	97	0

通过提取电力隧道竖井运营阶段及轨道、隧道施工完成阶段的平面竖向应力分析结果可知，轨道施工对电力隧道围岩影响较小，风险可控，因此，轨道施工不会对本项目的电力隧道造成较大影响。

通过提取初始阶段及电力隧道竖井施工完成阶段的平面竖向应力分析结果可知，施工完成阶段应力增量较小，项目施工对轨道围岩影响较小，风险可控，因此不会对轨道的后期施工造成不利影响。

6.3.7　轨道交通保护措施

应采取以下轨道交通保护措施：

(1) 轨道控制保护线范围内的施工，建议采用非爆破施工方法，并控制施工机械的震动波速；保护范围以外采用爆破施工时应严格控制震动，确保传递到轨道结构上的震动波速小于 1.5cm/s。

(2) 电缆隧道、竖井施工及使用阶段加强防排水措施，避免坑洞内长时间积水、渗水降低隧道围岩强度，从而对轨道后期施工产生不利影响。

(3) 轨道车站隧道断面较大，宜采用双侧壁导坑法等扰动较小的施工方式。

(4) 车站风亭及疏散通道竖井设计深度较大，开挖宽度大，应加强支护设计，严格按照逆作法施工，控制开挖高度，保证井口周边道路沉降。

(5) 施工前应将详细的施工方案报轨道相关单位审批并进行专项审查。

(6) 为确保电力隧道衬砌结构的耐久性，需要对宽度超过 0.2mm 的裂缝进行封闭，封闭方法可采用高强度环氧砂浆注浆补强。

（7）轨道宜采用控制爆破施工，爆破施工时应严格控制震动速度，确保传递到电力隧道结构上的震动波速小于 2.5cm/s。

6.3.8 案例总结

该工程为某公司电网规划项目之一，供电范围主要为十八梯民俗文化街，项目区域 18 号线区间隧道、车站及部分附属设施采用暗挖，部分附属设施为明挖，项目区域 2 号线区间隧道为明挖隧道。电力隧道施工对轨道围岩可能会产生影响，且会引起轨道与隧道之间岩体夹层下滑的情况。此外，竖井开挖可能对围岩产生一定扰动，影响轨道安全。场地地处城市中心区，人类活动频繁。建议综合考虑各方面因素，严格控制施工引起的震动，并加强防排水措施和支护设计，来减少项目施工对市民日常生活的影响。

6.4 小结

地下管线是城市的生命线，保证地下管线的施工质量可为城市发展奠定坚实的基础。本章的管线建设项目案例详细介绍了经过轨道交通控制保护区的新建或改建地下管线对已建轨道交通影响的评估方法，分析了相应的控制保护措施，为今后类似地下管线拟定建设方案提供了参考。更多案例可参考附录。

参 考 文 献

［1］ 中国城市轨道交通协会.城市轨道交通2016年度统计和分析报告［R］.北京：中国城市轨道交通协会，2017.

［2］ 中华人民共和国住房和城乡建设部.城市轨道交通结构安全保护技术规范：CJJ/T 202—2013［S］.北京：中国建筑工业出版社，2013.

［3］ 中华人民共和国住房和城乡建设部.地铁设计规范：GB 50157—2013［S］.北京：中国建筑工业出版社，2013.

［4］ 中华人民共和国住房和城乡建设部.城市轨道交通工程基本术语标准：GB 50833—2012［S］.北京：中国建筑工业出版社，2012.

［5］ 官建华.重庆轨道交通控制保护区管理研究［D］.重庆：重庆交通大学，2014.

［6］ 张立明，郑习羽，杨振丹，等.轨道交通安全保护区风险因素及应对措施研究［C］.第五届全国智慧城市与轨道交通科技创新学术年会论文集.2018：2-5.

［7］ 龙百画.城市轨道交通控制保护区管理要点［J］.都市快轨交通，2014，27(2)：39-42.

［8］ 梁青槐，周世惊.城市轨道交通控制保护区内安全因素分析及对策［J］.都市快轨交通，2012，25(5)：48-52.

［9］ 中华人民共和国住房和城乡建设部.城市轨道交通工程监测技术规范：GB 50911—2013［S］.北京：中国建筑工业出版社，2014.

［10］ 李洪，李志波.轨道交通控制保护区内工程建设对轨道交通安全的影响与保护措施［J］.四川建筑，2014(5)：87-89.

［11］ 重庆市城乡建设委员会.城市轨道交通结构检测监测技术标准：DBJ 50T—271—2017［EB/OL］.(2017-11-07)［2022-09-01］.http://www.cqgcbz.com.

附录 其他重大风险源案例工程汇总表

序号	项目	项目类型	风 险 源	风险种类	处 理 措 施
1	FJ08	房建	(1) 基坑支护结构变形过大、失稳，基坑发生塌方，对轨道结构产生影响。 (2) 基坑开挖控制时间不严，基坑外露时间过长导致轨道结构变形过大。 (3) 邻近轨道结构施工机械操作不当，破坏轨道结构、防水层。 (4) 1号出入口明挖段轨道结构侧移过大。 (5) 基坑开挖超挖，造成轨道结构上浮位移过大；1号风井结构破坏。 (6) 锚杆锚索施工时破坏轨道结构。 (7) 在工程施工过程中高空物体坠落，对轨道行人和设施造成伤害。 (8) 基坑积水等导致轨道渗漏。 (9) 轨道设备设施正移影响轨道运营	(1) 隧道深浅埋状态改变风险：隧道深浅埋状态改变。 (2) 外部加载风险：建筑结构荷载。 (3) 撞击风险：轨道高架区间内修建市政道路	(1) 在进行基坑支护结构设计时，充分考虑地质情况和1号线七星岗站在施工中的各种不利因素。本设计方案经专家论证并通过。 (2) 严格按设计要求的"逆作法"顺序施工，分层分段跳槽法开挖，每层厚度不大于2.5m，每段长度不大于20m。 (3) 施工进度计划应充分考虑本工程地质情况、实际现场情况、周边环境情况等，进行合理安排。 (4) 合理安排开挖分区，根据各作业队伍的人员、机械配置情况，以及分区面积、分区地质情况合理安排施工，确保基坑开挖速率可控。 (5) 严格按照满足施工进度计划要求的人员、机械、材料等进行组织，确保施工进度。 (6) 基坑开挖完成后应及时进行混凝土垫层封闭，并进入主体结构施工，防止基坑暴露时间过长。 (7) 加强轨道结构变形监测，及时了解变形信息，提前做好针对性防护措施

续表

序号	项目	项目类型	风 险 源	风险种类	处 理 措 施
2	FJ09	房建	(1) 拟建项目地下室基坑开挖，造成正下方已运营的1号线区间隧道上部岩层厚度减小，区间隧道可能产生较大上浮变形，对轨道运营安全造成影响。(2) 拟建项目基坑开挖深度较深，原设计1号线该段区间隧道为深埋区间，开挖后区间隧道埋深减小，可能变为浅埋区间，隧道受力状态发生改变。区间隧道上部荷载作用下，岩层变化和上部结构荷载作用下，区间隧道承载力可能不足	(1) 地层卸载回弹风险；基坑开挖，暗挖隧道。(2) 隧道深浅埋状态改变风险；隧道深浅埋状态改变。(3) 外部加载风险：建筑结构荷载	(1) 在建筑整体平面布置上，将塔楼避开区间隧道；区间隧道上方主要设置地下车库（-4F），仅局部约25m范围设置地上1~3层商业裙房；尽量减小轨道上部建筑规模。(2) 转换梁下基底留200mm空隙，采用吊模浇筑，从设计到施工最大限度保障上部荷载不直接作用于轨道、隧道上方。(3) 在筏板下增加桩基础，桩底伸至区间隧道以下。在尽量减小开挖量的情况下将核心筒荷载传递至区间隧道两侧。同时在T1塔楼核心筒筏板桩基翼最大限度使核心筒底板与地基岩层隔离，最大限度使近桩基础对区间隧道底部采用砂垫层与岩层隧道荷载由桩身以下传递。(4) 区间隧道净距控制在5m之外，且采用油毡使区间隧道保证桩身隧道不造成影响
3	FJ10	房建	(1) 开挖风险。在1号线两侧分别修建-8F和-5F地下室，主体结构嵌固层周围的围岩有较大开挖，对1号线区间隧道和3号路口两侧有一定安全性风险。(2) 结构水平力传递风险。主体结构在负五层，与1号线两侧及3号线区间隧道通过保护结构和1号线侧与地震荷载向3号线传递至1号线区间隧道的结构安全性风险。(3) 荷载转换风险。大面积的商业裙房，大面积上部分布改造道路处于市政道路上方。上部结构荷载转换桁架进行竖向荷载转换，但最大净跨约42m，而同时部分区段的建筑功能限制了转换高度，使得重载的大跨度使用性（变形性）风险	(1) 地层卸载回弹风险；基坑开挖，暗挖隧道。(2) 隧道深浅埋状态改变风险；隧道深浅埋状态改变。(3) 外部加载风险：建筑结构。(4) 撞击风险；轨道高架区间内修建市政道路	(1) 基坑开挖前在轨道外设置轨道保护结构（对拉式桩板挡墙+局部退台），轨道保护施工完成并达到设计强度后才能开挖基坑开挖轨道保护线50m范围内的基坑，以确保基坑开挖时1号线结构和轨道保护线的安全。(2) 在裙楼设置荷载转换结构，确保转换竖向结构荷载不作用在轨道保护结构上。(3) 在轨道交通保护线范围内开挖基坑时，应采用人工机械切割方法，禁止爆破的扰动。(4) 控制地铁对建筑的扰动。(5) 荷载转换结构与轨道保护结构结合

续表

序号	项目类型	项目	风险源	风险种类	处理措施
4	房建	FJ11	(1) 轨道运营功能对安全风险。上盖盖板建设会改变盖下轨道功能区原有边界及运营使用条件、原有消防、工艺、动力照明、通信、信号、综合监控等设施不能满足运营功能及安全需要，存在重大运营功能及安全风险。 (2) 盖上使用功能对盖下轨道区造成安全风险。由于盖板上跨机行道、距离近、面积大、范围广，盖上的排水漏水及人侵对盖下轨道功能区造成较大安全风险。 (3) 结构安全风险。新建的盖板结构墩柱及基础立于轨道功能区、区域内轨道线路结构及设备设施众多，新旧结构物距离近，关系复杂，存在结构安全风险。 (4) 施工安全风险。项目本身存在超长桩基础，高支模，大型构件吊装等施工自身风险源	(1) 地层卸载回弹风险：基坑开挖，暗挖隧道、管道沟槽开挖。 (2) 隧道深浅埋状态改变风险：隧道深浅埋状态改变。 (3) 外部加载风险：建筑结构。 (4) 撞击风险：轨道高架区间内修建市政道路。 (5) 其他风险：改变控制保护区内水文环境	(1) 在结构方案布置时使新建结构尽量远离既有轨道结构，以降低对既有轨道结构的不利影响。 (2) 减小盖板上部覆土厚度，减少盖上上荷载，降低结构高度，确保梁下净空限界及使用功能需求。 (3) 结构方案上盖板区域采用大跨度桥梁结构，以减少与轨道线路交叉，减少基础开挖，降低对轨道运营的影响及安全风险。 (4) 桩基础采用人工开挖，确保既有结构基础持力层稳定，基础沉降及水平变形值都应满足轨道控制变形量，结构做法应与轨道保护相适应。 (5) 结构设计时严格控制变形量，结构做法应与轨道保护相适应

续表

序号	项目	项目类型	风险源	风险种类	处理措施
5	FJ12	房建	（1）项目基坑的开挖可能造成某车站上方围岩一定程度扰动，影响围岩结构完整性。 （2）平场、基坑开挖及项目建设是某车站卸荷应力的过程，这一过程可能对某车站的围岩产生一定的影响。 （3）项目建设及使用过程中，若防排水设施不够完善，造成水体下渗，会对某车站周围岩强度有一定影响	（1）地层卸载回弹风险：基坑开挖。 （2）隧道深浅埋状态改变风险：隧道深浅埋状态改变。 （3）外部加载风险：平场回填。 （4）撞击风险：轨道建筑结构，高架区间内修建市政道路。 （5）其他风险：改变控制保护区水文环境	（1）在边坡支护设计和主体结构设计时充分考虑本项目地质勘察情况和10号线某车站地质勘察情况，设计方案经市建委轨道办组织专家论证后通过。 （2）严格按照设计要求进行锚杆和土方开挖施工，严禁采用爆破开挖施工，加强基坑底的排水措施；主体结构基础按设计标高施工，严禁超挖；主体结构施工至地面标高以上时及时进行挡墙回填
6	FJ13	房建	（1）F—G段基坑施工及上部结构修建对圣湖站1B出入口暗挖段结构的影响。 （2）场地南侧近轨道1B出入口暗挖段结构的影响。基础对1B出入口暗挖段结构的影响。 （3）G—G3段地下室回填对圣湖站1B出入口明挖段及上部结构的影响。 （4）F—G段J基坑施工（基坑开挖、支护桩施工、基坑回填）及建筑结构对圣湖一兴科大道路区间隧道结构的影响	（1）地层卸载回弹风险：基坑开挖，暗挖隧道。 （2）隧道深浅埋状态改变风险：隧道深浅埋状态改变。 （3）外部加载风险：建筑结构，平场回填	（1）9号线控制保护区范围内基坑土石方施工时禁止采用爆破施工。 （2）施工前及施工期间应做好地表的截排水措施。 （3）本项目邻近人口出入口段的地下室侧壁与基坑侧边坡线或明挖结构侧壁之间采用片石混凝土回填。 （4）施工过程中，应对施工影响区内既有轨道交通结构物进行实时监测，动态监测轨道交通结构物和边坡的变形、震动、应力、裂缝等情况，以城市轨道交通结构安全控制预警值作为监测控制指标

续表

序号	项目	项目类型	风 险 源	风 险 种 类	处 理 措 施
7	FJ14	房建	(1) 在工程施工过程中发生高空坠物,对地铁维护设施及基坑周边造成破坏,发生塌方事故。 (2) 地下管线破裂产生冒水、停电、塌方。 (3) 地表水在施工期间侵蚀岩体造成塌方	(1) 地层卸载回弹风险:基坑开挖,管道沟槽开挖。 (2) 隧道浅埋状态改变风险:隧道深浅埋状态改变。 (3) 外部加载风险:建筑结构。 (4) 撞击风险:轨道高架区间修建市政道路。 (5) 其他风险:控制保护区内水文环境,爆破震动	(1) 加强邻近地铁隧道侧基坑围护刚度。 (2) 严格按通过专家论证的基坑施工方案施工
8	FJ15	房建	(1) 项目实施及建成使用对已建轨道结构风险影响。 (2) 拟建项目回填对已建轨道结构承载力及裂缝宽度影响	(1) 地层卸载回弹风险:基坑开挖。 (2) 隧道浅埋状态改变风险:隧道深浅埋状态改变。 (3) 外部加载风险:建筑结构	(1) 本项目拟建主体结构基础设计时,采用人工挖孔桩和独立基础相结合的形式,开挖深度较浅,应控制基础深度,确保基础建筑坚向荷载有充足的扩散空间,荷载不会传递至轨道区间隧道结构或其围岩上。 (2) 土石方基坑开挖时,6号线隧道保护线范围内禁止采用爆破施工,防止爆破改变原地质状况。 (3) 靠轨道风亭侧的基坑土石方回填全部采用砂石土进行回填,回填时采用人工打夯机进行分层夯实

续表

序号	项目	项目类型	风 险 源	风险种类	处 理 措 施
9	FJ16	房建	(1) 5号楼及附属商业基础对轨道、隧道侧壁产生的附加应力影响。 (2) 6号楼及附属商业基础对轨道、隧道侧壁产生的附加应力影响。 (3) 7号楼及附属商业基础对轨道、隧道侧壁产生的附加应力影响	外部加载风险：建筑结构	(1) 项目施工期间加强场地排水措施，避免积水下渗造成围岩强度降低。 (2) 控制保护区内基坑土石方开挖宜采用机械开挖，如果岩石强度过高，采用机械开挖有困难时，应采用控制爆破作业，不得进行硐室爆破，深孔爆破等药量大的爆破作业，且应进行爆破安全评估和爆破设计审查
10	FJ17	房建	(1) 基坑开挖和支护影响原6号线围岩性质直接影响轨道结构附近岩体的力学性质和围岩级别。 (2) 主体结构完成后，地基应力重分布使轨道区结构发生变形，变形可能不满足轨道安全运营要求	(1) 地层卸载回弹风险：基坑开挖。 (2) 隧道深浅埋状态改变风险：隧道深浅埋状态改变。 (3) 外部加载风险：建筑结构	(1) 应严格按动态设计、信息化施工原则进行，并加强施工期监测和信息反馈。注意控制路段施工时，对锚杆钻孔深度以及倾角。 (2) 设备基础以及道路施工，应委托第三方检测单位对影响范围6号线现状进行检测。 (3) 在设备基础开挖以及道路施工组织设计时，与隧道相邻一侧基坑开挖应分段进行。 (4) 基坑开挖和支护施工过程中，应尽量清除地表杂填土，并及时做好防排水措施，避免地表雨水、杂填土的微腐蚀液体渗入岩体裂隙，影响围岩和隧道结构防水。 (5) 河道底板厚度不小于250mm，采用防水混凝土，抗渗等级为P6，水道内刷20mm厚1:2防水水泥砂浆，1.5mm厚天蓝色聚氨酯防水涂膜

续表

序号	项目	项目类型	风 险 源	风险种类	处 理 措 施
11	FJ18	房建	(1) 场地基坑以原始地貌起算,基坑开挖深度为 10～13m。基坑大面积开挖卸载会造成轨道周边轨道结构变形,从而带动机械保护围岩变形,若变形过大,可能会影响轨道结构的正常使用。 (2) 裙楼及塔楼完成以后建筑超载造成轨道结构内力增大,影响其结构安全与正常使用	(1) 地层卸载回弹风险:基坑开挖。 (2) 隧道深浅埋状态改变风险:隧道深浅埋状态改变。 (3) 外部加载风险:建筑结构	(1) 项目基坑位于轨道环线正上方,基坑开挖施工时禁止爆破,须采用人工配合机械开挖,严禁在基坑内震动机械对轨道结构造成不利影响。 (2) 项目基坑开挖期间应做好防排水组织工作,严禁基坑内大量积水,防止渗水对轨道结构造成不利影响。 (3) 项目基坑开挖时,建议采用小吨位开挖、运渣机械。 (4) 如采用初定方案中的建设项目建设时序,即轨道结构先行施工贯通,且完成铺轨,拟建项目建设期间,应对影响范围内的轨道结构进行实时监控量测,轨面变形预警值为 6.0mm,控制值为 10mm。 (5) 须注意:在影响范围内轨道环线区间隧道二衬完成后,正式铺轨前完成项目基坑开挖
12	FJ19	房建	(1) 协和城项目地下室-7F 侧保护结构与 1 号线区间的最小净距为 5.0m,地下室-3F 侧保护结构与 1 号线支线区间的最小净距为 4.5m;基坑两侧相对净距 $<1.0W$ ($W=9.8m$),接近程度为非常接近,影响分区为显著影响区(A)。 (2) 协和城项目地下室与 1 号线区间隧道洞顶上方的最小净距为 4.5m,相对净距 $<1.0W$ ($W=9.8m$),接近程度为非常接近,影响分区为显著影响区(A)	(1) 地层卸载回弹风险:基坑开挖。 (2) 隧道深浅埋状态改变风险:隧道深浅埋状态改变。 (3) 外部加载风险:建筑结构	(1) 基坑开挖前在轨道衬砌结构一定范围外设置轨道保护结构(预应力锚索+桩板挡墙),轨道保护结构施工完成并达到设计强度后才能开挖基坑开挖 50m 范围内的基坑,以此确保基坑开挖对 1 号线保护区间隧道的安全。 (2) 裙楼结构设置荷载转换结构,并与保护围岩不作用在轨道保护结构脱离,确保裙楼竖向荷载用在轨道保护围岩上;建筑设计时,将地下室-1F 作为上部结构的嵌固层,确保侧向风和侧向地震荷载不会传递到 1 号线控制保护区围岩。 (3) 采取相应的安全保障措施。 (4) 控制地铁对建筑的扰动

续表

序号	项目	项目类型	风 险 源	风 险 种 类	处 理 措 施
13	FJ20	房建	(1) 拟建项目后期建设的基坑和建筑工程扰动区间隧道围岩并向地层区间隧道传递建筑荷载,引起区间暗挖隧道围岩及内力改变,过大的变形及内力威胁区间隧道结构安全。 (2) 拟建项目实施对与其共建的9号线隧道的结构安全造成影响。 (3) 5A线后期施工时,可能会引起已成结构产生过大的变形,导致5A线不能顺利实施。 (4) 拟建项目基坑支护深度深,且支护结构距离轨道交通结构较近,支护结构的安全直接关系到轨道结构的安全	(1) 地层卸载回弹风险:基坑开挖,暗挖隧道。 (2) 外部加载风险	(1) 建议9号线暗挖区间隧道二次衬砌厚度采用0.6m,受力主筋增加为HRB400φ28钢筋,间距100mm布置,以满足规范要求的承载能力及正常使用要求。 (2) 建议9号线暗挖隧道洞口10m范围初期支护钢拱架采用0.5m间距布置,以增加洞口支护的刚度。 (3) 根据9号线设计资料,拟建项目区域的暗挖隧道采用控制爆破开挖,建议改为机械开挖以减小对拟建项目基坑支护的扰动,控制施工风险。 (4) 9号线区间暗挖隧道施工时应坚持"短进尺、弱爆破、多循环、强支护、早封闭、勤量测"的原则,加强初期支护,及时跟进二次衬砌,在拟建项目基坑开挖前尽早封闭成环。 (5) 拟建项目在9号线区间暗挖隧道侧的基坑严禁爆破开挖,应遵循多分层、少震动、勤监测的原则
14	FJ21	房建	(1) 基坑开挖会导致主体隧道结构及附属结构受偏压影响。 (2) 基坑开挖可能导致附属结构和周边区域内围岩应力及位移发生较大变化	地层卸载回弹风险:基坑开挖	(1) 基坑开挖应严禁爆破施工,基坑围护桩施工建议采用水钻和人工挖孔桩施工,围护桩施作过程中应跳桩施工。 (2) 为控制施工速率,并控制基坑开挖进尺等,华宇城M02地块基坑开挖应采取对轨道站风鸣山站一风天路站区线风鸣山站主体及附属结构,以降低对轨道环应支护尽可能减小周岩的扰动,后期轨道施工开挖也应采用支护尽可能减小周岩的扰动,后期轨道施工开挖也应采用板式挡墙 (3) 拟建项目地下室外墙进行充分退距,且采用板式挡墙支护尽可能减小围岩的扰动,后期轨道施工开挖也应采取切实可行的措施来保护轨道侧的既有建筑

续表

序号	项目	项目类型	风 险 源	风 险 种 类	处 理 措 施
15	FJ22	房建	(1) 基坑开挖和支护影响原2号线围岩性质,直接影响既有轨道结构附近岩体的力学性质和围岩级别,改变隧道区间岩体应力分布和受力状态。 (2) 主体结构完成后,地基结构发生变形,变形可能导致既有轨道区间结构发生变形,变形可能无法满足轨道安全运营要求	(1) 地层卸载回弹风险:基坑开挖。 (2) 外部加载风险	(1) 本项目实施可能存在多次扰动影响,建议对2号线该区间交通结构现状进行检测,了解隧道结构实际受力状态和变形情况,并将检测报告和相关数据及时反馈设计方,对定性分析和数值模拟的合理性进一步复核。 (2) 经第三方检测单位对基坑影响范围内的2号线现状进行检测,发现隧道结构整体完整性较好,衬砌实测厚度与设计基本一致,对局部区域发现的裂缝采取修补措施可以保证隧道结构的运营和使用安全。 (3) 在基坑开挖施工组织设计时,与隧道相邻一侧基坑开挖应分段进行,尽量使相邻建筑物对应段的基坑开挖顺序靠后
16	FJ23	房建	(1) 名人广场项目西侧为在建的轨道交通环线沙坪坝站,采用明挖暗挖隧道目开挖断面较大,广场项目基坑开挖导致在建的沙坪坝站一侧暗挖隧道对建车站产生不利作用,对另一侧围岩卸载,可能导致在建车站变形加大,影响施工安全;另外环线换乘通道、环线3号出入口通道暗挖段都先于名人广场项目施工,名人广场基坑开挖可能对其结构有一定影响。 (2) 南侧9号线沙坪坝站和3号风亭组与名人广场项目侧壁水平距离很近,设计方案需拆除原有轨道交通部分基坑支护结构,对原轨道交通基坑存在扰动,可能影响基坑支护结构的稳定性。 (3) 名人广场基坑开挖必然对周边围岩产生扰动,且基坑易积水,可能改变围岩原有物理力学参数,对周边已运营和在建的轨道交通结构产生不利影响	(1) 周边轨道设施较多,为了保障已建或在建的轨道交通结构安全,减小对周围岩体的扰动,位于轨道交通结构50m保护线范围内的名人广场车库基坑开挖不应采用爆破施工或震动较大的施工方式。 (2) 桩基础与轨道交通结构水平距离较近,应采用人工挖孔桩。 (3) 施工过程中应加强监测,并将变形控制与关键工序相对应,动态控制,动态施工,发现既有车站结构变形异常时即停止开挖,并分析原因采取有效措施后可继续施工

续表

序号	项目	项目类型	风险源	风险种类	处理措施
17	FJ24	房建	(1) 1号塔楼的存在,使得该范围内塔楼水平竖向荷载通过岩土传递至车站主体结构的水平竖向荷载传递受到影响。(2) 2、3号塔楼的相应水平竖向荷载对基坑安全及坚向水平竖向荷载传递至车站主体结构安全及坚向水平竖向荷载传递至车站主体结构安全及稳定性造成影响。(3) 由于建筑物与车站主体结构距离较小,使得出入口距建筑物的建筑荷载又车站主体开挖从而使1、2、3号塔楼失稳破坏	(1) 地层卸载回弹风险;基坑开挖、暗挖隧道。(2) 外部加载风险	(1) 重庆两江创新科技园在靠近车站一侧,应严格执行两排桩基深入车站底板下5m的方案。同时桩基侧壁应对邻近西侧暗道的3F/-3工业厂房以及1~3号楼的相应桩基,应考虑其一侧轨道建设所产生的弯矩影响,建议按临空桩进行设计、建造。(3) 控制保护区范围内的建筑物基坑开挖严禁爆破,应采用机械开挖方式,最大限度减小对周围岩体的扰动、破坏
18	FJ25	房建	(1) 拟建龙湖·观音桥一期二、三组团项目基坑开挖深度最大为26m,距离3号线观音桥一红旗河沟区间隧道最近为18.8m,而3号线为已运营线路,基坑开挖会导致3号线隧道一红旗河沟区间隧道衬砌位移。(2) 拟建龙湖·观音桥一期二、三组团项目建成后,建筑荷载对3号线观音桥一红旗河沟区间隧道结构会产生一定影响	(1) 地层卸载回弹风险;基坑开挖。(2) 外部加载风险	(1) 控制保护区范围内的基坑应采用机械开挖方式进行,控制保护区范围内严禁爆破,控制保护区范围外的基坑开挖可采用控制爆破的方式进行。(2) 施工前做好合理、有效的应急预案以及现场应急准备工作,确保将施工风险降至最可控范围内。(3) 施工期间应委托符合资质要求的第三方监测单位对控制保护区范围施工结构合同反馈,如出现监测预警或报警应及时通知轨道公司相关部门协同处理
19	FJ26	房建	(1) 车站南侧,拟建疏散风井及明挖坚井位于2号线出入口结构以南,坚井深度约15.55m。该处出入口为明挖段,且处于非常靠近的状态。判断项目作业对轨道结构有一定影响。(2) 拟建坚井结构外边线与出入口结构外边线距离最小水平距离约0.27m,处于轨道保护控制线范围内,对轨道交通的结构有一定影响	(1) 地层卸载回弹风险;暗挖隧道。(2) 外部加载风险	(1) 因暗挖通道与轨道出入口距离较近,故施工时禁止爆破,必须采用人工或机械等非爆破方式开挖。(2) 连接通道开挖,进行暗挖施工,采用由坚井进洞的方式,通过横通道连接通道与坚井施工至连接通道两端。同时制定相应的施工组织方案,确保1、2号线大坪车站出入口安全。(3) 施工坚井为明挖临时结构,与结构水平距离超过35m,后期考虑土石回填处理,避免对轨道结构安全造成影响

续表

序号	项目	项目类型	风 险 源	风 险 种 类	处 理 措 施
20	FJ27	房建	(1) 重庆吾悦房地产开发有限公司北碚吾悦广场项目详细勘察钻孔可能对6号线隧道周边岩土体完整性有一定影响。(2) 钻孔完成后，地表水、地下水会沿钻孔渗入，围岩浸水可致导围岩强度降低	地层卸载回弹风险：钻孔开挖	(1) 钻探孔施工前在现场精确定位，钻探孔深、孔垂直度等严格控制孔深、范围。(2) 对影响等级较高区域岩钻孔采取断时连续施工，以减少对轨道周边岩体的影响；勘探孔野外钻探完成后，抽干钻孔中残留的施工积水，及时采用混凝土砂浆封孔，进一步减少勘探孔对6号线的影响。(3) 钻探孔施工过程中，与轨道相关单位建立沟通机制，及时汇报钻探孔相关状况，接受轨道单位的指导，以便于下一步施工
21	FJ28	房建	(1) 围护桩在施工过程中对基坑的支护作用可能失效，对基坑施工造成一定安全影响。(2) 基坑开挖量较大，与轨道水平净距很近，对轨道结构受力影响较大。(3) 基坑围护桩贴近暗挖出入口通道锚杆，桩基及基坑开挖需切割隧道锚杆、扰动过大时对隧道防水层可能造成损伤	(1) 地层卸载回弹风险：暗挖隧道、桩基开挖。(2) 外部加载风险	(1) 轨道保护范围内严禁采用爆破作业，影响范围外的爆破宜采用小型爆破，控制爆破或静态破碎，机械开挖也应尽量减小对周岩的扰动，保证周岩的完整性。(2) 平场及基坑开挖后应尽快封闭，为避免水体下渗导致周岩强度降低，平场及边坡开挖后应进一步优化施工及及运营阶段排水措施。平场及边坡开挖后应尽快封闭，防止泥岩受水影响发生软化或边坡发生风化脱落。(3) 在轨道出入口结构顶高以下范围内的基坑回填应采用刚性回填料。(4) 基坑切割暗挖桩孔成桩、部分区域需要切割暗挖隧道及边坡锚杆，应采取人工切割方式，并控制机械震动，保护暗挖隧道及轨道结构防水层

续表

序号	项目	项目类型	风险源	风险种类	处理措施
22	SZ05	市政	(1) 地下两层广场与车站共建风险。 (2) 高层、多层物业与车站共建风险。 (3) 多层物业与明挖区间共建风险。 (4) 轨道交通放坡开挖与地下广场基础施工风险。 (5) 轨道交通远期12号线区间施工风险。	(1) 地层卸载回弹风险；基坑开挖、管道沟槽开挖、暗挖隧道。 (2) 隧道深浅埋状态改变风险：隧道深浅埋状态改变。 (3) 外部加载风险：建筑结构。 (4) 撞击风险：轨道高架区间内修建市政道路。 (5) 其他风险：控制保护区内水文环境、爆破震动。	(1) 轨道交通框架柱与上部广场框架柱重合时，施工时一并浇筑，并且在框架柱截面设计时充分考虑上部荷载。 (2) 在进行轨道交通侧墙设计时，需要考虑地下广场基础荷载扩散至墙上的荷载，特别是侧墙边1～2个荷载扩散至墙上的荷载，特别是侧墙边1～2个地下广场基础。 (3) 轨道交通明挖区间上方广场基础施工前，应先施作区间结构和顶板转换梁，转换梁上部结构根据上部结构形式进行整体计算。 (4) 对于顺层边坡一侧，在轨道交通结构施工完成后，先进行广场桩基础施工，最后进行回填。高层回填处建筑采用筏板基础，应采用C20素混凝土回填，其余回填处理后的泥岩。 (5) 为了给远期12号线提供施工条件，本期施工地下广场时，在12号线平面范围内不允许设置桩基础。
23	SZ06	市政	(1) 兴盛大道地通通与3号线。 (2) 新溉路上跨桥与3号线。 (3) 预制梁吊装与3号线。 (4) 新溉路龙头寺立交与10号线。	(1) 地层卸载回弹风险；基坑开挖、管道沟槽开挖、暗挖隧道。 (2) 隧道深浅埋状态改变风险：隧道深浅埋状态改变。 (3) 外部加载风险：建筑结构。 (4) 撞击风险：轨道高架区间内修建市政道路。 (5) 其他风险：控制保护区内水文环境、爆破震动。	(1) 地下连通道采用盖挖法施工。 (2) 人工挖孔桩施工。 (3) 新溉路上跨桥墩需做好保护措施。 (4) 轨道桥墩的保护。 (5) 箱梁的吊装施工。

续表

序号	项目	项目类型	风 险 源	风险种类	处 理 措 施
24	SZ07	市政	(1) 平顶山隧道与轨道环线。 (2) 平顶山隧道与轨道环线马家岩轻轨保养场。 (3) 平顶山隧道与1号线马家岩工程车库。 (4) 小凤路连接道下穿道与1号线马家岩工程车库及周边边坡支挡。 (5) 平顶山隧道与1号线马家岩轻轨保养场。 (6) 平顶山隧道与1号线马家岩轻轨保养场混合变电所。 (7) 平顶山隧道与轨道环线车场牵出线隧道。 (8) 平顶山隧道与1号线。 (9) 平顶山隧道主线与9号线。 (10) 嘉陵路连接道A、B线隧道与9号线。 (11) 嘉陵路连接道A、B线隧道与9号线施工通道	(1) 地层卸载回弹风险：基坑开挖、管道沟槽开挖、暗挖隧道。 (2) 隧道深浅埋状态改变风险：隧道深浅埋状态改变。 (3) 外部加载风险：建筑结构。 (4) 撞击风险：轨道高架区间内修建市政道路。 (5) 其他风险：改变控制保护区水文环境，爆破震动	(1) 初期支护必须采用强支护、快封闭，二衬应立即施作。 (2) 控制既有建（构）筑物的沉降，保证既有建（构）筑物安全。 (3) 该段采用微震爆破，严格控制爆破震动速率，爆破震速应控制在1.0cm/s内；必要时应采用静态爆破措施，每次进尺不得超过0.5m，以减少爆破对轨道运营的影响。 (4) 加强施工监测，设定变形及沉降预警值，若施工过程中发现支护变形或地面沉降超过预警值应立即停止施工，及时上报相关单位，调整隧道支护形式，达到动态设计与信息化施工的目的。 (5) 隧道施工选取合理的施工方法，轨道影响区域采用双侧边导坑开挖方式

续表

序号	项目	项目类型	风险源	风险种类	处理措施
25	SZ08	市政	（1）项目跨线桥的修建有可能造成10号线K14+349—K14+404段的不均匀沉降，影响轨道的正常使用。 （2）项目跨线桥投入使用后对轨道稳定性会造成一定影响。 （3）项目跨线桥基础的开挖会使周边围岩应力重分布，可能会产生新的塑性区。 （4）项目跨线桥基础的开挖扰动可能引起周边围岩产生新的裂隙或使原有裂隙扩大，雨水渗透会降低轨道基础固岩强度。	（1）地层卸载回弹风险：基坑开挖、管道沟槽开挖、暗挖隧道。 （2）隧道深浅埋状态改变风险：隧道深浅埋状态改变。 （3）其他风险：控制保护区水文环境。 （4）撞击风险：高架区间内修建市政道路。 （5）其他风险：控制保护区水文环境。	（1）控制保护区范围内的土石方开挖均不得采用爆破施工。位于控制保护区以外的土石方工程因工期等原因确实需要爆破施工的，应采用控制爆破作业范围，并应明确爆破频率及震速控制参数。采用机械开挖的应严格控制开挖土石方应及时运走，不得随意堆放。 （2）基坑、边坡开挖不得影响轨道交通结构安全性和耐久性；基坑、边坡开挖时应分段、分层开挖、跳槽开挖，坑降水排水措施，尽快封闭基坑。 （3）控制保护区范围内，回填及设备应满足轨道交通结构的相关要求。浅埋隧道上部土石方回填应采用人工作业。
26	SZ09	市政	（1）TBM隧道浅埋段道路在隧道上方小范围开挖，但前期填方量较大，填方高度最大约13m。如果附加荷载超过围岩的承载能力，荷载将会施加到区间隧道上，对其产生不利影响。 （2）市政道路开挖方爆破震动或机械开挖引起的震动可能会对区间隧道产生影响，震速过大可能会导致隧道管片或二次衬砌开裂。 （3）道路运营过程中排水不畅会增加隧道修漏水的风险。 （4）道路施工过程中大量临时堆载可能会对隧道受力产生不利影响。	（1）地层卸载回弹风险：基坑开挖、暗挖隧道。 （2）隧道深浅埋状态改变风险：隧道深浅埋状态改变。 （3）外部加载风险：建筑结构。 （4）撞击风险：轨道高架区间内修建市政道路。	（1）建设项目在后续工程中进一步加强对轨道保护结构的设计。 （2）建设项目道路在轨道保护红线内施工，应注意施工机具的选型及施工震速监控。 （3）建设项目施工时应加强对轨道衬砌。 （4）建设项目在轨道保护红线范围内施工时应加强轨道结构变形监控。

续表

序号	项目	项目类型	风 险 源	风 险 种 类	处 理 措 施
27	SZ10	市政	(1) 确定新南立交基础底面荷载通过围岩传递至轨道区间结构;若传递至轨道区间结构,应保证结构的截面安全和裂缝宽度满足规范要求; (2) 检验新南立交上跨工程影响轨道区间结构的位移	(1) 地层卸载回弹风险;基坑开挖、暗挖隧道。 (2) 隧道深浅埋状态改变风险;隧道深浅埋状态改变。 (3) 外部加载风险;建筑结构。 (4) 撞击风险;轨道高架区间内修建市政道路	(1) 在工程实施前,施工单位须根据与轨道的实际关系编制详细的施工组织方案,并报送轨道主管部门审查,轨道主管部门审查同意后方可组织施工,并需严格按照审查通过的施工组织方案进行施工。 (2) 在工程实施前,应做好轨道交通设施安全保护方案(主要包括爆破性控制、地下水监测、边坡支挡方案及采取的措施等),工程实施时与轨道交通结构影响的第三方监测安全责任书,完善相关手续管理,同时轨道交通建设及运营单位签订安全运营单位的巡查。 (3) 控制保护区范围内的挖方路基均采用机械开挖,禁止放炮。距离轨道桥墩较近位置处采用挖掘机挖除,在软质岩地段采用破碎机破碎,在岩石硬度较大时采用人工配合岩石切割机切除的方式,靠近轨道桥墩位置处的土石方开挖采用配合人工开挖的方式。 (4) 施工开挖前需布置位移监控量测系统,量测数据能反映轨道桥墩位移的竖向位移和横向位移。施工过程中,若发现所测位移数据异常应立即停止施工,待查明原因,采取更安全可靠的措施后方可进行下一步施工。 (5) 隧道结构仰拱竖向位移的控制值为9mm,水平位移的控制值为4mm。建议取控制值的80%作为监测报警值

续表

序号	项目	项目类型	风 险 源	风 险 种 类	处 理 措 施
28	SZ11	市政	(1) 北大道2号隧道修建对已建成3号线区间隧道形成了上部卸载作用并引起3号线隧道纵向位移及结构应力变化,这个变化是对原有应力平衡的打破,引起应力重分布。(2) 由于北大道2号隧道与3号线区间隧道洞顶高差为12.34m,大于3号隧道洞2倍开挖宽度,在空间上距3号线区间隧道的施工对3号区间隧道有较大安全距离,因此根据工程经验可知,北大道2号隧道的施工对3号区间隧道有影响	(1) 地层卸载回弹风险:暗挖隧道。(2) 隧道浅埋状态改变风险:隧道深浅埋状态改变。(3) 外部加载风险:建筑结构。(4) 撞击风险:轨道高架区间内修建市政道路	(1) 观音桥商圈北大道2号隧道上跨3号线区间隧道除上跨3号线区间隧道外,还上跨3号线施工中的出渣支洞。根据北大道2号出渣支洞的立面关系可知,两者竖向高差仅0.55m,所以北大道2号隧道设计需包含对出渣支洞的内容。施工前需对影响区域内出渣支洞进行封闭。(2) 因3号线区间隧道已经通车运营,为保证3号线运营安全,北大道2号隧道在轨道保护红线范围内的施工应采用非爆破施工方法,并控制施工机械的震动波速;保护范围以外的隧道采用爆破施工时应严格控制震动,确保监测到的震动波速小于1.5cm/s。(3) 北大道2号隧道施工前,应对影响区间内3号隧道进行外观检测。(4) 北大道2号隧道施工时,应在施工隧道内做好有效的防排水设施,避免施工过程中地下水在隧道内淤积,并下渗至3号线区间隧道,不利于3号线的正常运营

续表

序号	项目	项目类型	风险源	风险种类	处理措施
29	SZ12	市政	(1) 江州街路基段挡墙对9号线江北城—五里店区间隧道的影响。(2) 江州街高架桥0号桥台9号线江北城—五里店区间隧道的影响及预留冷却塔建设条件影响。(3) 江州街高架桥1号、2号桥墩对轨道江北城站2号风亭组的影响。(4) 江州街高架桥3号桥墩对轨道江北城站1号出入口的影响	(1) 地层卸载回弹风险：暗挖隧道基坑开挖，桩基开挖，暗挖隧道管道沟槽开挖。(2) 隧道浅埋状态改变风险：隧道深浅埋状态改变。(3) 外部加载风险：建筑结构。(4) 撞击风险：轨道高架区间内修建市政道路。(5) 其他风险：改变控制保护区水文环境，爆破震动	(1) 由于该项目基坑施工与车站附属结构（2号出入口及1号风亭组）相对净距较近，应按监测规范相关要求对其进行监控量测，必要时增加监测频率，若监测出现异常须对其立即通知各参建单位处理。根据报告计算结果，建议车站主体及附属结构以安全预警值10mm作为监测控制指标。(2) 做好基坑内外的防排水措施，严禁基坑内积水下渗，避免其影响基坑支护结构稳定性。(3) 建议在项目施工期间，对该处的轨道结构进行重要标识及加强防护，以免机械误操作对其造成破坏。(4) 为使地应力得到充分释放，拟建项目路基开挖深度等，以降低对9号线江北城—五里店五号庆云路区间隧道的影响。(5) 为减小桥梁承台开挖对庆云路高架桥的影响，拟建项目桥梁基础应充分进行退距，要求其水平净距不小于3倍桥梁桩基桩径。(6) 台后挡墙段在现状地面回填路基，应委托相关资质单位复核坡脚既有挡墙及市政管道的安全性。(7) 由于拟建项目高架桥预留冷却台及2号风亭组较近，建议桥面防撞栏杆等级应采用市政最高标准（SS级）且设置隔离网，以较少对周边岩土体的扰动。(8) 建议高架桥桩基采用人工挖孔桩

续表

序号	项目	项目类型	风 险 源	风 险 种 类	处 理 措 施
30	SZ13	市政	(1) 恒大中央广场周边市政道路1号道路下穿道对9号线区间隧道的影响。 (2) 2号道路下穿道基坑开挖对车站主体围护结构造成较大影响。 (3) 恒大连接道基坑开挖对车站主体结构造成较大影响。 (4) 2号道路下穿道基坑开挖对车站主体结构造成一定的影响。 (5) 2号道路下穿道北侧开挖边坡对换乘通道的安全出口产生影响。 (6) 1号道路下穿道与2号道路下穿道综合管网工程对9号线的影响	(1) 地层卸载回弹风险：暗挖隧道、基坑开挖、管道沟槽开挖。 (2) 隧道浅深埋状态改变风险：隧道深浅埋状态改变。 (3) 外部加载风险：建筑结构、墩柱基础。 (4) 撞击风险：轨道高架区间内修建市政道路	(1) 项目实施前应对受影响范围内的已建轨道交通结构（6号线）进行检测和监测。 (2) 该道路工程位于控制保护区范围内的部分，土石方开挖禁止采用爆破开挖的方式或采用机械开挖，应采用人工开挖，采用机械开挖时应严格控制震速及扰动。 (3) 该道路工程回填应采用符合结构物的承载力和变形控制要求的材料，路基附加荷载大于浅埋结构物埋深时应采用轻质材料置换。 (4) 控制保护区域内不得形成积水坑，如局部有水量汇集，应及时采取措施排离控制保护区。 (5) 该道路工程的围护措施施工考虑后期轨道方施工的相关要求，以保证轨道方具有足够的施工操作面。 (6) 4A出入口道方穿道路的2号道路及共建大连接道的施工范围内应与建段轨道预留一定的距离，满足轨道方施工的开挖要求。 (7) 4B出入口（明挖道方）基坑段与西侧道基坑建议同时开挖至233.33m标高，减少车站两侧的偏压

续表

序号	项目	项目类型	风 险 源	风险种类	处 理 措 施
31	SZ14	市政	(1) 1号风险源(建新西路主线桩号K1+180)。 (2) 3号风险源(B匝道B2号桥墩)。 (3) 4号风险源(G匝道GK0+348.563)。 (4) 5号风险源(A匝道AK0+109.858位置)。 (5) 6号风险源(B匝道B3号桥墩)。 (6) 7号风险源(G匝道桩号GK0+450)。	(1) 地层卸载回弹风险:暗挖隧道,基坑开挖,管道沟槽开挖,桩基开挖。 (2) 隧道深浅埋状态改变风险:隧道深浅埋状态改变。 (3) 外部加载风险:建筑结构,墩柱基	(1) 9号线在项目范围内为深埋隧道,路基施工对轨道基本无影响,需考虑人行道与轨道交通出入口的衔接。 (2) 蚂蟥梁轨道站1,2,3号出入口下穿本次立交A匝道,E匝道,F匝道,建新西路出入口通道埋深较浅,可考虑轨道与立交同步施工。 (3) 蚂蟥梁轨道站1A,1B,3C,3D四处出入口与改造后立交行道路距离较近,应于该四处交通事故位置产生交车行道防撞栏杆,防止交通事故对轨道站产生影响,侧布置防撞栏杆,防撞栏杆等级采用SS级。 (4) 本次桥梁桩基础施工拟采用人工,小型机具开挖的方式,从而减小对周边岩层的扰动,以消除对轨道结构的影响。 (5) 施工过程中应对轨道结构进行监测,一旦发现异常立即停止作业。
32	SZ15	市政	(1) 1号路桥墩桩基础施工对轨道站围护结构的影响。 (2) 1号路路堑边坡开挖卸载施工对6号线左线隧道的影响。 (3) 2号路桥墩桩基础施工对轨道站围护结构的影响。 (4) 3号路桥墩桩基础施工对6号线隧道,轨道环线隧道及轨道站围护结构的影响。 (5) 4号路桥墩桩基础施工对6号线隧道,轨道环线隧道及9号线换乘通道,6号线出入口的影响。	地层卸载回弹风险,隧道深浅埋状态改变风险	(1) 道路路基开挖安全措施: 1号路1K+150.000~1K0+210.000段修建将对现状6号线左上部岩土体形成卸载作用,虽然该段埋深较大,但考虑其距离现轨道,隧道较近,路堑开挖过程中应采用机械和人工开挖的方式进行,严禁爆破。 (2) 桥梁工程安全措施: 本次设计桩基础采用人工,小型机具开挖,避免对轨道,隧道结构形成冲击或震动。9号线换乘通道与1号路桥墩之距离较近,设计考虑桥墩与换乘通道同步实施,以避免先后施工带来的相互影响。

续表

序号	项目	项目类型	风 险 源	风险种类	处 理 措 施
33	SZ16	市政	(1) 项目新建挡墙结构对轨道的影响分析： ① 拟建挡墙开挖对轨道的影响； ② 挡墙基础换填土对轨道的影响； ③ 挡墙混凝土浇筑完成后对轨道的影响； ④ 路基土回填后对轨道的影响； ⑤ 路面通车后、车辆荷载对轨道的影响。 (2) 项目新建临时道通开挖对3号线风险源分析： ① 拟建临时挡墙开挖对轨道的影响； ② 地通道开挖对轨道的影响； ③ 回填及通车后对轨道的影响。 (3) 项目新建桥梁结构对3号线风险源分析： ① 拟建桥梁桩基开挖对轨道的影响； ② 桥墩混凝土浇筑完成后对轨道的影响； ③ 钢箱梁吊装期间的施工荷载对轨道结构的影响； ④ 桥梁通车后、车辆荷载对轨道的影响	地层卸载回弹风险、隧道浅埋状态改变风险，外部加载风险，撞击风险	(1) 道路工程对轨道影响的安全措施： ① 轨道保护范围内的路基采用机械施工开挖，杜绝路基的超挖。尽量减少对轨道桩基的扰动。 ② 路基填筑尽量避免在雨季进行，采用石渣料分级碾压回填，增加路基的压实度，减少沉降，并做好排水措施。 (2) 结构工程对轨道影响的安全措施： ① 挡墙基础采用人工开挖施工，严禁采用机械施工及爆破开挖。基础开挖时应首先开挖至基底标高，检查开挖质量和基底承载力，确保开挖后原状土达到设计要求，并尽快采用砂石卵石换填，达到设计承载力要求。防止施工中基础被雨水浸泡。 ② 挡墙采用整体定型模板，并在混凝土浇筑前对其进行支撑加固。 ③ 在施工过程中设置监测点对机道墩柱变形进行监测，尤其在挡墙基础开挖时应加强监测频率，采取预警措施，一旦墩柱变形超过预警数值应立即停止施工，并做好桩孔回填准备。 (3) 桥梁工程对轨道影响的安全措施： ① 本次设计桥梁基础施工将通过采用人工、小型机具开挖的方式减小对现场施工范围内的所有轻状地貌的扰动。 ② 下穿3号线的桥梁段采用顶推进式施工方法。 ③ 桥梁桩基施工过程中应加强监测，位于施工挖孔过程中对人工挖孔范围内的所有轻状地貌的扰动。施工过程中一旦发现异常情况，应立即停工并及时通知各相关单位共同研究解决办法。 ④ 与轨道水平相交时的主线左右线及3条面道（A面道，C面道，E面道，在与轨道水平相交处设置隔离罩，以减轻路面对轨道的影响。

续表

序号	项目	项目类型	风险源	风险种类	处理措施
33	SZ16	市政	玉带北路地通道开挖涉及轨道交通环线，远期4号线西延，其中环线处于在建状态，区间隧道拱顶与下穿道框架底周边净距约9m。地通道的开挖引起周边岩体的应力重新分布，导致环线轨道、远期4号线西延地段开挖较远，可能影响4号线西延段的建设条件。	地层卸载回弹风险、管网风险	(4) 管网工程对轨道影响的安全措施： ① 本次轨道影响范围内的部分现状保护管网满足敷设及服务功能要求，道路及附属结构建筑物新建时对需保护利用的现状管网进行加固处理；施工时避免人工及小型机具开挖回填，管顶严禁使用重锤夯实。 ② 管沟槽采用人工及小型机具开挖方式，管顶严禁在雨季施工，且不宜在雨季施工，从而减少对周边1.5H及管沟做好临时排水，以减少地表水下渗对围岩的浸蚀，以消除对现状3号线的影响
34	SZ17	市政	(1) 玉带北路地通道处于隧道21号线上方偏右，在地通道实施后，改变现状岩土力状况，可能影响21号线的建设条件。 (2) 盘溪路上跨桥、二号天桥、玉带4号线西延均处于4号线西延上部，在本工程实施后对周边的岩土体受力有一定的改变，可能影响4号线西延段的建设条件。 (3) 玉带北路地通道实施后，改变现状岩土力状况，可能影响21号线的建设条件。	地层卸载回弹风险、隧道深浅埋状态改变风险	(1) 由于4号线西延处于施工可阶段，21号线为远期建设轨道交通，在该地通道实施时，对本项目市政轨道结构的影响应委托具有资质的单位进行专项评估。 (2) 后续设计应明确现场地内排水措施，及时抽排积水，避免雨水下渗阻围岩强度。 (3) 轨道交通环线区间，隧道轨控制保护区的轨道结构进行监测爆破，其余范围内爆破开挖引起轨道结构的振速传递到轨道结构不得超过1.5cm/s。 (4) 施工过程中，应对施工影响区的变形、震动、应力及轨道结构进行监测，监测轨道结构的变形、震动、裂缝等情况，如有异常应及时通知各方及参建相关单位。 (5) 控制保护区域内不得形成积水坑，如局部有水量汇集，应及时采取措施排离控制保护区，开挖的土石方不得随意堆载。 (6) 施工过程中应与轨道相关单位建立沟通机制，及时汇报施工相关状况，以指导下一步施工。 (7) 开挖岩土体应及时清运，严禁在控制保护区周围内大量堆载，弃土堆放应距离基坑顶边线1.5H以外。 (8) 受影响的轨道交通隧道应进行第三方监测（H为基坑深度）以外

续表

序号	项目	项目类型	风 险 源	风险种类	处 理 措 施
35	SZ18	市政	(1) 拟建道路对 9 号线二期影响分析：拟建道路对 9 号线二期结构上方最大填筑高度约为 20.2 m，受影响的轨道结构为道路路基填筑高度较大，轨道结构上方的暗挖浅埋段及明挖段，路基填筑将增加轨道结构荷载，引起轨道二次衬砌结构变形和内力增加；隧道桩基础轴力增大；路基侧向位移，可能会对隧道形成偏压，产生侧向位移。 (2) 拟建道路对规划轨道 22 号线影响分析：22 号线为规划线路，拟建道路将先于轨道实施，道路与轨道平面为斜交关系，轨道为地下区间隧道，位于拟建道路下方，影响轨道段道路结构为明挖下穿道结构，最大开挖深度约为 7 m，下穿道结构底板与规划轨道面标高竖向距离为 24.5 m，此部分地质条件较好，拟建道路实施对轨道 22 号线建设留有建设条件	地层卸载回弹风险，隧道深浅埋状态改变风险	(1) 待受影响范围内 9 号线二期结构加强设计及二次衬砌结构施工完毕且达到设计强度后方可进行道路回填，道路施工时，应在轨道结构两侧对称分层填筑回填，在轨道结构附近填筑施工，不得使用大型的、震动较大的机械，分层填厚度不大于 1 m，严禁对轨道结构形成偏压。 (2) 防护桩施工完毕后方可进行道路施工。应在轨道结构两侧对称分层机械碾压，不得使用大型机械，分层填筑厚度不大于 1 m，严禁对轨道结构形成偏压。 (3) 严格按照通过审查的图纸进行施工，严禁超过设计荷载。 (4) 轨道保护线范围内土石方开挖严禁采用爆破开挖方式，应采用震动较小的机械开挖方式，以减少对边围岩的扰动，确保不影响轨道交通的结构和营运安全。 (5) 该项目施工过程中应做好截排水处理措施，对基坑进行排水，施工期间场地内严禁积水，避免水渗入岩体中，造成岩体强度降低。 (6) 施工过程中加强现场巡查，及时发现异常情况，及时处理潜在风险源，防止威胁轨道结构安全的情况发生。 (7) 该项目施工前应编制轨道交通的详细监测方案，施工期同对轨道相关结构进行监测，监测项目应包括顶沉降，道床沉降，水平收敛，竖向收敛，二次衬砌应力等，如有异常发生及时上报。 (8) 建议在场地周边及场地明挖地上方填筑地外低处引排，避免场地内形成积水。 (9) 轨道、隧道严禁高于 367 m，隧道施工过程中严禁面段结构上方填土标高严禁高于 367 m，填筑应由低到高，逐层碾压回填，填筑施工时轨道、隧道正上方荷载不超过最大填土荷载

续表

序号	项目类型	风 险 源	风 险 种 类	处 理 措 施
36	GD03 轨道	（1）9号线观音桥站区间3号线华新街一观音桥区间及观音桥站产生附加位移超过限值，导致结构开裂。 （2）9号线观音桥站开挖岩层降低3号线华新街一观音桥区间隧道围岩稳定性。 （3）9号线观音桥站4号安全出口竖井及隧道开挖引起3号线华新街一观音桥区间隧道结构偏心受压，安全出口通道拱顶沉降导致结构整体沉降。 （4）1号风亭组横通道开挖可能导致3号线华新街一观音桥区间及观音桥站产生附加位移超过限值，导致结构开裂。 （5）9号线观音桥站爆破施工引起3号线华新街一观音桥区间及观音桥站结构震动速度超过限值，导致结构或设备破坏	地层卸载回弹风险、隧道深浅埋状态改变风险、外部加载风险	（1）现场正式爆破施工前应进行爆破试验，通过对轨道结构及周边建（构）筑物的监测结果逐步调整爆装药量及爆破断面尺寸，根据试爆及监测结果动态调整爆破速控方案。必须保证爆破试验及正式爆破传至轨道结构的震速控制在1.5cm/s以下。 （2）爆破最大震速出现在大部分掘进眼，减少掘进眼每段的装药量能够降低震动速度。必要时可以考虑沿开挖轮廓线周边设置减震孔，深度同炮眼深度，以降低爆破震速。 （3）建议采用高精度数码电子雷管。 （4）爆破作业应尽量避开轨道早晚高峰期，以减少爆破作业对3号线观音桥运营的影响。9号线观音桥车站对3号线车站结构外边线30～50m处在爆破施工时应加强对3号线区间隧道区间隧道拱顶及拱顶项的监测。 （5）在9号线观音桥站施工前，须对影响范围内的3号线区间隧道进行现状检测，确保实际损伤程度小于限设损伤程度；否则，应将检测结果返回重新验算。 （6）9号线观音桥对3号线影响下3号线结构安全，并加强在9号线观音桥一码头梁区间叠加影响下9号线观音桥站及区段加强3号线结构安全，并加强观音桥站周边建筑的摸排和影响分析

续表

序号	项目	项目类型	风险源	风险种类	处理措施
37	GD04	轨道	（1）10号线重庆南广场站基坑开挖深度达32m，而3号线重庆北站车站变形、基坑开挖会导致车站变形。另外，由于10号线分区开挖，A区先开挖，B区开挖一侧会引起车站及车站路基的位移差过大会影响车站安全。 （2）10号线南广场站需下穿3号线重庆北站车站，会对3号线车站结构受力产生影响。 （3）3号线车站中柱采用独立基础，10号线基坑开挖时要将独立基础下挖0.32m，导致基础底面受力面积减小，偏心距增大，对基础承载力造成影响	地层卸载回弹风险，隧道深浅埋状态改变风险	（1）对设计的要求： ①基坑支护方案应进行专家论证； ②做好10号线下穿段结构设计，应充分考虑施工步骤及3号线车站荷载。 （2）对施工的要求： ①施工前应按照《危险性较大的分部分项工程安全管理办法》（建质[2009]87号）编制专项施工方案，并经过专家论证； ②基坑开挖不得使用爆破方法，如使用机械开挖应采用切割方式进行，避免震动； ③3号线中柱独立基础下部开挖采用爆破承载力、施工应严格保证精度，避免超挖； ④基坑开挖施工前应编制3号线的详细监测方案，施工期间对轨道相关结构进行监测
38	GD05	轨道	（1）拟建10号线悦来站与既有6号线会展北站结构净距13.8m，10号线来站基坑开挖过程中两车站之间边坡若发生滑动则会直接影响会展北站结构。另外，基坑开挖会引起会展北站车站结构及轨道产生的岩体卸载变形会影响过大会展北站车站结构及6号线的运营安全。 （2）B区结构暗挖对既有2号风亭的影响主要来自两个方面： ①B区土石方开挖过程中，在临时立柱施工之前2号风亭底梁会有5m多的临空，导致其受力状态发生巨变； ②临时立柱施工完之后，一步步浇筑B区暗挖结构过程中需拆除临时立柱，此时需依靠十字底梁及已施作的B区结构承受2号风亭临空的立柱的空间荷载	地层卸载回弹风险，隧道深浅埋状态改变风险	（1）对设计的要求： ①施工图应对A区、C区基坑支护结构，B区暗挖临时钢立柱及B区结构进行详细验算； ②对施工监测项目、监测频率、预警标准、控制标准等提出详细要求； ③会展北站风道顶板上部覆土厚度不超过0.5m。 （2）对施工的要求： ①基坑支护严格按设计要求采用逆作法施工，严禁超挖； ②采用非爆破方式进行土右方开挖； ③10号线悦来站B区开挖时，2号风道上部严禁堆载及车辆行走； ④坚持动态设计、信息化施工，施工过程中进行严密监测

续表

序号	项目	项目类型	风 险 源	风险种类	处 理 措 施
39	GX04	管线及其他	(1) 本工程电缆隧道处于中风化岩石层,围岩级别为Ⅳ级,均为深埋隧道,采用人工及机械开挖会引起周围地基沉降及隧道开挖对地下水产生影响。 (2) 电缆隧道与规划23号线轨道交通区间结构,净距较小,因此电缆隧道施工影响构筑物周围围岩。 (3) 电缆隧道下穿轨道交通环线渝鲁站3A号出口及4号出口,结构净距较小,隧道施工影响上部围岩及轨道交通结构。 (4) 电缆隧道下穿轨道交通环线周家院子主变所外线路工程电缆构筑物,结构环距较小,由于利用段为明挖电缆构筑物,隧道与隧道电缆道施工对上部轨道电缆构筑物影响较大	地层卸载回弹风险,隧道深浅埋状态改变风险,外部加载风险,撞击风险,其他风险	(1) 电缆隧道在控制保护区范围内采用暗挖施工工艺,严禁采用爆破施工,主要采用机械(辅以机械的)人工方式进行掘进,尽量减少对围岩的扰动,严格控制超挖,新建暗挖电缆隧道采用严禁爆破的新奥法施工。 (2) 电缆隧道内空较小,电缆隧道施工对轨道安全的影响较小;同时,为预留充足的安全裕度,在本身安全可靠的前提下,应在电缆隧道各交叉处充分考虑轨道交通构筑物荷载影响,并按照降低的围岩等级加大计算配筋,提高安全储备。普通段电缆隧道采用C30高强混凝土,钢筋采用HRB400。穿越段电缆隧道村砌混凝土强度提高一级,并相应增加配筋量,确保施工,运行阶段顶段电缆隧道村砌,即采用小管棚身强度不足引起的塌孔。 (3) 电缆隧道采用复合式衬砌,初期支护以C25喷射混凝土、锚杆、钢筋网为主要支护手段,二次衬砌采用C30防水钢筋混凝土;通过超前注浆小导管十钢支撑对周岩进行加固防沉,避免隧道结构的围岩变化环境的电缆隧道的稳定性。加强下穿轨道交通结构的电缆隧道村砌,运行阶段电缆隧道采用勤挖勤测勤支护,即不破环围岩的小管棚工法小导管支护。 (4) 明挖电缆隧道,对隧道上方的已有管网采用先支护后开挖等措施,先采用槽钢梁支撑于轨道交通线周家院子变所外线路工程电缆构筑物下方,再进行本工程明挖电缆隧道基坑开挖,以避免已有电缆构筑物坍塌。 (5) 地面沉降控制措施:针对塌孔引起地面沉降的情况,钻爆法施工时可采用"勤挖勤测勤支护"的方法控制挖掘面坍塌,并提高衬砌混凝土强度,相应增加配筋量,确保施工,运行阶段电缆隧道安全,减少塌孔的发生概率

续表

序号	项目	项目类型	风 险 源	风 险 种 类	处 理 措 施
40	GX05	管线及其他	(1) 由于电缆隧道底部与其正下方正在进行二衬施工的9号线右线衬砌顶部最小垂直距离为6.14m，电缆隧道建设对9号线一期隧道结构安全具有一定影响。 (2) 电缆隧道建设对其正下方已运营的10号线围岩结构安全及运营具有一定影响。 (3) 电缆隧道建设会改变其下方规划的23号线围岩应力，影响规划23号线后期的可行性或施工及实施的难度。 (4) 电缆隧道运营后，其正下方及后期规划的23号线隧道的施工及运营可能会造成本工程电缆隧道结构的过大沉降等，影响电缆隧道结构的安全	地层卸载回弹风险，隧道深浅埋状态改变风险	(1) 电缆隧道明挖采用人工或小型机具开挖，严禁采用爆破作业，项目施工时严禁在轨道保护范围内临时堆载土石方。考虑到9号线埋深较浅，影响轨道为特级，该段电缆隧道采用顶管法施工时，应避免或减少重载货车或机械在9号线右线上方作业。 (2) 明挖段采用小型机械分层压实，禁止抛填后强夯作业。 (3) 项目施工过程中应做好防排水工作。在轨道上方设置排水管线、管线设施做好高压防渗漏处理，避免因管线渗漏水号致隧道结构、管线结构腐蚀破坏。 (4) 项目施工过程中及项目区段内9号线、10号线隧道结构前，建议项目建设方委托第三方监测，并制定数据。 (5) 拟建项目整个施工过程中及项目完成后一定时间内，应针对影响较大的轨道交通进行第三方监控量测，并制定相应的应急预案措施。 (6) 后期规划23号线实施时，应对相应区间段地质情况进行重新勘察，以查明围岩地质情况、合理安排施工。施工中应加强对围岩变形情况的检查和测量，掌握围岩及支护结构的变形位移情况。所有进隧道人员必须按规定佩戴好安全防护用品，遵守纪律，听从指挥。进洞前应先做好仰坡防护和排水工作。 (7) 建议规划23号线隧道施工做好施工前期准备工作，正确选用施工方法，结合地形控制爆破速度和实施，细则，并向施工作业人员进行技术交底，合理安排施工，减少爆震动对其造成的安全影响。 (8) 后期规划23号线隧道施工尽量采用浅孔控制爆破方法，同时应严格控制爆破振速（不得大于1.0cm/s），减少爆破震动对周边建筑造成的影响，并做好相应隧道项目及爆破监测和地质情况反中时调整爆破参数，以保证爆破安全

续表

序号	项目	项目类型	风 险 源	风险种类	处 理 措 施
41	GX06	管线及其他	(1) 对18号线的影响： ①电力隧道对18号线区间隧道结构净距小于5倍洞径、对轨道后期分界高度，对实施性有影响。 ②电力竖井对18号线区间隧道的影响：电力竖井与18号线区间隧道5—5断面中新建电力竖井岩构隧道的距离最小，因此竖井施工后期可实施性有影响。 ③电力隧道对18号线十八梯站及车站附属结构的影响：18号线与区间隧道车站、本项目与区间隧道结构净距小于深浅埋分界高度，对实施后期、对轨道性有影响。 (2) 对2号线的影响： 由于2号线折返区间隧道开挖有可能引起轨道与隧道之间岩体夹层下滑。 (3) 对1号线的影响： 本项目隧道开挖有可能引起轨道与隧道之间岩体夹层下滑	地层卸载回弹风险，隧道深浅埋状态改变风险	(1) 轨道控制保护范围内线的施工，建议采用非爆破施工方法，并控制施工机械的震动波速；保护范围以外的施工采用爆破施工时应严格控制爆破震动波速，确保传递到轨道结构上的震动波速小于1.5cm/s。 (2) 电缆隧道、竖井施工及使用阶段应加强防排水措施，避免坑洞内长时间积水，渗水降低隧道围岩强度，对轨道后期施工产生不利影响。 (3) 轨道车站隧道断面较大，宜采用双侧壁导坑法等扰动较小的施工方式。 (4) 车站风亭及疏散通道竖井设计深较大，开挖宽度大，应加强支护设计，严格按照开挖逆作法施工，控制开挖高度，以防井口周边道路沉降。 (5) 施工前应将详细的施工方案报相关单位审批并进行专项审查。 (6) 为确保电力隧道衬砌结构的耐久性，需要对宽度超过0.2mm的裂缝进行封闭，封闭方法可采用高强度环氧砂浆注浆补强。 (7) 轨道施工时宜采用控制爆破施工，爆破施工时应严格控制震动波速，确保传递到电力隧道结构上的震动波速小于2.5cm/s

续表

序号	项目类型	项目	风 险 源	风险种类	处 理 措 施
42	管线及其他	GX07	(1) P14工作井和P15接收井施工可能会引起车站结构外边缘回填土应力释放,进而引起结构侧墙变形。 (2) P14、P15之间管网顶管施工可能会引起车站结构底板下部土体应力释放,进而引起结构底板变形。 (3) 若P14工作井、P15接收井和管网施工及后期使用阶段出现渗漏水,可能会改变结构底板下部土体的水文地质条件,进而影响轨道交通结构的耐久性	地层卸载回弹风险	(1) 施工单位进场前应充分熟悉设计文件,做好技术交底和进场前基础资料的调查测量工作。 (2) 施工开挖应尽量减少对周边环境的影响,施工中严禁大开挖,施工进尺应严格按照设计文件进行,施工期间应对外部作业实行过程监控,进而指导施工。 (3) 施工前应再次核算支护壁的强度,避免后期使用阶段出现渗漏水,影响轨道交通结构的耐久性。 (4) 加强管道连接段防漏技术措施,进而改变结构底板下部土体的水文地质条件,影响轨道交通结构的耐久性。 (5) P14—P15段下穿10号线,为了保证线路运行安全,应在施工准备充分的条件下避开高峰期或在停运期间施工,且在施工期间应加强防排水措施,避免因排水不畅造成影响范围内路基塌陷,对轨道交通造成安全隐患,同时顶管施工应避开雨季。 (6) 施工期间工作井开挖应注意对现状管线进行保护,加强观测